ちくま文庫

呑めば、都

居酒屋の東京

マイク・モラスキー

筑摩書房

呑めば、都——居酒屋の東京　目次

呑めば、都
——居酒屋の東京

本書に記載されている飲食店の情報、および註のＵＲＬは単行本刊行当時のものです。

まえがき

日本に長く住んでいる外国人は、「日本のどういうところが好き？」と訊かれることが多い。私は間髪を入れずに「居酒屋」と答える。すると相手は半信半疑で私の顔を覗き込み、本音かどうか確かめようとするが、けっしてふざけているわけではない。大真面目である。さらに、「赤提灯があっちこっちにぶら下がっていなければ、私は今この国に住んでないかもしれませんよ」と付け加えることもある。それほど日本の居酒屋が好きだ。

いや、「好き」だけでは言い表し切れない。れっきとした「ニッポン居酒屋ナショナリスト」である。漢字で書けば、「赤提灯国粋主義者」ということになるだろうか。海外出張から日本に帰ってくるたびに、改めてそれを認識させられてしまう。短い出張が多いので、赤提灯から離れているのはたった一週間前後にもかかわらず、帰国するやいなや、まるで飢えているかのごとく、どこかの居酒屋に駆け込んで二、三杯ひっかけながら旨い肴や漬物などをほおばって、やっと落ち着いたら周りの客（赤の他人であろうと）に対して、次のような熱弁を振るうこともある――「世界のどこに行っても、ニッポンの赤提灯にまさる呑み屋文化はあるまい！　いやー、帰ってきてよかった、よかった！」、と。そして、もう一杯注文するか、または次の一軒へ、意気揚々と邁進するのである。

さて、私の居酒屋探訪は今に始まったことではない。初めて来日した昭和五一年、まだ日本語もろくに喋れないのに、ひとりで、まったく見知らぬ赤提灯ののれんをくぐることがひそかな趣味になった。ことばだけでなく、日本のつまみや酒の味もほとんど分からなかったが、なぜか初めから居酒屋の世界に魅了された。あのような小ぢんまりした、人間味あふれるローカルな空間はアメリカの都会にはほとんど存在しないし、たちまち赤提灯の虜《とりこ》になった。

留学生だった当時、葛飾区の京成線沿線の家にホームステイしていたので、それと知らずに、いきなりディープな居酒屋文化に接することになっていたわけである。今から思えば、私が二〇歳のころ出入りしていたような赤提灯は、普通の東京生まれの酒呑みにとっても相当の異空間だったはずである。雰囲気はややラフで、客層は地元の中高年男性の常連ばかりであり、近所の町工場で働いている男たちも少なくなかった。最寄りの駅と言えば、京成線各駅停車しか停まらない「お花茶屋」である。いまだに活気と情緒のある商店街が誇らしいが、「昭和レトロ」ブーム以前の時代だから他の町から遊びに来る人はほぼ皆無だったように思う。隣の立石という町も同様である。ましてや、今日のように若者や女性を含む大衆酒場ファンが、はるばる立石まで足を運んでモツ焼き屋の前で行列を作るような事態は、あの頃、誰しも想像できなかっただろう。

そう考えると、偶然ながら私はごく恵まれた環境で、初めて日本、そして東京とその居酒屋文化に接することができたと言わなければならない。毎朝、京成線から日暮里駅で山手線に乗り換えて高田馬場周辺の大学に通い、授業が終わってから新宿を歩き回ったり、ジャズ喫茶に入ったりしていた（赤提灯と並んで、ジャズ喫茶という場所もまるで異世界に感じられた）。それから中央線に乗って西荻窪に群がっていた友人たちに会いにいくこともあった。友達のぼろい木造アパート自体もエキゾチックな世界に映った——共同トイレ・共同電話の生活は大学の寮ならともかく、アパートでは見たことがなかった。しかし、何よりも部屋の規模に愕然とした。六畳ならば豪邸であり、多くの友人は四畳半一間に住んでおり、しかもひとりは屋根裏の三畳一間を借りていた。彼の部屋に入るには、二階から危なっかしい梯子を上って、穴のような入口に狙いを定め、身を縮ませながらスポッと飛び込まなければならなかった。しかも、その部屋に三、四人も集まることがあり、梯子から次々と部屋に飛び込んで行く姿は、まるでサーカスの芸人を連想させるものがあった。

夕方になるとお花茶屋に帰り、夕飯を済ませてから勉強に専念していたが、たまに地元の赤提灯にひとりでふらっと寄ってみることもあった。私にとっては別世界だったが、カウンターを囲んでいる常連たちにとっては慣れ親しんだ環境へ、いきなりのれんの間からぼろっと見たこともないガイジン青年の顔が現れると、その親和的な空間が一挙に異世界に化してしまったように感じられたに違いない。しかも、あの頃の葛飾区では欧米人を見かけることはめったになく、また多くの住民は外国人とことばを交わした経験もない。ガイジンと話すなら英語しか通じないと思い込んでいた人が普通だったし、突然、目の前に異人が立っていたら、驚いたり戸惑ったりするのは無理もないだろう。

その瞬間が山場であり、また絶好のチャンスでもあるように私は感じた。つまり、皆の緊張感と違和感を少しだけでも緩和しなければ、そもそも店に入れてもらえない可能性がある。だから最初は、自分なりの違和感を抑えながら、なるべく朗らかに自然な日本語で挨拶する。それがうまくできれば、だいたい店に入れてもらえることが分かった。そして、それからが本番である。

私が、たとえば「男は黙ってサッポロビール」のごとく黙々と呑もうと思っても、当時(実は、今もさほど変わらないが)、それは許される状況ではなかった。なぜなら、奇異な侵入者である私が席に着いたら、たちまち質問攻めに遭うからである。相手に悪気はまったくないことはよく分かっていたし、単純な好奇心から訊いて来る場合が多い。あるいは、異国で寂しい思いをしているあまり、ひとりで見知らぬ居酒屋にまで入るという、かわいそうな坊やだと思い、親切心から話しかけてくれた場合もあったかもしれない。いずれにせよ、それから次のような「インタビュー」が展開されることになる――「どこから来たの？　あっ、アメリカ。アメリカのどこ？　セントルイスか。「セントルイス・ブルース」！　日本に来てどのくらい経つの？　あ、そう。数カ月にしては、日本語がうまいね。学生さんかい？……」などなど、と。

　もちろん、相手からしてみれば、本物の毛唐と話すのは初めてだから自然ななりゆきだろうが、私にとっては店が変わっても、質問も、その順序もほとんど変わらないので、何とかインタビューを早く切り上げ、会話の方向にもっていきたいところである。そして、徐々にその状況への対応策を講じることができるようになった。その核心は〈笑い〉である。まず、頭をフル回転させ、受けた質問に対し、限られた日本語の表現力を絞り出し、駄洒落やギャグなどを挟みながら答えるようにする。一、二度だけでも客たちを笑わせてしまえば、ある程度お互いの違和感と緊張感が解け、ついでにインタビュー調のやりとりから解放されることにもなる。それから初めて自由な〈対話〉が可能となり、また酒の力のおかげもあるが、自然に店内が再び和やかな雰囲気に戻っていく。帰り際になると、立ち上がること自体を惜しく感じるほど、皆と和気あいあいで呑んでいるときが少なくなかった。もちろん、それは理想的なシナリオであり、必ずしもうまくいくとは限らないが、私自身が赤提灯という〈場〉に慣れれば慣れるほど、そしてその場独自の〈行動文法〉が少しずつ身についてくるにつれ、以上のような愉快な体験を味わう頻度が着実に増えたことは確かである。

　しかし、何というすばらしい出会いだろうか！　国籍も文化も母国語も、世代も育ちもまったく違う者同士が、ほんのひと時にすぎないが、ことばと杯を交わしながら一緒に笑う。やはり、私にとってこれこそ赤提灯の醍醐味である。そう言えば、居酒屋の壁には「一期一會」と記された色紙をよく見かけるが、赤提灯ならではの名言だと痛感させられる。

つまるところ、私は居酒屋で日本語のみならず、日本語独自のことば遊びおよび〈会話術〉を教えてもらったと言っても過言ではない。あるいは初来日の頃、昼間は大学で日本語と日本文化の講義を受け、日が暮れてから「赤提灯」という夜間学校の社会学部に潜り込み、その優れた実践講義群を聴講し、より高度なご指導をいただいたということができよう。そう思うと、私が今まで居酒屋で出会った客の皆さんに対し、心から――いや、肝臓から――お礼を申し上げる次第である。

しかも、呑み歩いているついでに〈東京〉という広大でありながら意外にローカルな都市のさまざまな「顔」を身近に見ることができた。というのは、葛飾区の赤提灯文化に慣れてから徐々に居酒屋探訪の行動範囲を広げ、アメ横や新宿西口の通称「ションベン横丁」などの路地にも足を踏み入れ、安い呑み屋に闖入《ちんにゅう》する経験を重ねた。

いまだにそのような東京放浪と居酒屋探訪を「ワンセット」として楽しんでいる。とくに好きなのは、ひとりでなじみの薄い沿線の電車に乗り、降りたことのない駅の階段を下り、これという目的もなくその町をしばらく歩き回ってから、足の赴くまま鼻だけを頼りにいい呑み屋を嗅ぎつけることである。東京は広いだけでなく、常に変化しているおかげで目当ての町がなくなる心配はないだろう。それに、いくら鉄の肝臓を誇り、暇と金があり余っていても、そして仮に毎日、朝から夜まで呑み歩いても、都内の居酒屋の〇・〇〇一パーセントにも行けないだろう。要するに、「制覇」することは不可能だ。また、それがいいのだ!

＊

『呑めば、都』は、そのような町歩き、そして呑み歩きの体験を記したエッセイ集である。私の「東京千鳥足遍歴」の記録だと言ってもよい。始めに、当日選んだ町をぷらぷら歩き回り、仔細に観察する。目を惹かれる光景があれば、その場でノートに書き留める（ちなみに、私は長年カメラを持っておらず、ケータイは一応持っているが、写真やネット機能は使ったことがないので、町で記憶を保存する道具はいまだにペンとノートのみである）。

まず、駅前の商店街を覗き、煎餅屋があればだいたい一、二袋買いたくなる。小さな古本屋を見かけたら、素通りするわけにはいかないだろう。歩き回る前から荷物を増やすことは理にかなわないが、居酒屋以外にも地元経済に貢献したいという気持ちもあり、特徴のある店をたまに発見できることもある。商店街の脇道や周辺の路地も軽く探訪するついでに、夕方の居酒屋放浪のための下見も忘れないところは、我ながら抜け目がない。他に住宅街を少し歩き回り、あわよくば途中で渋い銭湯や、年季の入った質屋の蔵に差し掛かる。疲れたら地元の寺や神社の境内で一服する、または児童公園のベンチに腰をかけ、遊んでいる近所の子供たちをしばらく見守る。落ち着いた感じの喫茶店があれば、買ったばかりの古本をぱらぱら見ながらコーヒーを一杯飲むこともある。

さて、町歩きを終え、その土地の赤提灯ののれんを初めてくぐり、カウンター席に腰を下ろす。そしてちびちびやりながら、今度は店内で目に映った光景や耳にした会話に注意を傾ける。また、そこで〈赤提灯〉という場と文化についていろいろ考える。『呑めば、都』はそのような体験と雑考を書き散らした一冊である（とは言え、一応、全体の流れがあるから、第一章から順次読むことをお勧めしたい）。同時に、本書は東京の庶民文化についての随筆集としても読めるということを付け加えたい。つまり、のれんの内側と外側の両方に視線を送り、都心部から離れた町に重点をおきながら、それぞれの生き生きとした姿を浮かび上がらせることも狙いのひとつである。東京という町に対して興味があれば、仮に居酒屋ののれんを一切くぐらないような読者でも、十分におもしろく読めるように工夫して書いたつもりである。

また、あらかじめお詫びしておきたいが、本書を書き始めたころ、南千住や三ノ輪周辺、そして東急池上線の戸越銀座や荏原中延、それに武蔵小山も取り上げる予定だった。余裕があれば、さらに世田谷線の三軒茶屋と同沿線のもっと小さな町にも触れたかったが、いざ書き進めてみたら全体の分量が、まるで我々日本酒好きの中年呑み助族の腹周りのごとく、どんどん膨張してしまい、あいにく本書に含めることができなくなった。

『呑めば、都』では、かなり「辺境」と思われかねない町に重点がおかれながら、中央線沿線の町が比較的多く取り上げられていることを疑問に思われる読者もおられると予想する。これもずいぶん悩んだ問題だが、読んでいただけたら明らかになるように、同じ中央線沿線の隣接する町でありながら、各町の発展の歴史が大きく異なり、またその違いが地元の呑み屋文化にもよく反映されているということを指摘したく、やや中央線偏重にはなるが、あえて残すことに決めた次第である。さらに、中央線の場合、私は長年住んだ経験があるから、本書で取り上げているほかの町とは別の視点を提示できるのではないかと思ったことも理由のひとつである。いずれ、もし本書の続編（とは言え、その場合は「俗編」となろう）を出すようなことがあれば、その際、ぜひ武蔵小山や戸越銀座、それに都電荒川線や世田谷線沿線の町や、西武新宿線の沼袋辺りを取り上げたいと思っている。本書では、まだ氷山の一角――あるいは、グラスのなかの氷一個――にすぎないということは十分に自覚している。

念のため付言するが、『呑めば、都』は居酒屋案内を目的とする本でもなければ、学術的な都市論や居酒屋文化論でもない。そもそも東京およびその居酒屋に関しては、私よりもはるかに経験豊かで造詣の深い先輩著者がたくさんおられるし、しかも本や雑誌に加えてインターネットによる膨大な情報が氾濫していることは周知の通り。対照的に、本書では限られた数の町と居酒屋に注目し、酒肴の質や価格に対する記述をなるべく控え、各町の特徴に注目しながら、居酒屋という〈場〉自体に焦点を合わせる。つまり、酒とつまみ以外に、居酒屋はいったい何を提供しているのか、という肝心な問題に重点がおかれているわけである。また、酒場と町との関係や、都会生活における居酒屋の社会的貢献および価値はどこに見出せるか、というような一連の問題も改めて考えたい。

したがって、本書では赤提灯という〈場〉を、東京の都市文化における貴重な〈文化空間〉として捉え、その空間の機能や役割などを考察する。大雑把に言えば、「居酒屋とは何か」という根源的な問いを発することが本書の主目的である。その意味に限って言えば、『呑めば、都』は私なりの「居酒屋文化論」と見なせるかもしれないが、けっして論文調の文体を用いてはおらず、また「論考」に値する洞察がはたして提示されているかどうかも疑わしいように思う。いずれ、れっきとした居酒屋文化論を書きたいとは思っているが、少なくとも本書は主に町と酒場に関するエッセイ集である。

とは言え、本書の執筆に当たり、いわゆる「現地調査《フィールド・ワーク》」に加えて多少の研究も含まれていることを認めなくてはならない。基本的には軽いエッセイが連なっていくような構成をめざしているが、たまにダイガクキョウジュの悪い癖が抑えきれず（しかも、私はやや「マニアック」の気もあるらしい）、研究結果の詳細まで、どうしても読者に伝えたくなるときもあるが、そのような部分は大目に見ていただけたらありがたい。何せ、これだけは長年の持病であり、なかなか治りそうもない。

症状の具体例を挙げよう。ある町を何度か呑み歩いてから、自然にその歴史、とくに戦後史に興味が湧くことがある（ちなみに、研究者としての私の専門は日本の戦後文化、とくに文学である）。一旦、町に興味が湧いたら、今度は区立図書館に出かけ、郷土資料室でその地域の歴史書を調べたり、地元の歴史博物館などで郷土史に詳しい学芸員の話を伺う機会に恵まれたりもした。また、考察を深めるために社会学や人類学や都市研究などの論文に目を通したこともあるし、〈時代の空気〉をもっと把握したいときは、同時代の小説や随筆も読み、映画も観た。特定の町の商店街や開発などについて詳しく知りたいと思ったら、商工会議所や商店街組合の関係者に連絡を取り、直接話を聞くというようなこともした。

つまり、『呑めば、都』はけっして「学術書」とは呼べないが、以上のような、浅く広い調査が背景にあり、各章にそれを反映する文章が散在していることをご了解いただきたい。ご興味ある読者のため、私が参考にした文献や資料、そして行ったインタビューなどの詳細については巻末に註としてまとめ、そこでは本文の論考をさらに発展させている場合もあるので参照されたい。ただし、言うまでもなく、註や、本文中の筆者のマニアックぶりが過剰に現れた件《くだ》りを読み飛ばしてくださって一向にかまわない。何よりも、本書を楽しく読んでいただけたら幸いである。ついでに読者が多少の刺激を感じられたら、なおさらうれしい。

さて、前置きがずいぶん長くなった。そろそろ喉が渇いてきた。一緒に、町をぶらぶら歩き回ってから、あの辺の赤提灯を覗いてみようではないか……。

第一章　セーラー服とモツ焼き（溝口）

デタラメ流入門

赤提灯が灯り始める時刻となると、頭の中で歌が突然鳴りだすことがある。メロディは中山晋平作曲の童謡『あの町この町』のままだが、どういう訳か、野口雨情の歌詞は「〽あの町で呑もうか、この町は?……」から始まる、いわば酒呑みの替え歌に化けてしまっている。どうしても、私にとって「〽日が暮れる」という時間帯は悩ましいのである。

しかし、東京中を呑み歩いているとは言え、さすがに毎晩のように新しい店を開拓しに出かけるわけにはいかない。長年通い詰めてきた酒場に顔を出したいこともあり、たまにガバッテ休肝日を取ることもある。ここでハッキリ言っておきたいが、私の居酒屋探訪は単に酒を喰らうためでもなければ、次々と名店を制覇するためのものでもない。むしろ、理想的な探訪コースは、何の目的も持たない町歩きから始まる。都内の一度も行ったことがない、または行ったことはあってもよく知らない町を選び、二時間くらいぶらぶら歩き回りながらその町独自の〈日常〉を少しでも感じ取る。

要するに、日が暮れるまではのんびりした町歩きという健全な「前半戦」を楽しみ、夕暮れに酒場ののれんが出される頃、いよいよ待望の不健全な「後半戦」に入るわけである。ただし、探訪全体の中では居酒屋で過ごす時間はどうしても半分をはるかに超えてしまうので、厳密には「後半戦」と呼ぶべきでないかもしれない。何せ、私の場合、一旦のれんをくぐると、時間がすいすいと過ぎてしまい、ようやくその店を出てもすぐさま「さて、もう一軒！」と、必ず欲張りたくなるのだ。しかも、それからだ、わがエンジンが本格的にかかってしまうのは。まるでブレーキが利かないレースカーに乗っているごとく、完全にガス欠になるまで突進したい衝動に駆られる。つい三軒目、あるいは自滅的な四軒目にまで突入し、ブレーキ無しで猛進してきたこのコースは、実は紛れもない下り坂だと気づいても、後の祭りである。

前半戦にせよ、度々延長された後半戦にせよ、なるべく「無知・無計画」というデタラメな自己流の探訪作戦を用いる。すなわち、家を出る前に行き先の町、そして周辺の居酒屋について何も調べず、できる限り予備知識と先入観を持たずに、いわば「白紙状態」のまま出かけるわけである。電車に乗ってから、気分によってどこの駅で降りるかを決めるときもある。

確かに、町案内などを事前に調べておいたほうが、見どころを押さえ、効率よく回れるかもしれない。同様に、信頼できる居酒屋情報を参照しておけば、「よい店」を選ぶ確率が上がるだろう。ところが、せっかくのひとり探訪なのに、町の見どころや酒場の選択肢を他者に任せるのはつまらないではないか。いくら効率よく歩き回り、確率の高い店に入っても、それでは本当の冒険、そしてそれに伴う発見の喜びは味わえず、単なる消費行為に終わってしまう恐れがある。言い換えれば、気ままな遊びの感覚が希薄になり、自らの目的に束縛されるということである。だから、私は初めての町を訪れるときの「準備」とは、情報に目をつぶり、計画を立てず、つまり頭を空っぽにして出かけることのみである。そして電車を降りたら、できるだけ無邪気な子供のごとく、今度は目をぱっちり開き、耳を澄まし、そして鼻をくんくんさせながら歩き回り、その町と住民、また酒場とその客たちに対し、すなおな気持ちで向かうように心がける。

だいたい、私の居酒屋探訪はそのようなデタラメ作戦から始まるが、ひとつでも印象に残る〈出会い〉に結びつけば、その日は大成功だと考える。町の歴史や地理などを調べ、居酒屋ガイドを参考にするのは、次に訪れる際、またはその後日でもよい。初体験では、"less is more"という格言を肝に銘じている。

溝口再訪

三〇年ほど前、週に一回、南武線津田山駅周辺で英語の家庭教師をしていた。最初はバイクで通っていたが、バイクを手放してから電車で行くようになり、溝口《みぞのぐち》で乗り換えるときもあった。当時、南武線は「ダサイ」、見るものは「何もない」と思い込んで軽視していたが、実は若い私には見る目がなかっただけだったのだ。とくにあの頃、一度も溝口の駅周辺でゆっくり居酒屋探訪をしなかったことを、今になって悔やむばかりである。せめて、西口商店街を覗きに行けばよかった、と痛切に思う。

あれから二十数年ぶりに溝口で電車を下り、ちょっとだけ駅周辺で居酒屋を探した経験がある。ただし、そのときは友達夫婦と一緒だったうえ、時間の余裕がなく、しかも選んだ駅の出口が不運だったせいか、目に付いたのは開発によるありきたりの殺風景な町並みのみであった。「ダサイ」や「何もない」というよりも、新しいビルとマンション、それにデパートやチェーン店などが密集しており、店の数は確かにたくさんあるが依然として「つまらない町だ」という印象は変わらなかった。

　ところが、それからしばらく経って、ある呑み友達に居酒屋探訪に誘われたのがきっかけで溝口を見直すことになった。前述の通り、私は居酒屋探訪を普通一人で行うが、たまに呑み友達と一緒に出かけることもある。よくも悪しくも、二人だと隣の客と会話を交わすことはあまりなく、また自分の嗅覚だけで穴場を嗅ぎつけたという喜びも味わえず、さほど自慢もできない。しかし他方では、同じ居酒屋探訪の好きな友人なら、店を選ぶとき「鼻の利き比べ大会」は楽しめるし、観察力の鋭い相棒に教えられて、居酒屋を見る目が肥えてくることもある。

　あの日は、とりあえず溝口を出発点とし、そこで一杯やってから別の町に移動する予定になっていた。待ち合わせ場所は、東急田園都市線溝の口駅の西口である（後で知ったが、南武線の駅は「武蔵溝ノ口」と記すことになっているが、普通は「武蔵」を省略して呼び、東急線の方は「溝の口」と書き、そして現在の町の正式名は「溝口」と記すことになっているが、地元では「のくち」と省略して呼ぶことがあるらしい[1]）。今度はいつもの〈無知・無計画〉の探訪ではなく、友達が行き先の町と店を事前に調べておいたので、私が〈不慣れにも〉おとなしく付いて行く具合だった。とは言え、彼も知らない町と店を中心に選んだので、お互いにそれなりの探訪体験を味わうことができた。

*

あれからひとりで何度も溝口に呑みに行っている。神奈川県川崎市高津区に属しているので、厳密には「東京」の町とは呼べないが、世田谷区の区境まで二キロしか離れておらず、実際都心に通勤している住民も多いので、私は東京の居酒屋探訪の対象地と見なしている。町の中であちらこちらを探訪してみたが、溝ノ口（または溝の口）で電車を降りる以上、西口商店街で一杯引っ掛けないと気が済まない。というのは、東京周辺では、この商店街ほど戦後闇市時代の〈空気〉がいまだに濃く漂っている場所はめずらしいからだ。

もちろん、上野のアメ横や新宿の「思い出横丁」などはかろうじて残っているが、溝口では観光客にじろじろ見られながら呑まないで済み、商店街は主に地元の住民や近くで働いている人を対象にしているようである。(2) その点においても、この商店街は上野と新宿――それに渋谷と池袋や、新橋と有楽町など――つまり都心の闇市由来の居酒屋街とはずいぶん違う。開発がどんどん進んでいる溝口の駅周辺ではあるが、少なくとも西口商店街では小ぢんまりした、ローカルな店が並んでいる。

方向音痴スペシャル

まず、西口商店街への行き方を説明しよう。一番便利で分かりやすいのは田園都市線駅西口から行くことである――出口からの階段を下りたところが商店街の入口だからである。しかし、私はいつも別のルートを辿るようにしている。その道を発見したのは、自慢の優れた方向音痴感覚のおかげである。要するに、迷いながら遠回りしただけのことなのだが、その後、同じ回り道を好んで使っている。お世辞にも「きれい」とは呼べない、ゴチャゴチャした西口商店街で呑むならば、計画された、上品な欧米風の郊外「田園都市」（「田園」でも「都市」でもないくせに）を作り上げた東急線の駅から行くよりも、私は貨物線として始まり、長年「泥臭い」とか「荒い」イメージが附随していた南武線の駅から歩いた方が、しっくりくるものがあるからである。また、商店街の立ち呑み屋では、どこでもすぐ後方を通りすぎて行く南武線の音をＢＧＭにしながら呑むから、「溝の口」ならぬ「溝ノ口」駅からスタートを切るのが自然のようにも感じられる[3]。

さて、かなり詳細な説明になるが、南武線溝ノ口駅から西口商店街への、方向音痴推薦の「特別遠回り裏道コース」をご紹介しよう。まず、南武線の改札を出て左に曲がり（つまり「南口」と記されている方面に）、階段を少し下りながら通路を辿っていくと、一、二分で東急線溝の口駅南口改札の手前に差し掛かる（東急線利用の方は、南口改札を出てここから合流しても、このコースは十分に味わえるはずである）。左側にある階段を路上まで下りたら足を止め、大通りの反対側の斜め左方向へ目をやると、小さな「山」が見える。この一帯に緑が豊富に残っていた明治時代に、国木田独歩が溝口を歩き、その経験を題材に描いた作品のなかに登場する山は、おそらくこれではないかと思う(4)。

現在、山の真ん中辺りには古くなった白い看板がひとつ、ぽつんと立ってある。「谷風ガス風呂」の広告である。他には山に立っている看板が見当たらないので、つい考えてしまう——宣伝されているガス風呂というのは、いったいこの山と何の関係があるだろうか、と。さらに目を凝らせば、頂上には茂った木々や錯雑とした植物に覆われた古そうな住宅が一、二軒見え隠れする。独歩が描いた同じ「山」とは言え、現在はさほど文学的な気分が喚起される光景ではない。それでも、大きなビルが林立している駅周辺だけに、多少でも目の安らぎにはなる。

一旦、休ませた目に新たな刺激を与えたかったら、山の右隣にそびえ立っているビルをご覧になればよい。設計の趣向はどのように形容すべきか迷うが、色遣いにおいては「ポストモダン的」と言ってよさそうな、いわば「キッチュ感覚」や遊戯精神がよく表れている——外壁はオレンジとピンクの中間のパステルカラーが主体で、さらに表には緑と青色の線がそれぞれ走る。派手なパチスロとゲームセンターが密集する駅の反対側ならば、ほとんど目立たないだろうが、隣の山の光景とは対照をなしているのみならず、周囲のビルとも趣向がずいぶん違うので、独自の空間を形成しているように感じられる。建物の表側には、「株　末長組」と書いてあり、中には大きな中華料理店や、風俗系とも思われるクラブなどが入っているらしい。駅前には、同じ「末長組」の大きなビルが建設中である（二〇一二年二月現在）。どういう設計なのか分からぬが、南口周辺がいっそう鮮やかになる可能性がある。

では、また足を動かして駅の階段を背に進むと、数メートル先の右側にコンビニ「ローソン」が見える。その角を右に曲がると両側に新しい飲食店が並んでいる路地に入るが、きょうは迷わずにさっさと通りすぎていく。「自転車第一駐車場」という三階建ての駐輪場に差し掛かると、目の前に線路があり、その向こう側には「溝の口駅西口商店街」という看板が見え、さらに奥まったところに古びた商店街の姿を垣間見ることができる。あと、一息だ。思わず喉がごくんと動き、歩調が速まる。

ところが、これからちょっとした「山登り」が待ち構えている。まず、手前の歩道橋を上りながら右に曲がり、それから左に曲がったら、南武線の線路の上をまっすぐ渡る。渡り切ったところから四回ほどぐにゃぐにゃ曲がりながら、歩道橋の階段を下りて行く。最後に下りるのは、田園都市線溝の口駅西口の階段だが、これを下り切ったところに、異色のクリーニング屋が堂々と一角を占拠している。ここが、西口商店街の入口である。

クリーニング屋

郊外の駅に隣接するビルの一階ならクリーニング屋があっても不思議ではないが、この「店」は全くそれとは次元が違う。まず、駅の階段から目と鼻の先に建っており、線路からも一〇メートル程しか離れていない。また「店舗」とは言え、まるで掘立小屋を思わせる造りであり、規模は駅のキオスク並みに小さい。しかも、出来上がったクリーニングが極小の店内に収まらないためか、外にも吊るされている。確かに、透明のビニール袋に入っており、小屋の横から伸びるトタンでできた簡易屋根、または張り拡げたシートの下に吊るされているから雨や日の光に晒されることはないが、それでも異様な光景だと感じないではいられない――駅の階段を下り、初めて目を打つのがクリーニングの済んだ洋服がぶら下がっている光景なのだから……。

しかも、それだけでない。このクリーニング屋ではペットボトル入りのソフトドリンクや、おやつなども売っており、夜一〇時半まで営業しているらしい。急に、溝口がおもしろくなってきた感じがする。

クリーニング屋の立地条件や、バラックのような店構えに加え、「何でも売っているよ!」という営業形態を考えると、どうしても闇市時代の雑貨屋を連想させられる。あるとき、女性店主に直接尋ねてみたところ、やはり終戦直後この一帯は闇市であり、両親がその頃からずっと同じ場所で菓子屋をやっていたと言う。クリーニング屋として営業し始めたのは、たった十数年前だそうである。

クリーニング屋の上には、先ほど線路の向こう側から見えたのとは別の、大きな白い木の看板が掲げられている。青い字で「お買物は皆様の店」と記されており、その下に緑色の字で「溝の口駅西口商店街」とある。つまり、クリーニング屋が商店街の入口に建っているわけだが、二〇〇七年に西口商店街の一部が放火に遭ったため、鮮魚店やそば屋など八軒が全焼してしまい、クリーニング屋を除いて残っている店は少し離れた所に並んでいる。

終戦直後、すなわち西口商店街が成立する以前の闇マーケット時代には、この一帯におおよそ百軒の「店」があったそうである。[5] ただし、当時の多くの闇市では「店」とは言え、「青空市場」でゴザを一枚敷いて物売りすること、またはマーケットのなかのバラックで店構えすることが普通だった。[6] 多くの闇市の場合、れっきとした店舗を構えるようになったのは一九五〇年代以降のことだったようである。

しかも、初めから店舗を構えていなかっただけでなく、土地の権利も有していない、つまり不法占拠状態の店がめずらしくなかった。その点、西口商店街も例外ではないらしい。商店街らしくなったのは一九五五年頃だが、ほとんどの商店は依然として川崎市が管理する多摩川の水路の上に建っていたそうだから、考え方によっては商店街の存在そのものが法に反していることになる。二〇〇七年の放火後、不法占拠状態が再びクローズアップされ、川崎市がその処理に困ったと報道されている。[7] 市が困ることは理解できるが、過去の面影を次々と抹消してしまい、無表情で殺風景になるばかりの東京とその周辺の町では、これほど戦後初期、とりわけ闇市の雰囲気が濃く漂っている商店街はごく稀になってきた。その歴史的な価値に着目すると、「処理」どころか、むしろ「保存」が検討されるべきではないだろうか。

ともあれ、たまにはほったらかしこそ、保存に結びつくことがある。一八年間も西口商店街組合の会長を務めてきた小澤留雄氏によると、現在の商店街には三三店舗が残っているが、その理由について「立派だから残っているんじゃなくて、みすぼらしいから残っている」と話してくれた。さらに、しぶとく商売し続けてきた店主たちについて、「貧乏根性というものが抜けない」と付け加えたが、私はそれを褒め言葉と受け取っている(8)。

さて、色々な意味でずいぶん遠回りしてしまったようである。南武線の溝ノ口駅から、いつもの遠回りコースを歩くと、商店街の入口に辿り着いた時点では喉の渇き具合がちょうどよくなる。ただ、私は西口商店街内の呑み屋に向かう前に、なるべくクリーニング屋のお姐さんに一言挨拶するようにしている。何となく、この商店街との〈出会い〉が彼女の店から始まったように感じ、勝手ながらお世話になっている気持ちがする。それに、初めて来たとき、いきなり店の由来について質問したのに、親切に答えてくれたこともあり、知らぬ顔をして店の前を通りすぎるのが失礼のようにも思える。あるいは、そのような気持ちが湧くところこそ、西口商店街の魅力と考えるべきかもしれない……。

トタンの下

西口商店街は、見る人によっては単に時代に取り残された、小さなボロい商店街としか目に映らないだろうが、とりわけ終戦直後の時代に興味を抱いている者なら、そこに足を踏み入れるだけでも興奮せずにいられないはずである。

二〇〇七年の放火以降、クリーニング屋以外の商店はそこから十数メートル離れた先より、線路と並行する広めの路地の右側に並んでいる。どこからでも、地面からやや盛り上がった線路の上を通りすぎて行く南武線の電車の姿が見え、その音もはっきり聞こえる。商店の上には高い屋根がついているが、「屋根」と言っても、普通のアーケードを想像されたら誤解になる——灰色のトタンが繋がっているだけだからである。また、ところどころ線路と路地との間に「壁」が残っているが、これは「トタンのプラスチック版」とでも呼べる波板で、日射しと風にさらされ、緑色、あるいは茶色っぽく変色してしまっている。

そう言えば、闇市の最も代表的な「建築材」はトタンではないかと思う。西口商店街での豊富なトタンの使用こそ、小澤会長の言う「みすぼらしい」イメージに貢献しているかもしれないが、同時に闇市由来の歴史を物語っている。また、闇市の代表的な「建物」と言えば、トタン屋根のバラックや屋台だが、クリーニング屋の他にも、約四〇年前から営業し続けてきた、いつも香ばしい煙と異様な熱気を発する立ち呑み屋「かとりや」と「いろは」もその例に漏れない[9]。

「かとりや」

「かとりや」は現在の商店街のほぼ真ん中に位置している、ごく小さな立ち呑み屋である。一度、うっかり店が閉まっている祭日に行ったことがあるが、その有り様は「閉まっている店」というよりも、閉店後の「たたみ終わって置き去りにされた屋台」のように見えた。いつも狭いカウンターが、ぎゅうぎゅう詰めの立ち呑み客で陽気に賑わっているのに、その祝祭気分溢れる残像は見事に消えてしまい、異様に寂しい姿に感じられた。

クリーニング屋から歩くと、最初に目に付くのは、どこにでもあるようなピカピカ光る看板の新しい居酒屋だが、そこを過ぎると肉屋や古書店など年季の入った店舗が並んでいる。

古本屋の前で安売りの文庫本などを並べるのは常套手段であり、どこの町でも見かける光景だが、「明誠《めいせい》書房」の場合、さらに路地を挟んで店の向かい側に小さな棚をおき、売り物の（新品の）人形やおもちゃが並べてあるのはめずらしい。いわば「混同型営業」という点において、ソフトドリンクとおやつも売っているクリーニング屋と似ている。

「かとりや」はこの「明誠書房」の隣にある。立ち呑みしていると、商店街を歩いている親子がおもちゃの棚の前で足を止め、商品をひとつ選んで店内のレジまで持って行くのをたまに見かける。帰りに「かとりや」の前を通りながら、うれしそうに新しいおもちゃを抱えている子供の姿を見ると、つられてわが目じりも下がる。やはり、「かとりや」で立ち呑みする快感のひとつは、焼き台辺りから発される独自の〈空気〉を楽しみながら、商店街に充満する別の時空間も味わえるということである。あるいは、〈日常〉と〈非日常〉の場を同時に楽しめる、と言ってもよいかもしれない。

「かとりや」の小さな店内には椅子とテレビがおいてあり、焼酎類なども出しているが、何と言っても店の核心は表の焼き台の周辺にある。ここは立ち呑み専用で、飲み物は瓶ビールと冷酒のみ。(10)つまみのメニューもシンプルである。おしんこ以外は、串焼きが主体になっている――ねぎまとつくね、それにモツ焼きと野菜焼きが数種類あり、厚揚げの串焼きもある。立ち呑み客が注文すると串焼きはどれも一本八〇円だが、店内では九〇円となっている。また、表の焼き台前のカウンターの営業時間は午後四時—一一時、店内は五時から開店。日本酒は群馬県産の「湖月」という銘柄だが、「かとりや」以外では見たことがない。また、年中おいてあるかどうか分からないが、濁り酒も出しているときがある。「湖月」は一杯二五〇円と格安なのに、意外に上質な酒である。そのおかげか、私は呑みだすと、次々と空になったコップを宙に上げて「もう一杯」のしぐさをくり返すことになるが、安酒のように悪酔いするというわけではないのがありがたい。

「かとりや」の客層は、中高年の男性が中心だが、夫婦連れなどで来る女性客も見かける。男性客では、ご隠居さんも、ホワイトもブルーカラーもおり、ひとりで来る常連客が多い。私は、ひとりでも楽しく呑める酒場を良い店と見なす。「かとりや」(11)は好例である。常連となると、ひとりで来てもだいたい顔見知りの客に出会えるようである。たとえば、先日、焼き台前のカウンターで立ち呑みしていたら、別々に入って来たふたりのご隠居の常連客が次のような短い挨拶を交わしたのが耳に入った——「きょうは早いんだね」「いや、あなたが遅いんじゃない？」。

実に何でもない、ごくありふれた挨拶にすぎないが、同時に本人たちにとっても、店にとっても、大切な機能を潜めているように思う。すなわち、その店を媒介に、お互いの存在を確認し合いながら、自分の存在価値を軽く確認するという作用がある、と。そこまで言えば、ずいぶん拡大解釈しているように聞こえるかもしれないが、要するに「あそこに行けば、きっと気に入ったヤツに出会えて、楽しい」、そして同時に、「あそこに行けば、オレのことが気に入っているヤツがいるからうれしい」と言い換えても差し支えないだろう。だが、ここで見逃せないのは、その確認作用は、お互いに「かとりや」という特定の小ぢんまりした店に、定期的に顔を出すゆえに成り立っているということである。

しかし、「かとりや」のすばらしいところは、常連でもない私のようなひとり客でも受け入れてくれて、楽しく呑めることにあると思う(12)。だいたいの居酒屋好きならば、呑み友達と一緒に初めての赤提灯に入っても、その店がよっぽど不味い、高い、うるさい、あるいは接客態度がひどいとかでない限り、それなりに楽しめるだろう。そして、東京にはその程度の店ならいくらでもある。つまり、二人以上で呑んでいるとき、店の質が占める比重が相対的に低くなるということである。また、一旦常連になれば、ひとりでも居心地よく呑める店もめずらしくない。ところが、常連でもないのに、ひとりでふらっと立ち寄って「おいしく呑める」のみならず、本当に愉快な時間が過ごせる呑み屋というのは、そう多くはないだろう。あるとしたら、だいたい規模の小さい店の場合が多い(その点、後述する赤羽の「いこい」と「まるます家」は広めの店舗ながら見事な例外と言える)。

店の規模に関して言えば、「かとりや」は群を抜くほど小さい。屋台を思わせる店構えや、風情溢れる周囲の環境を眺めながら呑めるなど、ひとり客を喜ばせる要素は色々ある。だが、最終的に居酒屋というのは、〈人〉に尽きると思う。外装や内装がどんなに気に入っても、そして酒肴がどんなに安くて旨くても、結局カウンターの内側と外側にいる人間の間に不快感が生じたら、その店には二度と入る気が湧かないだろう。

私は「かとりや」には、まだ五、六回しか行っていないので断言できないが、客たちの呑み方は実にさわやかで、見ているだけでも楽しくなる。また、客によって呑み方が異なるのも、この店の寛大な姿勢を物語っていると言えよう――黙々と呑んでいるひとり客もいれば、他のひとり客が、別に来た三人組みと駄洒落を飛ばし合う姿も見られる。異種共存である。その点、統一的な呑み方を強要しがちなワインバーや、地酒名店とは対照的である。

たとえば、そのような店では、「今、私は一所懸命この酒を味わっておりますよ」、という〈通の演技〉が披露されることが多いように思えるが、「かとりや」の客は気どらず、呑んでいるとき肩の力がほどよく抜けているように見える。(13) 規模は小さいが、それでも「大衆酒場」の部類に入る店だから、当然と言えば当然である。もちろん、店によって様々な「ノリ」があっていいと私も思っており、個人的にはアルコール類のなかで日本酒とワインが何よりも好きだから、味にこだわる店をけっして蔑視するつもりはない。ただ、周囲の人たちに迷惑さえかけなければ、いろいろな呑み方、楽しみ方があっていいのではないかと思う。「かとりや」の客たちはそれをよく心得ているように見える。言い換えれば、個人とグループ両方に対し非常にバランスのとれた配慮が行き届いているということである。

そのような寛大な雰囲気は、店主や店長などだけでは作れない。客自身の協力と積極的な貢献も不可欠である。周囲の客に対して迷惑をかけないことはもちろんだが、機を見て隣の客を会話に入れたりするような配慮も「かとりや」では見かけられる。それが成立するには、居酒屋体験を積んできた客が中心に集まっている店でなければならないと思う。さらに、客がその店独自の「ノリ」を把握する必要もあるが、百戦錬磨の酒呑みならば店の「空気」はすぐに読めるはずである。さすがに、チェーン店居酒屋でワイワイやるような呑み屋体験しかもっていない、いわゆる「KY」客は、「かとりや」でもヒンシュクを買うことになろうが、多少の観察力と柔軟性さえあれば、そして出しゃばったりしなければ、一見客《いちげん》でも早く溶け込めるような店である。

私自身は「かとりや」にはいつもひとりで行っているが、楽しく呑めなかった記憶は一度もない。ただし、先日、自分自身がいわば「KY」客に化けてしまった瞬間があり、はっと気づいたときはさすがに恥ずかしかった。店に着いたときはカウンター辺りがそれほど混みあっていなかったので、身体をやや斜めにしながら右側を向いて立っていた。右側を向いていたのは、カウンターの右端で呑んでいる常連らしき中年男女の二組の、なかなか気の利いた、ユーモア溢れる会話が耳に入ったので、その愉快な様子を目でも楽しめるようにしたかったからである（狭い居酒屋のカウンターでの話というのは、よっぽど本人が聞かれたら困るような内容でない限り、客全員に共有されるものだということは暗黙の内に了解されていると思う。だから、この場合は「盗み聞き」とは見なされないだろう）。

ところが、店がだんだんと混んでくるにつれ、自然に身体の角度を調整し、ぎゅうぎゅう詰め状態に至った頃、カウンターに対してわが身が九〇度の角度を成していた。それも立ち呑み屋での流儀であり、すっかり慣れているつもりでいる――また、隣の客にも十分にスペースが残っているよう、常に気を配り、身体の角度を調整し、カウンターに置いてある飲み物とつまみをより小さくまとめるのが常識だということである。

ところが、私が幾何学の原理を身体でモデリングしている間、先ほどの四人が帰ってしまい、すぐ右隣に新しい客（と言っても、常連と思われる、ひとりのオヤジ客だが）が入ってきた。あまり喋りたくなさそうなヤツであり、私も黙って呑んでいた。しかし、ソイツはやたらに不機嫌そうな顔をして呑んでいるように感じられた。私はそんなに太っていないし、前述の通り身体が完全に九〇度の角度になっていたので場所を余計に占有しているわけでもなく、しかも後から着いて彼の前に無理やり割り込んできたというような無礼なこともしていないにもかかわらず、何となくあの不機嫌な表情が私自身に向けられているように感じられた。

そこで、やっと気づいた。左利きの私が右を向いているのに、いつの間にか周囲の客たちは揃って左向き、つまり右手が使えるように立っている、と。「郷に入らば郷に従え」とは必ずしもよいアドヴァイスだとは思わないが、この際はさすがに流れに逆らうわけには行くまい。気づくまでは一、二分間しか経っていないが、隣の男からしてみれば、「この毛唐が、すぐ目の前で、ずっとオレと顔突き合わせて突っ立ってやがる。まったくうっとうしいヤツだ！　いいかげん、向こう向いてくれよ！……ったくも……」とでも内心つぶやいていたに違いない（しかし、それなら言い返してやりたいことがある――「おい、毛唐と言われてもな、オレのこの頭《トウ》には毛がほとんど残っていないぞ！」と）。いずれにせよ、長年呑み歩いてきたことを自慢している割に、あのときの見事なＫＹぶりを思い出すだけで後ろめたく感じずにいられない。まだ修行が足りないようなので、これから居酒屋タイムをさらに増やさねば、と反省させられた次第である。

しかし、冗談はよそう。良い居酒屋では、客の気配りは周囲の客に向けられるのみならず、店主や店長、それに店員などに対しても及ぶ。たとえば、板前や焼き台を担当している人がとくに忙しそうなとき、気の利いた客ならば、タイミングを見計らいながら注文する。「かとりや」では、そのような気配りはよく見かけられ、さらに（長年の、信頼されている常連客に限るが）店長に余裕がないと見たときに、手を伸ばしてカウンターの内側から「湖月」の一升瓶を出して、自分でお代わりを注ぎながら「もう一杯いただいたよ」と知らせることもある。会計を済ます時、店長は客の前に溜まった串を数えるが、注文した酒の杯数は記録をしていないのか、たまに間違えることがある。ところが、私が見た限り、少なめに見積もることがあっても請求しすぎということはないように思える、そしてその際、客が「いや、三杯呑んだよ」などと訂正する。

「かとりや」で一、二度だけでも呑んでみると、なぜこの小さな店があれほど多くの客を惹きつけるか、納得させられる。西口商店街のトタン屋根の下で、屋台並みの小規模のカウンター前に立ち、通りすぎて行く南武線の音を耳にしながら、安くて旨い酒と串焼きを味わう。また、隣の客と愉快な会話を交わし、あるいはひとりで静かに呑んでもよい。

さらに、店長ご自身の人柄が良いことも、この店の人気が高い理由の一つだろう。(14) ひとりで多くの立ち呑み客を相手に、注文を受けて頭に叩き込みながら、串を一本ずつ焼き台に乗せ、丁寧に焼き、ときにはうちわでパタパタと炭火を煽り、そして焼き上がった品を客に手渡す。同時に酒のお代わりを次々と出し、帰る客の会計をして釣り銭を渡す。超多忙なのに、いつも目が静かに笑っているのに感心させられる。どの季節であろうと行きたい気持ちはあるが、私は冬が一番好きだ。どんなにひんやりした夜であろうと、「かとりや」の焼き台前に立っているかぎり、温かい空気に包まれるからである。

「いろは」

「かとりや」の路地を先に辿ると、商店街がYの字に分岐するところに差し掛かる。正面には八百屋があり、右方向に進むと、路地がしばらく続くが、左側——つまり線路に並行している、より狭い路地に入ると、低いトタンの屋根と壁でできた「トンネル」のような暗くて狭い空間がある。「いろは」は、その中に潜んでいる。正確に言えば、ひとつの焼き台と狭いカウンターがその中にある。カウンターより数メートル先に進むと、「トンネル」（そして西口商店街）が途切れてしまい、急に空が広がる。『雪国』の冒頭ではないが、日が暮れる前にあの暗いトンネルを抜けると、突然白い世界が展開するような感慨を覚える。

私は「いろは」に行くとき、トタンに囲まれているあの焼き台前のカウンターを狙う。南武線が真後ろを通っており、高架になっていないのに、すっかりガード下の呑み屋にいるような錯覚が起こる。

焼き台が面している狭い路地は通学路を兼ねているらしい——時間帯によって、セーラー服姿の中高生たちが、モツ焼きをかじりながら酒を喰らっているオヤジ連中のすぐ後ろを通りすぎて行くことがある。また、不思議にどちらも相手の存在すら目に入っていないように見える。三々五々歩いている女の子たちは、だいたい会話に夢中か、または取り憑かれたゾンビのごとく、歩きながらケータイを凝視している。オヤジ連中も、自分の世界にどっぷり浸かっている（あるいは、この場合は「漬かっている」と記すべきかもしれない）。私は何度か、「いろは」のカウンターで呑みながらそのような場面を目撃したことがある。当事者たちが気づかないまま、ふたつの対極的な〈世界〉が、わずかの時間、そしてわずかの距離で、あの暗いトタンのトンネルの中で交差する瞬間、呑んでいる酒の味が数倍も芳醇になった感がする。

「かとりや」では隣の古書店のおもちゃ売り場、「いろは」ではセーラー服とモツ焼きである。商店街内の酒場ならば、どこにでもありそうな光景かもしれないが、やはりあの戦後間もない時代のドサクサをいまだに醸し出している西口商店街だからこそ、そのとき交差しているのは、ふたつの〈世界〉のみならず、溝口という町の、そして東京という都会の〈過去〉と〈現在〉そのものであるように思える。

＊

同じ商店街内の、同じ年代の立ち呑み屋「いろは」と「かとりや」は瓜二つに見えがちだが、相違点が少なくない。たとえば、「かとりや」の立ち呑み用の木のカウンターに比べ、路地に面した「いろは」の焼き台前のカウンターは狭く、かぶせてあるベニヤ板がでこぼこになってきた。また、トタンの「トンネル内」のカウンターは狭い半面、「いろは」の店内は「かとりや」より広いようで、しかも隣接する八百屋との間に——八百屋の「店内に」と言った方が正確だろう——別の立ち呑み用のテーブルがおいてある。（商店街組合の小澤会長によると、「いろは」は元々八百屋が開業した店なので、共通のスペースがあっても、さほど不思議ではない）。

また、「いろは」の立ち呑みメニューの方が「かとりや」より豊富である。たとえば、焼酎類の中にホッピーがあり、串焼きに加えてポテトサラダや煮込みなどもある。私自身はモツ焼きや煮込みの大ファンとは言えないが（もともと、豚肉よりも魚介類と鳥肉の方が好きだから）、「いろは」の煮込みは口の中でとろけるほど柔らかく、初めて注文したとき、普通はそれほど箸が進まない煮込みを一気に食べてしまい、お代わりまで頼んだのは、おそらく生まれて初めての体験だった。煮込みの他に「かとりや」と同じく串焼きもいろいろあるが、「いろは」では一本当たりは立ち呑み客には九〇円、座る客には一〇〇円、と一〇円ずつ高い。

「かとりや」では、立ち呑み客が焼き台辺りに群がって呑んでいるが、「いろは」では立ち呑みスペースが数カ所に分かれているので「皆で呑んでいる」という一体感はやや薄いように思う。その半面、いくつかの違う空間があるおかげで、一見客にとって入りやすいと感じる人もいるかもしれない。

どちらの店も、客層が比較的厚いのも魅力である。確かにこの頃、スーツ姿のサラリーマンが目立つが、作業服の労働者も、地元の商店主も、たまに女性客も、同じ狭いカウンターを囲み、一日のストレスと疲労感を洗い流している。そこで主役になるのはアルコールだろうが、会話も大きな役割を果たす。とくに立ち呑み屋の場合、一人客が多いため、他人の話がよく耳に入り、二人の会話は周囲の客にも共有される傾向がある。職場の愚痴だとおもしろくないが、たまに奇抜なセリフがぽっと出ることがある。これも、居酒屋のつまみのひとつだ、と私は考える。

ある冬の夕方、「いろは」の低いトタン屋根の下で呑んでいたら、四〇代の男女の会話が聞こえた。二人は別々に呑んでいたが、共に常連客で顔見知りのようだった。男性のほうは、長いマフラーを首に巻いていたが、だいぶ前からほぐれており、まるでゾウの鼻のごとく腰の下までぶら下がっている。

女性は何度か乱れたマフラーに目をやり、気になって仕方がないことはよく分かった。そして、とうとう我慢できなくなって、「ほら、マフラーがふんどしになってる。ちゃんと首に巻きなさいよ。せっかくおしゃれな格好してきたんだから」と、早口で叱った。しかも、男の方はもともと「おしゃれ」から程遠い身なりだから、より痛快に聞こえるセリフだった。別の時、同じカウンターで、三〇歳ぐらいの一人客に挟まれて呑んでいた。後で分かったのだが、右側は途中下車したサラリーマン、左側は近くの魚屋さんである。皆、黙って呑んでいたが、やがてサラリーマン氏が私に声をかけてきた。それは、いつものインタビュー調の質問の連続だった――「お国はどちらですか」、「日本に来て長いですか」、「お仕事は何ですか」等々。なるべく白けた表情を浮かべないように努力して答えたが、彼が帰ると、バトンタッチしたように、今度は魚屋さんが話しかけてきた。

彼はすでに出来上がっていることは一目瞭然である――舌がよく回らず、目も据わっており、身体は水中の海草のごとくゆらゆらしている。しかし、そのような有り様ながら、彼は先の客に比べて、はるかにしゃれた質問で話を切り出した。「明日も仕事ですか？」、と。

これも何でもなさそうな一言だが、私はいまだに感心している。つまり、何の仕事かとは聞かないし、次々とインタビュー調で攻めてくるわけでもない。適当な距離感を保ちながら「われわれは二人とも仕事があるのだ」という共通点から話し始めるセンスが素晴らしい。もちろん、ご本人の泥酔状態を考えれば、翌日にはその会話も私のことも、完全に忘れているにちがいない。だが、私はその後、居酒屋で話しかけられる度に思い出す。あの晩、「いろは」では、おいしいつまみをいただいた、と。

質屋の激戦地

ある日、西口商店街詣でをする前に、駅の別の方面をうろうろ歩いてみた（正確にどこを歩いたかよく分からないが）。少し歩き回ってから喫茶店で一服しようと思ったが、困ったことになかなか見つからない。静かな渋い店は期待していなかったが、せめてチェーン店くらいならすぐに見つかるだろうと思った。だが、私が歩いたところには一軒も見当たらなかった。しかも駅周辺を一五分以上歩きまわった挙げ句である。きっと、一、二軒見逃したにちがいない。

その代わり、パチンコ屋やパチスロやゲームセンターの密集ぶりに愕然とした。また、喫茶店が見当たらないのに質屋を三、四軒も見かけた。たまたま、折り畳み式の将棋盤が欲しいと思っていたので、ついでに一軒に入ってみたが、置いていなかった。質屋が多いのは、おそらく隣のパチスロでむしられてしまって、時計でも入質して、その金もすぐに投げ捨てるようなヤツが、それだけいるからだろう。

質屋と言えば、一度JR京浜東北線蒲田駅のホームで電車を待っているときに見かけた、線路の向こう側の壁の大きな広告看板を思い出す。きれいな若い女性が至福の表情を浮かべながらヨガのポーズを取っているというスポーツジムのありふれた広告が目の前にあったのだが、そのすぐ隣に同じ大きさの質屋の広告があるのを妙に感じた。しかも、その数メートル左側にも別の質屋の広告があるのに気づいたとき、さすがに驚いた。やはり、駅のホームの広告というのは、ある意味でその町の「顔」であり、少なくともその町が打ち出す自己イメージだと言える。たとえば、原宿駅のホームには、いつも若い美男美女のモデルが登場するデザイナー・ファッションの広告が並んでおり、「この町はおしゃれの若者向けだよ」と言わんばかりの意識（そして営業戦略）が見受けられる。しかし、同じく駅のホームの広告に、質屋の宣伝が並んでいるのは、いったいどのように解釈したらよいのだろうか。

その体験を思い出しながら溝口を歩いていたら、やっと「スターバックス」が一軒見つかった。私は居酒屋のみならず、喫茶店も非常に好きだが、どちらにしてもなるべくチェーン店を避けるように心がけている。ただし、きょうは個人経営の店が見つからなかったので、やむを得ず「スタバ」に入った。混んでいたが、運よく窓のそばに小さなテーブルがひとつ空いていた。窓際に面している隣のテーブルには、中年の男性と二〇歳前後と思われる女性が座って喋っている。ほかに話している客はそばにいなかったため、どうしてもその会話が耳に入ってしまう。二人は同じキャバクラか何らかの風俗店の関係者のようであり、おそらく彼がマネージャーで彼女が接客する立場だと察しがついた。しかし、「会話」とは言え、彼が一方的に延々と彼女に対してお説教しているだけのことだった。要は、どうやって男性客をもっとうまく操り、効率よく金を巻き上げるかという内容らしい。駅の広告ではないが、企業として「スタバ」が打ち出したいイメージからほど遠く、いわば「セーラー服とモツ焼き」並みの、ふたつの対照的な世界が偶然に重なった時間を体験したように思え、通常のチェーン店で過ごす時間より断然おもしろかった。

＊

「スタバ」で一服できたから、店を出てもう少し歩き回ることにした。そうしたら、今度はすぐに気に入りそうな喫茶店に差しかかったので、そこにも入ってみた。喫茶店ハシゴも、嫌いではない。

よく指摘されることだが、東京の喫茶店が提供する大事な要素のひとつは、せわしない都市のペースとは別の時間の流れである。その意味では、たまたま見つけた「ナドック」(Nadoc) はパチンコ屋などが密集する、表の喧騒な町とは全く別の時空間になっている。とは言え、店内はシーンとしているわけではない。むしろ、店に入った瞬間から、何よりも私の注意を引いたのは店内の音である。この頃、ジャズが流れている飲食店が溢れていることは周知の通りだが、だいたい有線放送によるBGMの域を出ていない。有線放送だと、レコードのコレクションも、その音楽に対する知識も無用となり、簡単なチャンネル選びという消費行動の結果としての「インスタント雰囲気」と言えるものである。もちろん、便利ではあるが、多少安易にも感じられる。ところが、「ナドック」でわが耳を打った音は、音質といい、音量といい、普通の店とは雲泥の差。まるでジャズ喫茶を思わせるものである。ジャズ喫茶と同様に、かけているレコードやCD (「ナドック」は両方をおいてある) のジャケットをレジのそばの専用のスタンドで展示しており、興味ある客が手に取って、ライナーノーツを読むこともできる。また、流れているのは再生音源でありながら、音は実に生き生きしているのに驚いた。きっと高質のオーディオが設置されているのであろう。ただし、ありがたいことに、通常のジャズ喫茶と違うのはコーヒーがたった四〇〇円と安く、これがまた、なかなか旨い。

しばらくその味と音を満喫しながら、店内独自の時間の流れに身を任せた。たまたま「スタバ」でもおもしろい体験ができたが、それはめったに期待できないだろう（あるいは、溝口の「スタバ」ならではのことだろうか）。いずれにせよ、今後、溝口で一服するときは「ナドック」に立ち寄りたい。ところで、あのときは帰る前に、マスターに「ここは本当に音もいいし、めずらしいレコードもかけているし、まるでジャズ喫茶にいるような気分になる」と言ったら、「よく言われる」と答えた。そして、自分自身が一〇年間、渋谷の（名店ジャズ喫茶として知られる）「メアリージェーン」で働いていた、と付け加えてくれた。なるほど、きょうも意外な発見がいろいろあった。

穴場があったら、入りたい

ある晩、「かとりや」の帰りに、お決まりの「もう一軒」を探しに、南口周辺をうろちょろしていたら、駅のすぐ近くの小さな居酒屋が目を惹いた。近づいてみたら、山形の地酒をいろいろ揃えているようで、それほど敷居の高い店でもなさそうなのでさっそく入ってみた。「L型」のカウンターの内側には六〇代の男性店主がひとりで立っており、カウンターには八席、店の隅っこには四人用のテーブルがひとつしかない、ごく小ぢんまりした温かい雰囲気である。しかも、カウンター席が禁煙になっているのもうれしい。私のような「嫌煙型赤提灯愛好者」は、毎晩のように酒は呑みたいが煙は吸いたくないという矛盾を痛感させられる。東京にはまだ稀ではあるが、禁煙または分煙の居酒屋が見つかると、感謝の気持ちが湧きあがってくる（ちなみに、私の体験から言えば、多くの禁煙居酒屋は日本酒にこだわっている店である——三軒茶屋の「赤鬼」や四谷二丁目の「萬屋おかげさん」などが好例)。

だが、この店「よこ川」のメニューを開いたら驚愕した。山形県の地酒専門店とは言え、何十種類もあり、しかも同じ蔵の酒でもほとんど出回っていないものがさらに何種類も載っている。この小さい店のどこにしまっているのだろうかと不思議に思うほど豊富なセレクションである。

ただし、地酒ファンとして、その時点で疑問が出る。この規模の店では客数と回転率を思えば、あれだけ多くの酒をおいたら、一本一本が空くまでずいぶん時間がかかるはずである。よっぽど管理に注意を払わないと、せっかくの旨い酒が劣化してしまうのではないか、と。

私はけっして日本酒の「通」ではないが、いわゆる「ひねている」酒を呑んだらだいたい気づくと思う。たとえば、ある店で秋田県の「雪の茅舎」を久々に呑んでみたら、私の味覚が変わったせいか、記憶していたほどおいしく感じられなく、結局半分ほど残してしまった(私が酒を残すくらいだから、相当にまずかったと考えてよい)。それから、約一カ月後に別の店で友人と一緒に呑んでいたら、彼が同じ山廃純米の「雪の茅舎」を頼んだので味見させてもらったら、やはり全然違っており、以前記憶していたようにおいしく呑めた。結局、不味く感じた原因は蔵元にあるのではなく、その店が何種類もの酒を置いているのに管理が行き届かず、劣化してしまったからだとしか考えられない。あの酒を出した店自体とは長い付き合いでもあるから好きなのだが、その後は必ず「最近、何を開けたか」と尋ね、その銘柄を注文するようにしている。

だが、「よこ川」はご心配無用。酒の品質管理がしっかりしているようである。もちろん、好みによって一杯一杯に対する評価は異なるが、何を呑んでも上質の酒であり、劣化したようなものは出すまい、という姿勢が感じられる。店主はとりわけ酒に詳しく、驚くような銘柄を推薦もしてくれたことがある。たとえばある日、「何か、きょう、とくにお勧めの酒はありますか」と訊いたら（店主としては客の好みが分からないと推せないので、訊かれて困ることもあるようだが）、「出羽桜」と「東北泉」という、ごくありふれた山形の地酒が良いと言うから不思議に思った。ところが、それぞれの蔵が作っている、はるかにランクが上の酒を勧めていることが分かったので呑んでみると、吹っ飛ばされる思いであった。「これが「出羽桜」か⁉」と。「出羽桜」と言えば、香り高い、華やかなイメージが私にはあり、数年前まで好んでよく呑んでいたが、いつの間にか酒の好みが変わり、頼む気がしなくなった。ところが、店主が出してくれた「出羽桜」は同じ蔵とは思えないほど、鼻につく香りもなく、非常にしっかりした、いわば芯のある酒だった。「東北泉」も普通呑んでいるものとは違って濃厚な味に感じられた。つまりどちらも、通常出回っている同じ銘柄とは一段、いや、二、三段上の酒だったわけである。

　ごく狭い店であれほど手に入りにくい日本酒を出しているので、どうしても値段は多少張るが、欲張らなければ一合六〇〇円くらいの、きわめて手ごろなのもあるところが良心的。とは言え、日本酒ファンがあのメニューをいったん目にしてしまえば、欲張らないどころか、次々と味見したくなるであろう。

駅のすぐ近くでありながら、溝口の「よこ川」は真の穴場である。定期的に入りたい。

＊＊＊

今から思えば、溝口の探訪は予想外の発見に満ちていた。町の様々な「顔」を見ながら、異なる時空間を味わうことができた。おまけに、おいしいコーヒーと渋い音を出す喫茶店も、美酒と旨い肴を出す小ぢんまりした居酒屋も見つかった。しかし、何よりも、あの「みすぼらしい」商店街での、数々の豊かな体験が印象に残る。

西口商店街では、酒は味覚のみならず、あらゆる感覚を動員して呑むものだということを新たに教えてもらったように思う。「かとりや」で客同士が陽気に会話を交わし、南武線が通り過ぎて行く間には皆が一斉に口をつぐみ、電車が去ってから笑いが自然に復活する。立ち呑み客と南武線との別の〈対話〉である。その居心地良い、緩急自在な対話自体も、「かとりや」の旨味のひとつだ、と私は思う。また、「いろは」では、同じ南武線が通過するときに、あの薄っぺらいベニヤ板のカウンターに手をおいていると、レールの振動が全身の隅々まで行きわたる。酒呑みにとって、これがまた絶妙の快感である。

やはり、居酒屋は五感で満喫する場所である。溝口の年季の入ったトタン屋根の下で、焼き台と煮込みの鍋から湧きあがる濃厚な匂いを嗅ぎ、走り過ぎていく電車の音を聞き、振動を全身で受け止め、そして錆びきってしまったトタンのくすんだ赤と茶色が織りなす抽象画を眺めながら、つくづくそう思う。

第二章

おけら街道のヤケ酒（府中・大森・平和島・大井町）

下り坂

実に危ない道に足を踏み入れてしまった。急な傾斜の、すべすべした下り坂である。しかも、本書執筆のためにその道を歩みだしたので、読者の皆さんにも責任があるとも言えなくはない。

しかし、冗談はさておき、前から悩んでいた問題がある。すなわち、赤提灯について一冊の本を書く以上、とりわけ競馬、それに競輪[1]と競艇も避けて通れないのに、私はそれらの世界に「うとい」どころか、まったく無知なのである。競馬場に行ったこともなく、馬券の買い方やレースの専門用語も何も知らない。競馬新聞を手に取ったこともなければ、そもそもスポーツ新聞というものですら一度も買ったことがない。それでは、大衆酒場について語る資格がないのではないか、と自問したのが事の始まりである。

そう言えば、プロ野球に対しても興味が湧かないし、何年もテレビを持っていないので「イチロー」と「松井」を除けば、近年の選手の名前もほとんど知らない。ただし、子供の頃には野球をはじめ、いろいろなスポーツをやり、プロの試合もよく観に行ったので、酒場での野球の話についていけなくても、熱中する気持ちは理解できる。ところが、博打《ばくち》の世界は違う。たとえば、レースに対して一銭も賭けなくてもおもしろく観戦できるはずではあるが、そんな男はほとんどいないだろう。[2]だから単なる傍観者ではいけない、私も多少でもカネを賭けなければ熱中する気持ちは味わえないという結論に至った次第である。

ところで、今まで一度も競馬を試さなかったのは、興味がなかったからだけではない。怖かったから、でもある。正確に言えば、すぐにのめり込みそうな自分自身が怖かったわけである。というのは、私は競争心が強い上に、相当の凝り性でもある。だから一旦、博打に手を出してしまえば、後に引けなくなる可能性が十分にあることを自覚している。たとえば、カネを賭けないのに、異常なほど将棋に熱中した時期がある。負かされると悔しくて、すぐに本屋に駆けつけ、相手の戦法に対抗する指し方の本を買ってきて、コマを並べながら覚えようとした（その割に、ちっとも強くならなかったが……）。あの頃、夜になると、横になって目をつぶったら、いきなり将棋盤が映るということもあった。また、ある日、夜中の三時頃まで呑んだあげくにタクシーで帰る途中、運転手に「ところで、将棋は好きですか」と訊き、好きだというのでそのまま家に連れ込み、明け方まで将棋盤を挟み、お互いに無言のままピシリピシリとやったこともある……赤の他人なのに。

要するに、ただでさえもそこまで熱中する性質なので、おまけにカネがかかっていたらどうなるか想像したくもない。ゆえに、今まで賭け将棋のみならず、麻雀も一度も試したことがない。ましてや、競馬に凝ってしまったら、あっという間にどこかの川べりで、青いシートの下で横たわりながら、拾ってきた競馬新聞を惜しそうに眺めているという自分の姿がくっきりと目に浮かび上がる。
しかし、そのような危惧にもかかわらず、きょう、すなわちクリスマス・デーの日曜日に、生まれて初めて競馬場に参拝することになった。サンタクロースのごとく、私からJRA（日本中央競馬会）へのささやかなプレゼントを持参しながら……。

馬場

（二〇一一年一二月二五日）

数日前に、新宿ゴールデン街のバーで呑みながら、ママさんに「ところで、競馬に詳しい客はいませんか」と漠然と聞いたら、すぐそこに立っている男を指したのがきっかけである。彼は、たまたま私と同じ方面に住んでおり、毎週日曜日に府中の東京競馬場に行くので、「興味があれば、一緒に来てください」と誘ってくれた。ひとりで行った方が気ままに周囲を観察する余裕はあるが、馬券の買い方すら分からないので、彼の言葉に甘えてさっそく案内役をお願いした。皮肉なことに、私の案内人の名前は「馬場」である。

競馬場のある府中本町に行くのに、私は自宅近くの南武線矢川駅を使えば乗り換えなしで四駅で着く（思えば、競馬場がそこまで家に近いのが、さらなる不安材料だが……）。ともあれ、きょうは競馬場行きの車内の様子を少しでも見たいし、立川発の南武線よりも多くのファンが川崎方面からの南武線で来るか、武蔵野線を使うか、または京王線の府中駅で降りて歩くだろうと思ったので、やや遠回りになるが、国立駅から中央線に乗り、隣の西国分寺駅で武蔵野線に乗り換えて行くことにした。武蔵野線には「ギャンブル路線」という異名がついているそうだが、それは始発駅の南船橋近くに船橋競馬場があり、船橋オート、中山競馬場、戸田ボート、川口オート、浦和競馬場と主要ギャンブル場を数珠つなぎにし、終点の府中本町に東京競馬場があり、多摩川競艇も近いからである。

武蔵野線に乗ったとたん、やはり車内の「空気」がいつもと違うことは明らかであった。まず、やや荒い感じの中高年の男たちが目立つ。中には、すさまじい集中力で競馬新聞やスポーツ新聞を読んでいるヤツもいる。若い男も数人おり、彼らはだいたい同じ目つきでケータイを凝視している。どちらも最新の競馬情報を漁りながら「さて、これから一儲けするぞ！」と言わんばかりの意気込みを発散している。

さて、「遠回り」とは言っても、西国分寺から府中本町駅まで二駅しかないのですぐに着いたが、改札を出たら駅と競馬場をつなぐ長い通路を辿らなければならない。ひとりで歩いている中高年男性が多く、ばらばらに歩きながらも同じ方向に向かっているのが異様に感じられる。もちろん、大きなコンサートやスポーツ試合の前後にも同様に「一方通行」の人間の流れは見受けられるが、だいたいその場合は二人、またはグループで歩いているではないか。だが、競馬場へはひとりで黙々と進んでいる男が目立つから、祝祭性よりも「大衆の中の孤独」という雰囲気である。しかも、なかには競馬新聞から目を離さずに歩いているヤツもいる。

通路は広い割に閉塞感を醸し出している。ところどころに窓があるのが唯一の救いで、次の窓に差し掛かったら、足を止めて外を眺めた。緊迫した通路内の雰囲気とは打って変わって、静寂な寺の光景が広がっている。寺に隣接する墓地も目に留まった（なるほど、あそこには競馬で大中《あた》りするという無数の夢が埋葬されているのだ）。

競馬場の入口に一〇分も早く着いたので、馬場さんを待ちながら入場する人たちをゆっくり観察する時間があった。現在の東京競馬場はかなり健全なイメージがあると聞いており、そのためか、あるいは師走の日曜日（しかもクリスマス・デー）との関係か、家族連れや若いカップルが少なくないが、彼らは、どちらかと言えば「遊びに来ている」感じがする。対照的に、ひとりで来ている男たちは期待感と希望に満ちた表情を浮かべながら、どことなく緊張した雰囲気がある。

通常、中央線や京王線で見かけるような、つまり「いかにも中産階級」を思わせる男もそれなりにいるが、汚れた作業服や、ぼろぼろの上下のジャージ姿に野球帽をかぶった男たちがとりわけ目を引く。南千住や川崎や船橋方面などでは、さほどめずらしくない身なりだが、中央線や京王線沿線などでは違和感があるように感じてしまう。そして、それを意識するとき、いきなり反省を促される。というのは、東京周辺には厳しい生活を送っている人たちがたくさんいるのに、彼らは通常、我々恵まれた都民の目に入らないように隠蔽され、隔離されている存在に等しいからである。そう考えると、異常なのは、府中での彼らの存在ではなく、むしろ彼らを締め出す我々の日常生活および意識、そしてその意識を支える今日の東京の都市構造の方である。それを自覚するためだけでも、きょうは競馬場に来る価値があったと思う。

＊

ところで、私は一〇代の頃からこのように〝people watching〟（公の場で、周囲の人々を悠々と観察すること）が好きになり、そのためには空港とボウリング場がとくに優れた場所だと考えてきた。空港では、〈別れ〉と〈再会〉というドラマが次々と披露され、それに伴う人々の純真で率直な感情表現が演じられるので、何の用もなしに空港まで出かけて行っても、私は十分に楽しめる。ボウリング場の場合は、ボールを投げた瞬間からピンに中る（または外れる）直後までの間が見どころである。というのは、ほとんどの人はその間、無我夢中になっているので、いわば「無意識ゆえの自分らしさ」が表れ、各自のボディランゲージを通して本人の新たな一面を見受けることができる（たまたま、私は高校時代にボウリング場でバイトしていたので、そのような観察をする機会に恵まれていた）。

しかし、きょうは競馬場の入口にほんの少ししか立っていないのに、ここも最適な観察の場であるということを思い知らされた。上述した通り、東京における経済格差が、来場する人たち自身の姿によって具現されており、また入場の際と帰りの際を見比べたら、きっと多くの観客の足取りや表情が対照的に映るだろう――入場時の高揚した表情、そして期待感と緊張感が、帰り際にはしょんぼりした脱力感に化しているにちがいない。

入り口を通って行く人たちを眺めながら、勝手に想像をふくらませているうちに、馬場さんが現れたので、私たちも場内に入った。午後一時すぎだからレースはすでに始まっている。ただし、きょうは東京競馬場では本物のレースが開催されておらず、代わりに関東や関西のほかの競馬場で行われているレースが、場内の大きな画面で生中継され、それぞれのレースの馬券が買えるだけという仕組みである。そのためか、場内は驚くほど静かである。

定年退職した馬場さんは七、八人の呑み友達と、ほぼ毎週の日曜日に東京競馬場の同じ一角で集合する。一人が先に開場時間に合わせて来て、その場所を確保し、床にビニールのシートを広げると、そこが皆の共有の場所となる。シートの上に座って休憩する人もいれば、荷物置き場に使う人もおり、また皆がその上に広がっている多数のスポーツ新聞の競馬欄を見比べながら次のレースに対する作戦を練る。グループの一番の若年者は六〇代半ばのようであり、職業（または「元職業」）も千差万別だそうである。中には夫婦で来ている人もおり、意外に和やかで健全な集いのように感じられる。確かに皆競馬好きだが、競馬に命を賭けているような険しい雰囲気は全くない。この人たちのように、適当に競馬を楽しむことができれば、きっと無難な娯楽となり得るだろう。それができれば、のことだが……。

さて、馬場さんが私を皆に紹介してから簡単に新聞の競馬欄の読み方や、投票カードの記入のし方などを説明してくれた。ところが、初めて目にする競馬欄には、詳細極まりない情報がみっちり詰まっており、まるで見たこともない外国語のように感じられる。また、馬券を買うに当たり、圧倒されるほど多くのコンビとヴァリエーションがあり、しかもどれも聞き慣れない用語ばかりである――「単勝」（一着目の一頭の馬を当てること）、「馬連」（一着と二着目の馬と着順を正確に当てること）、「馬連複」（一着と二着の馬を着順にも関係なく当てること）、「三連単」（一着、二着、三着の馬を着順に当てること）、「三連複」（着順にかかわらず最初の三着の馬をすべて当てること）、「ワイド」（三着までの内の二着の馬を、着順と関係なく当てること）、それに「枠」や「フォーメーション」などもある。

競馬用語の中で、特に奇妙に思えたのは「投票」ということば。ちなみに、英語ではカジノであろうと競馬場であろうと、野球などチームスポーツに対する場合であろうと、カネを賭ける行為に対し、“bet”（「賭ける」）ということばが使われる。日本語にも同義語があるのに、「投票」が常用されるのが、どうしても不思議に思えてしまう。選挙における「投票」とは明らかに次元の違う行為ではないか、と異論を唱えたくもなる。あるいは、「賭け」ということばに付随する怪しく危ういイメージから、無害の「投票」へと表現をすり替えることによって、観客たちの「博打を打っている」という意識が薄れ、より気軽な気持ちで金を落としてくれる、という競馬業界のしたたかな販売促進作戦かもしれない、とも考えた。

いずれにせよ、単語を覚えることは氷山の一角にすぎない。場内に設置されている画面にはオッズ（配当を決定する確率）と百円単位の配当金額が表示されるようになっている。そして、ほかの客がその時点までに購入した馬券の配分によって、オッズと配当がリアルタイムで変動する仕組みになっているため、馬券購入の締め切りぎりぎりまで画面で必死にオッズの変動を追いながら、そのレースの馬、賭ける金額、そして選ぶカテゴリーおよびコンビなどを決定する人が大勢いる。言い換えれば、レースが始まる前から、すでに観客に集中させながら、緊張感と期待感を与えるような構造になっているということができよう。

私はきょう、競馬に対してごく基本的な知識を身につけながら、全体の流れをつかめば十分だと思って来たので、どうしてもレースに対する情熱が湧かない。それでも、民主主義社会の良き市民のごとく、競馬選挙できちんと「投票」する義務を果たしてきた。結果は……私が支持した候補はすべて落選。ただし、東京競馬場には入場料もなく、事前に競馬新聞やスポーツ新聞なども買わなかったので、全部で投入した金額はちょっとした交通費、そして七〇〇円の馬券代のみである。競馬入門の授業料としては安いと言えよう。

*

最後のレースが終わってから馬場さんたちと一緒に京王線の府中駅まで歩き、彼らの行きつけの居酒屋に入った。府中駅の周辺には、元闇市と思われる数本の路地が残っている。その一帯に居酒屋が密集しているのはありがたいが、残念なことに、現在はほとんどが味気ないチェーン店である。馬場さんたちの行きつけの店もそのひとつだが、七、八人で行くから仕方がないだろう。競馬場では、馬場さんの友達と話す機会がほとんどなかったので、会話だけを楽しみに二階の座敷席に上がった。

多くの赤提灯ファンと同様に、私はチェーン店居酒屋を極力避けている。今晩のように、大勢の集まりのためなら仕方なく入ることはあるが、それでも後でどこかの個人経営の赤提灯に駆け込み、吞みなおしたくなる。今夜も例外ではなく、皆に別れを告げてから同じ路地にある大衆酒場に入った。その店には以前、二度ほど行ったことはあるが、最初に教えてくれたのは、日暮里の「鳥のぶ」という居酒屋の板前さんだった。その日、上野の「鈴本演芸場」で落語を聞いてから初めて「鳥のぶ」に行った。気どらない、なかなか旨い店だと感心したので、帰り際に板前さんにお礼を言ってからちょっと立ち話していたら、私が立川方面に住んでいるということを聞いた彼が、「それなら、府中には「磯吉《いそきち》」という安くていい店があるから、機会があったら行ってみてください」と推薦してくれた。そして、一、二週間以内にさっそく偵察しに出かけたら、なるほど、活気溢れる雰囲気のよい大衆酒場であり、そして値段の割に旨い。

「磯吉」は、細長い店で、入口の左側に焼き台があり、長いカウンターでは一人か二人組の客が座って吞んでいる。カウンター席の背後の壁際にはテーブルがずらっと並んでおり、カウンター席が空いていない時（私の体験では、これはめずらしくない事態）、一人客でもとりあえずほかの客が使っているテーブルで相席を勧められることがあるが、これも大衆酒場ならではの対処法であり、さほど抵抗を覚えない。

以前も述べたように大衆酒場では、元々「皆で吞んでいる」という意識が普通の居酒屋より強いので、ある意味で相席はその意識の延長線上にあると考えられよう。たとえば、北区十条の名店「斎藤酒場」が思い浮かぶ。すばらしい雰囲気の店として居酒屋愛好者の間で定評があるが、基本的にカウンターというより相席制であることが注目に値すると思う。つまり、ひとりで行っても、数人で行っても見知らぬ客たちと同じテーブルを囲んで呑むことになる場合が多い。周りの人たちと話をするかしないかとは別に、やはり同じ場所を共有している気持ちが自然に湧く。慣れないと気を遣いすぎて落ち着かないが、一旦慣れてくると非常に居心地よい環境である（もちろん、常連になればなおさらだろう）。「磯吉」の雰囲気からは、ある程度同じような「共有意識」が感じ取れるように思う。とにかく京王線沿線の、チェーン店でもない居酒屋なのに、出てくる品は十分においしく、量もたっぷりあり、そして値段が安い。競馬で大金を落としていない限り安心して入れるわけだ。たとえば、私が行ったとき、さしみの三点盛りがいつも五五〇円、日本酒も悪くない銘柄がおいてあり、しかも（それこそ、闇市時代を連想させられる）いなごの佃煮という珍味までおいてある（これもなかなか旨かった）。チェーン店が急増している府中駅周辺では、このような年季の入った、大衆的な店をひとつ押さえていると心強い（その点、「鳥のぶ」に感謝）。

とは言え、競馬場の入口を出てからすぐそこにバラックのような立ち呑み屋が数軒、軒を並べているのも興味をそそられる。その一帯こそが「府中おけら街道」の発端だと思われるから次回、また東京競馬場に行くことがあれば、そこで呑んでみたい。しかし、その前に府中よりもっと「ハードコア」な競馬場体験がしたいので、今度は大井競馬場での生のレースをひとりで観に行くことに決めた。また、行く前に出走する馬について多少の「研究」をしておき、それに最低、一日に五、六千円をつぎ込むことにする。そうしないと、負けても終了後の真の「ヤケ酒」の味は分からないだろう。

ただし、大井競馬場を体験する前には、軽く平和島競艇場を覗きに行くことにした。晴天のさわやかな冬の真っ昼間だが、途中で濃い〈歴史の影〉を通ることになってしまった。

結ばれぬキョウテイ
（一二月二八日）

東京都地図をよく見るまで気がつかなかったが、大井競馬場は品川区にあるのに、すぐ近くの平和島競艇場は大田区に位置している。また、京浜東北線の大森駅はぎりぎり大田区内にあるが、京急本線の大森海岸駅は同様にぎりぎり品川区に属している。とは言え、調べてみたら大田区の歴史自体が思っていたより浅い。昭和二二年の大森区と蒲田区の合併によって成立し、区名は大森と蒲田両区の一文字をとって組み合わせたのが由来である。(3)ところで、私の地図の「都心図」部分には、蒲田はもちろん、大森も、品川区の大井町も含まれていないので、区が異なっていても、同じ京浜東北線沿線の赤羽と同様に、都心から見たら東京の「外れ」にあると見なされているらしい。

電車で平和島競艇場に行くのには大森海岸駅や平和島駅が近いが、JR大森駅から無料の送迎バスがあると聞いたのでそれに乗って行った。

東京の歴史に興味ある人にとって、この一帯は外せないと言えよう。まず、戦前の大森海岸は活気あふれる料亭街として知られていた。昭和二年に、大森海岸芸妓《げいぎ》屋組合が設立され、当時芸妓屋総数は五六軒もあり、芸妓は二四〇人もいたそうである。また、「平和島」という地名が付けられたのは昭和四二年だが、戦中は未完の人工島であり、「平和」どころか、そこに連合軍の捕虜の収容所があった。そして、昭和二〇年八月三〇日には「五六六名の捕虜たちは解放されて、沖に停泊する病院船に移り、入れ替わりに東條英機らA級戦犯が収容された。対岸の大森海岸には、占領軍人の慰安施設第一号となった小町園に、三八人の新娼妓がトラックで運ばれてきた」。次章で詳述するように、米兵向けの「慰安施設」は敗戦直後の日本政府の指令の下で、警視庁の協力によって設立された組織である。(4)

なお、上記の「A級戦犯」と指定された人の中には、笹川良一がいた。笹川が一時的に平和島に収容されたかどうか興味深いが、軽く調べた限り記録が見当たらない。わかったことと言えば、不起訴の判決を受けるまで巣鴨刑務所に三年間も収監され、出所後間もなく、モーターボート競走法の成立に努め、後に社団法人全国モーターボート競走会連合会の設立に深く関与していたということである。

以上のような歴史を考えていると、競艇場を覗きに行くという軽い気持ちが、急に重くなってしまったように感じる。それでも、せっかくの競艇初体験を控えているので、せめてレースの最中には思考停止に挑みたい。たまには歴史の忘却も必要だろう。

＊

府中の東京競馬場とは違って、平和島競艇場では入場券を買わなければならない。とは言え、一〇〇円だから自動販売機の飲料水より安い。

きょうの空は真っ青で、空気もすっきりしており、年末なのに風もなく、さほど寒くない。ただし、平日のためか、あるいは近くの大井競馬場で年末のレースが始まったばかりのためか、競艇場に足を運んできた人は寂しいほど少ない。観客席はがらんとしており、どう見積もっても場内全体の観客は千人に達していないだろう。あるいは五百人も来ていないかもしれない。また、先日の東京競馬場に比べ、年配の男性客の割合がさらに高く、しかもみすぼらしい身なりの男がいっそう目立つ。

屋外でありながら、観客席も空いているので競艇場は静かである。確かにレースの最中にはボートのエンジン音が場内に響きわたるが、少なくとも私がいるときには客の歓声はあまり聞こえない。ボートが転覆すると（私が見ている時だけでも二度あった）、その選手に希望とカネをかけていた観客の唸り声は漏れるが、全体として異様なほど静寂な雰囲気である。

その印象は、水の存在も大きいように思う。レースの合間は場内の波が静まり、水が徐々に停滞状態に戻る。真っ青な空の下で、あの静かな水面を眺めているうちに、都内のどこかの公園で一服しているような錯覚に陥るほどである。また、競艇場のすぐ後ろに一〇階や二〇階以上の新しいマンションが林立しているが、その光景が、観客席の貧相な格好のジイさんたちと好対照を成しており、それもまた都心の公園でホームレスの男を見かけるときと同様に、どこか互いに独立な存在感を醸し出した、コラージュのような画像を成しているようにも思える（その点、東京競馬場の体験と共通しているかもしれない）。

今回は私にとって初めての競艇とは言え、先日の競馬初体験を活かし、今朝さっそくスポーツ新聞を買って平和島競艇の欄を開き、午後のレース情報および同紙の予想に軽く目を通し、メモしてきたので、いまだに出鱈目ではあるが一応どの選手に投票するか、おおよそ事前に決めてきた。二時半頃に着いたので、それから始まる第九レースの券をまず購入した。中央競馬場の時より少し多めに金を使うことに決めてきたので、第九と第一〇レースには六〇〇円ずつ、第一一レースには五〇〇円、そして最後のレースには八〇〇円。第一〇レースは一五〇〇円勝ったので、最終結果は一〇〇〇円の損である。それに入場料と交通費とスポーツ新聞の代金を加えても、映画一本と大して変わらないので、数時間の娯楽としては手ごろな額と言えよう（ただし、すでにこのように正当化したくなる気持ちこそ、例の「下り坂」への入り口だ、と見なすべきだろう）。

最後のレースが終わってから多くの客が大森行きの送迎バスに乗ったので、私も便乗した。依然として、ひとりで乗っている男が圧倒的に多く、平均年齢は六〇歳を超えている（平日のせいもあるかもしれないが）。また、浮かない表情の顔が多く、バスは超満員状態でありながらしーんとしている。途中で大森海岸駅に止まったが、そこではひとりしか降りず、ほかの乗客は皆終点のJR大森駅まで乗って行った。

「肉のまえかわ」

さて、競艇ファンはだいたいどこで呑むか。これが肝心な問題だから、事前に競艇好きの知人に尋ねたら、大井町駅周辺で呑む人が多いだろうと言ったので、そのまま大森駅から隣の大井町駅まで電車で行き、そして下りたらまっすぐ東小路の呑み屋街に潜入した。ここはいかにも闇市だった雰囲気が残っている――狭い路地がいくつも連なっており、小さく雑多な居酒屋やラーメン屋などが密集している。府中駅周辺の路地と違って、ここにはチェーン店の進出がほとんど見られず、庶民的な雰囲気をいまだに濃く醸し出している。

以前に一度、その路地の角にある「肉のまえかわ」という立ち呑み屋に連れて行かれたことがある。ただし、数年前のことであるし、またそのとき案内してくれた人とは店の外で軽く立ち呑みしただけなので、店内の雰囲気はよく把握できなかった。きょうは、ひとりで来ているという特権を活かし、店内に入り、なるべく常連客に交わりながら呑むことにした。

入口の左側には焼き台があり、そして肉屋でよく見かける高いカウンターの下がガラスのショーケースになっている。ショーケースの中にはメンチカツやコロッケやポテトサラダなど、数品のおかずが入っている。確か、ポテサラは一一〇円だったと思う。とにかく、安い。

私はまず、焼酎のお湯割りと焼き鳥を二本頼んだ。注文する度に払うという制度は立ち呑み屋ではめずらしくないが、この店の場合は酒の注文と支払いをカウンターで済ませ、焼き鳥の注文と支払いはすぐ隣（一メートルも離れていない）の焼き台の担当が受け持つ、というやや変わった分業制度になっている。しかも、カウンターと焼き台の担当は三人とも若い中国人の女性であり、日本人の店主も奥にいるらしいが、基本的に彼女たちが店を切り盛りしていることに驚いた。三人ともよく働くが、日本語はまだ流暢でない娘もおり、カウンターの内側で中国語がちょこちょこ耳に入るのも、やや違和感があった。

言うまでもなく、近年はチェーン店居酒屋をはじめ、若い外国人、とくに中国人のアルバイトはめずらしくも何ともないが、この規模の、しかも年季の入った、個人経営のローカルな赤提灯では、あまり見かけない。仮に見かけるにしても、店主が焼き台に立っており、バイトの外国人はあくまでも手伝っている場合が普通だろう。また、当然ながら、いわば「貫録」においても、それに客との言葉遊びを含めてのやり取りにおいても、日本に来てから二、三年しか経っていない若者が、長年自分の店を切り盛りしてきたおじさんやおばさんにはかなうはずもない。誤解のないように言っておくが、私は国籍などで違和感を覚えるのではない（そもそも外国人である私が云々する立場でもないだろう）。ただこのような店をきちんと仕切るのに、もっと長い年月と豊富な経験、それに十分な語学力と文化的な感性が必要のように思える。

とは言え、「肉のまえかわ」の空間的構造と運営システムをよく見たら、誰がカウンターの内側に立っていようと、さほど気にすべき問題ではない、とも考えられる。たとえば、この店のカウンターは呑むためではなく、あくまでも注文と支払いのやり取りのためにあるだけのようである（奥まったカウンターで呑んでいる人は多少いるが）。それよりも、店の中においてあるいくつかのテーブルを囲んで呑むようになっており、そして店の表の路地に立って呑む人もいる。要するに、この店の場合「カウンター越し」の会話は多少あっても、基本的には会話は客同士の間で行われ、店員たちとは注文するとき以外あまりことばを交わす必要も機会もない構造になっている。また、客自身が注文した品物を、カウンターや焼き台まで取りに行くセルフサービス制であるから、店員たちが客席まで出てくることもほとんどないように思われる。

しかしこの店の場合、何よりも重要なのは、常連たちの存在だ、とすぐに気づいた。私にとってのよい赤提灯の条件のひとつは、客層の中に常連客が占める比重が大きいということである。長年の常連が集まるゆえに、いわば「肩の凝らない活気」という、無理も力みもない雰囲気がより可能になると思う。その点、「肉のまえかわ」における常連客の存在が、通常の店に輪をかけるほど大きいように感じられた。全体の客数からすれば少数派かもしれないが、店の雰囲気を築き上げているのは、店に入って正面のテーブルを囲んでいる、いかにも常連客という男たちである。

その日、私は店の中に入って注文を済ませてから、まっすぐそのテーブルに近寄り、軽く会釈しながらずいと割り込んでいった。長年の酒場通い経験から、このテーブルが「肉のまえかわ」の心臓だということを直感したわけである。そして、その判断は間違っていなかった。

店名から察することができるように、ここはもともと地元の肉屋から出発し、夕方になると焼き鳥を売っていた時期があるそうだが、いつの間にか立ち呑みの専門店に変身したらしい。五時半になったら店内がほぼ満員状態になり、とくにわがテーブルでは、常連たちが早くから集まるようである。このテーブルだけを見ても、客層の幅が広いということが分かる。

ブルーカラーもホワイトカラーも公務員も同じく朗らかに呑んでいるが、主に店の雰囲気を作り上げているのが地元のブルーカラーだったご隠居さんたちのように思える。たとえば、私の隣で立ち呑みしている七〇歳前後の小柄な男が地元住まいの常連客であることは一目瞭然。ジャージのズボンとウィンドブレイカー姿、頭には野球帽。長年、仕事のため太陽と風に晒された顔の皮膚は粗いが、笑うと一斉に柔らかく緩んでしまい、「満面至福」と言わんばかりの表情が、まるで伝染するかのごとく周囲に広まり、知らず知らずのうちに私も微笑んでいた。このような無言かつ無意識の伝達も、赤提灯ならではのコミュニケーションと言えよう。

そのおじさんの向かい側には上品そうなグレイのスーツに白いシャツとネクタイ姿の六〇歳前後の男が立っているが、呑む雰囲気から察すると、彼も常連だろう。そう言えば、このテーブルの客は皆ひとりで来ているようだが、お互いに顔見知りなので孤立して呑んでいる感じがなく、笑い声もよく出る。実に温かい、穏やかな空気に包まれているように感じる。

気づいたら、入口の焼き台前では、小さい子供の手をつないで、持ち帰り用の焼き鳥を買いに来た母親が立っている。私のテーブルで呑んでいる男たちもその若い親子に気づいたら、子供にやさしくにこにこしながら挨拶する。初めて来る母親ならば、オヤジたちのご酩酊ぶりを前に気が引けるかもしれないが、さすがに地元の住民だから、その母は（多少はにかみながらも）軽く会釈するだけである。帰り際にジイジイたちに「バイバイ」と言われた女の子は、無邪気に笑いながら手を振って、母と一緒に去っていく。その姿が消えた途端に、

「かわいいなあ！」と、たまらなさそうな声が数人から漏れる。
「肉のまえかわ」。近いうちに、またぜひ来よう。

「オーイ！」（地方競馬デビュー）
（一二月二九日）

きょうは待望の大井競馬場のデビューである。また、年間最大のレースのひとつである東京大賞典が行われるので、いっそう楽しみである。今回は東京競馬場や昨日の平和島競艇場の初体験とは違い、事前にきちんと研究し、そして負けたら悔しく感じるほどの金額を賭けるつもりでいる。だから今朝、スポーツ新聞を四紙、それに競馬新聞を一紙買っておいた（あの薄い競馬新聞が五〇〇円もするのに愕然としたが、さすがに情報量および詳細な分析では、スポーツ新聞に勝る、と納得もした）。それからメモを取りながら各紙の競馬に対する「予想」や「解説」を読み比べ、第八レースから最後の第一二レースまでの大まかな作戦を練り、競馬場に出かけた。

しかし、着く前に気づいた——そこまで予習してから行くと、レースに対する感情移入の度合いが違う、と。金のみならず、時間と知的エネルギーを相当投入するから、勝ちたい気持ちが自然に高まり、競馬場内に足を踏み入れる前から期待感が芽生えていることを自覚させられた。

まず、各レースに対して賭けた金額とその結果を明記しよう（詳細なカテゴリーなどは省

レース	馬券代	結　果	レースの合計（購入した馬券代を差し引いた後）
8	400	0	-400
9	600	0	-600
10	4200	+5620	+1420
11	700	+490	-210
12	900	+920	+20
		計	+230

略する。上表参照）。

　要するに、初めてひとりで競馬に行った割には二三〇円の得だから、まずまずの結果と言えよう。もちろん、交通費と新聞代を差し引いたら赤字にはなるが、当日は東京大賞典という第一〇レース、そして南風賞を争った第一二レースは、最後まではらはらさせられる大接戦となり、仮に一銭も賭けていなくてもスリル満点の内容だった。

　まず、ビッグレースの東京大賞典だが、「スマートファルコン」という馬が、開始前から圧倒的な人気を集めており、単勝のオッズが約一倍にすぎないほどである。つまり、ファルコンの単勝に対して一〇〇円を賭けたら、一着に入れば一〇〇円とおまけが少し戻ってくるだけであり、二着以下なら金を取られてしまうわけである。夕べの「肉のまえかわ」で話していた競馬好きの男の表現を借用すれば、「ファルコンは鉄板」である、と。「堅い」、つまりほぼ間違いないほど優勝の確率が高いということである。その点、各新聞の予想もほぼ一致していた。だから多くのファンは、ファルコンが一着に入ることを当てにしながら、「馬連」や「三連複」などで二着と三着に注目して馬券を買ったはずである。

ところが、最後には「ワンダーキュート」という馬が猛追し、結局どちらの馬が勝ったか誰も肉眼で判明できないほど大接戦の結末となった。約三万人を詰め込んでいた大井競馬場が一瞬、しーんとなったのが印象に残る。翌日のサンケイスポーツ紙の記事は、結局優勝したファルコンの武豊騎手の談話を引用しているので、同紙から彼のコメントを転載しよう──「完全に負けたと思いました。ゴールした瞬間、競馬場が凍りついたのが分かったし、祈るような気持ちで、写真判定を待っていました」。

第一二レースも劣らない展開となった。いや、大接戦というより、今度は判定の結果、争っていた二頭の馬の「同着」に決まった。私はその内の一頭に対して一〇〇円の単勝券を買っていたが、通常なら約二〇倍のオッズが、同着のため半分になってしまったのが惜しい。

＊

きょうは、あまりにも多くのファンが競馬場に駆けつけたので、終了してから大井町駅への送迎バス停前には延々と行列ができていた。それを見て、私は歩いて帰る群衆の中に混じって行くことにした。とは言え、実はどこに向かって歩いているか、さっぱり分からなかったが、そのうちにどこかの駅に着くだろうと思い、流れに身を任せて歩いた。また、途中で競馬帰りの客が立ち寄る呑み屋もきっとあると考えると、あっという間に時間が過ぎて行った。

京急線の立会川駅周辺の呑み屋街に差し掛かった。それまでに「立会川駅」は聞いたこともなく、後で地図を確かめないとどの方向にあるのか、見当もつかなかったが（住所は東大井二丁目）、たまたま「しゃべり場」という居心地のよさそうな立ち呑み屋が目に入った。これで、今晩の居場所が決った。

「しゃべり場」は、「肉のまえかわ」のような安く庶民的な店というより、小じゃれた立ち呑み屋だが、値段はけっして高くなく、しかも魚や漬物などもあるのがありがたい（いくら雰囲気がよくても、毎日が肉と揚げものに焼酎だと飽きる）。しかし、何よりも驚いたのは、東京でほとんど見かけない「勝駒《かちこま》」という、私が前々から好きだった富山のあっさりした地酒もおいてあることだ（なるほど、競馬で負けても、帰り道に「勝駒」を呑めばいいというわけか）。ほかにも新潟の酒はいろいろあり、宮城の「浦霞」や山口の「貴《たか》」、そして安くはないが山形の名酒「十四代」もおいてある。

しばらくの間、「しゃべり場」で誰とも喋らず、呑みながら手持ちのノートにきょうの出来事をひたすら書き留めていたが、やがて一段落したところでペンを放り投げ、周囲の会話に耳を澄ました。競馬の話なので、私も機を見て入り込んだ。もちろん、競馬において私は新米もいいところだから、皆と対等に話すわけにはいかない。逆に、すぐ隣のテーブルで立ち呑みしている、ややオタク的な二〇代の男の話を聞いていると、かなり詳しそうで、ともかく競馬に対して研究熱心だという印象を受けたので、さっそく彼を捕まえて、きょうのレースに対する作戦や感想などを詳細に訊き出し、また私自身の作戦に対する反省点を述べてからアドヴァイスを求めた。彼もその話によく乗ってくれたおかげで、楽しい時間を過ごすことができ、おまけにかなり参考にもなった。しかし、何よりも競馬の話に参加できたということ自体が最大の喜びである――たった一週間前にはチンプンカンプンな外国語だと感じていたのに、それなりに話についていけたわけだから。それで、その場で翌日にも大井競馬場に行くことに決めた。

＊

（一二月三〇日）

さすがに、二日連続で競馬場に出かけるとなると、我ながらちょっと心配になってくる。確かに、昨日は負けていないし（「勝った」とも言えないが）、そもそも競馬に手を出した目的は、負けて悔しい思いをし、それからのヤケ酒を味わうことである。しかし、だからと言ってわざと負けるということも考えられない。当然、続けているうちに自然に賭けたカネを全部吸い取られてしまうにちがいない。そして、その時点で素直に足を洗いたくなるだろう。だが、そう考えると、今度は妙に負けを楽しみにしている、という混乱した心境に陥っている気もする。だんだんと訳が分からなくなってきた。

やはり勝ちたいではないか。だから、翌朝もいくつかのスポーツ新聞の競馬欄を見比べながら、昨日の反省材料を踏まえて、今日の作戦を練ってみた。同じく第八から第一二レースに対して購入した馬券の金額と結果をまず記そう（次頁）。

レース	馬券代	結　果	レースの合計（購入した馬券代を差し引いた後）
8	600	0	-600
9	700	+2500	+1800
10	3400	+1200	-2200
11	1900	0	-1900
12	1300	+2850	+1550
		計	-1350

さて、今度はきちんと一三五〇円負けたので、これでよしとしたいが、七九〇〇円注ぎ込んだのに、たった一三五〇円の損失では悔しいどころか、もう少し作戦を練ればきっと勝てると考えてしまいたくなる。とくに、今日も昨日も、大きく負け越したレースはほとんど「フォーメーション」という方式の馬券を買ったときであったことを思えば、金額が大きい割に、配当が少ないので割に合わないという結論に至った。だから、どうしてもフォーメーションを買わずに、もう一度だけ競馬に挑戦しなければならない。そのような強迫観念に近い思いに駆られ始めると、すでに、あのすべすべした下り坂を下りはじめているだろうなあ、という気もしなくはない……。

＊＊＊

年末の大井競馬場での連チャン終了後、再び「肉のまえかわ」に行くことにした。あの店には不思議な魅力があり、また店内が先日と同じような雰囲気かどうかも確かめたかった。入ってみたら、やはり同じ常連客が三、四人、同じテーブルを囲みながら立ち呑みしている。しかも、各自がテーブルの周りの、ほぼ同じ位置を占めているので、椅子があれば「指定席」と呼びたくなる有り様だった。
彼らが、店に入ってくる私の顔を見たとたん、実にうれしそうだったので、やや照れながら私も素直にうれしくなった。あの印象的な笑顔のおじさんはすでに出来上がっているおかげで、いつも以上に満面の笑いを浮かべているのも愛しい。しかし、彼らの私に対する歓迎ぶりは、いったいどのように理解すべきだろうか。私自身があまりにも楽しい人だから素直に歓迎している……ということだけならば、ありがたくその気持ちをいただくが、それほど単純ではないような気がする。[5]

むしろ、この現象を理解するのに、「肉のまえかわ」のような小ぢんまりしたローカルな居酒屋の常連客、そして私のような一見客の、双方の心理を考慮する必要があろう。その際、店に対する常連客の所有意識に着目することが鍵だと思う。

誤解のないように、彼らにとって私が再び店に来たということをうれしく思っていること自体は疑っていないし、私も同様に彼らに歓迎されていると思うと、素直にうれしかったのは上述の通り。ただし、お互いのうれしさの根底には、ある程度〈自己確認〉という心理作用が介在していることも見逃せないように思う。

店内の同じテーブルの同じ位置を占める彼らの場合、「ここはオレの居場所、オレの店だゾ」という所有意識が非常に強いはずである。そして、その意識が強力であるゆえに、気に入った一見客が数日後に、しかもはるばる立川方面から再び来てくれるとなると、自分自身の価値が認められているように感じるのも自然だろう。つまり、彼らにとって店が自分自身のアイデンティティと密接な関係にあり、あるいは店自体が自分自身の延長だとまで言ってもよいかもしれない。

また、私にとっても似たような自己確認が働いていることを認めたい。すなわち、彼らからみれば、一昨日まで全くの他人で店の部外者だったのに、きょうは温かく歓迎してくれているので、私自身の人間としての価値がどことなく評価されている気持ちが湧いてくるわけだ。ましてや、それが「肉のまえかわ」のような、ディープな路地に潜んだローカルな酒場の常連たちによる歓迎だと思うと、なお感慨深く、認められている意味合いがいっそうの重みを持つように感じてしまう（仮に、その感じが単なる幻想であろうと）。

そこまで書いてしまうと、彼らがせっかく示してくれた歓迎ぶりを私が軽視しているように聞こえかねないが、そのつもりは一切ない。むしろ、前章でも述べたように、私にとっていい居酒屋とは、何よりも〈人間中心の場〉である。そして、その場を主に支えているのは、（1）長年カウンターの内側に立って切り盛りしてきた人、そして、（2）同じく長年通い続けてきた常連客たちである。だから、「肉のまえかわ」の長年の常連に歓迎されるということは本当にうれしい。ただし、人間である以上、誰しも大切にされているということを確認したくなり、同時にそのような作用も働いているということを提示したいわけである。

赤提灯というのはだいたい男中心の空間だが、とくに男同士の間では、たとえば「会いたかったよ！」という気持ちがあっても、そのような直接的な表現は照れくさく、普通はとても言えないので、代わりに決まり文句、または皮肉や婉曲な言い回しが使われることが多い

――「ひさしぶり。どうしたんだい？　死んだかと思ったよ……」が好例。あるいは、三ノ輪の気に入った路地裏の赤提灯の店主が、入ってきたばかりの常連客に対して投げかけた当意即妙の挨拶、すなわち「きょうは恵まれないなあ……」などもそうだろう。結局、「来てくれてうれしい」の裏返しだと解釈してもよかろうが、皮肉や婉曲な言い回しの方がお互いに照れくさくない上にウィットに富んでいるので、言われた客は二重にうれしい思いをする。

私が挙げている「いい居酒屋」では、このようなことば遊びのやりとりがほとんど無意識に行われ、赤提灯文化の「慣習」として定着していると思う。同様に、常連客が帰る時に常用される「毎度！」という一言の決まり文句が、「また、来てくれてありがとう」と理解しても差し支えないだろう（ただし、一見客に対しても「毎度」と乱用する店は例外）。

しかし、ことばは何も要らないときもある。今夜の「肉のまえかわ」での、一瞬の無言の微笑み。それで十分。

第三章　パラダイス三昧（洲崎・木場・立川）

ここ百年の間に、世界の大都会のうち、東京ほど大きな変容をくり返し遂げた町は他にあるだろうか。関東大震災から一旦復興したものの、東京大空襲で焼け野原と化してしまい、改めて再建に挑まざるを得ない破目になった。しかも、その後の経済成長および東京オリンピックを背景とする都市構造改革や、一九七〇年代の西新宿超高層ビル建設ブーム、そしてバブル時代の乱開発・再開発から現在に至り、改新をくり返してきた。天災と戦災の後の復興はさておくにしても、東京は常に「新しくなろう」と欲張ってきたようにも思える。その功罪は多岐にわたるが、とりわけ終戦直後から現在に至るまでの期間、都民の目に映る最も著しい変容というのは、町全体の〈拡張〉および〈高層化〉、そしてそれに伴う〈緑〉と〈水〉の減少ではないだろうか。[1]

〈拡張〉とは、郊外およびニュータウンの開発に象徴されるような、住宅地域の拡大を意味する。言い換えれば、行政上の「東京都」の境界線とは関係なく、住む町としての「東京」はさらに広がってきたということである。また、横の広がりと共に、縦における〈高層化〉も進んだので、町の規模は立体的に拡張してきたと言える。縦の拡張の顕著な例と言えば、東京タワー、西新宿の超高層ビル街、六本木ヒルズと東京ミッドタウン、そしてスカイツリーなどを挙げなければならないが、多くの都民の日常生活のなかで、より身近に感じる高層化現象は、街中に増加の一途を辿りつづける十数階建てのビルやマンションであろう(2)。

東京の横と縦の拡張のおかげで生活が快適になった面もあるが、町から緑が着実に減ったことは否めない。また、〈緑の減少〉は行政や企業が推し進める開発事業だけに由来するものではなく、都民の個人的な選択によって進んできたことも見逃せない。たとえば、庭付きの民家を改築する際、敷地内の小さな緑の一角をマイカー用の駐車スペースのために犠牲にすることはよく見かけられるではないか。数軒の個人住宅がマンションや大規模な駐車場のために一斉に取り壊されるときに比べ、確かに小さな犠牲かもしれないが、緑がコンクリートに塗り替えられるという結末において類似しているように思う。

そもそも以上のような変容ぶりはあまりにもありふれているため、「当然」のように考えられ、気がつかないことすらある。だが、約三百年も存続してきた水路がコンクリートに化けてしまった光景を目の当たりにすると、さすがに喪失感に見舞われる。先日、居酒屋探訪の前半戦として深川近辺を歩いたとき、そのような感慨を覚えた。

Paradise Lost（失楽園）

目的地は旧洲崎遊郭、戦後は「洲崎パラダイス」として知られていた赤線地帯である。今の東京住民のうち、はたして何割が「洲崎」という地名を知っているだろうか。旧町名は深川洲崎弁天町一丁目および二丁目だが、一九六七年に江東区東陽一丁目へ変更されたため、「洲崎」という町名は東京の地図から消えてしまった。もちろん、川島雄三監督（助監督は今村昌平）の一九五六年の映画『洲崎パラダイス　赤信号』を見た人ならば、赤線の入り口と周辺の風景が脳裏に焼き付いているにちがいない。この作品は、売春防止法が施行される前に洲崎をロケしており、深川の印象的な風景が散在している。

主な舞台は洲崎の入口付近の小さな赤提灯「千草」だが、風景の主役は〈水〉、そして数々の川や運河をまたぐ〈橋〉だと言える。「千草」の裏側は川に面しており、呑み屋と貸しボート屋を兼ねている。ボートがゆっくり裏口を通るとき、ビールの注文を受けることも商売の一部という具合である。

この作品の冒頭においても――題名や俳優名などのオープニング・クレジットが画面に現れる前――水が映る。まず、川に反射しているネオンが映り、数秒後には娼婦たちのけたたましい笑い声が聞こえ、それから客の袖を引いて戯れている場面に移る。そして、タバコを買ったヒロイン蔦枝《つたえ》（新珠三千代）が、勝鬨橋《かちどき》の欄干にもたれている連れの義治《よしじ》(3)（三橋達也）の傍らに戻る場面に移る。広大な空の下で、隅田川をゆったり上下する船やはしけを眺めながら、お互いに鬱屈した感情をぶつけ合う二人の行き詰まった関係は、周囲ののどかな景色とは対照的である。それから二人は勝鬨橋を走る都バスに乗り込むが、木場付近に入ると別の橋を渡り、運河に浮かんでいる丸太の集積が窓から見える。もうひとつの橋を渡ってから蔦枝が突然「洲崎弁天町」の停留場で降りる。義治が慌てて追っかけ、ネオンで「洲崎パラダイス」と記してあるアーチの前まで行きつくと、二人の足が止まる。アーチの下も橋になっており、その川を渡ると洲崎の赤線地帯に入ることになる。アーチのネオンを見上げている義治は、蔦枝に対して「この橋渡って中へ足入れたら、また昔のお前に逆戻りじゃないか」と不安を顕わにするが、金もなく、二人とも今夜寝る場所もないので彼女は一瞬ためらってから前に歩いて行く。これが、おおむね最初の五分弱の映像の流れだが、数カ所の川と橋が集中的に登場していることは注目に値する。

最後の橋は、ふたつの世界を地理的につないでいると同時に、それぞれの世界の異質性を強調する指標としても機能している。とりわけ映画『洲崎パラダイス　赤信号』では、入口のアーチとその下にある橋、そしてさらにその下に流れる川が、〈日常〉と〈非日常〉、つまり〈普通の社会〉と〈赤線〉という卑しく危険に満ちた別世界との境界を成していることは言うまでもない。(4) 作品の終わりにも、義治に惚れてから捨てられた堅気の「玉子」（芦川いづみ）が洲崎の入口の橋の上にしょんぼり立ちながら、川に流された子供のおもちゃを眺めている。しばらく別々に暮らしていた義治と蔦枝は、また勝鬨橋の上に並んで川を眺めている。冒頭の場面と同じ場所だが、ふたりは縒《よ》りを戻したようである。「次はどこに行こうか」、というセリフも冒頭のシーンを連想させるが、今度は鬱積した感情ではなく、二人とも気が晴れたように見える。結局、二人はこれからも一緒に、橋から橋へと、川のごとく、永遠に流れて行くだろう。

映画の原作である芝木好子の短編小説「洲崎パラダイス」の風景描写においても、〈水〉が強調されている。

＊

> 特飲街[5]の入口の橋に、遊廓時代の大門の代りのアーチがあって、「洲崎パラダイス」と横に書いたネオンが灯をつけた。アーチから真直ぐに伸びた大通りは突当りが堤防で、右は弁天《べんてん》町一丁目、左は二丁目、ぐるりが水で囲まれた別世界になっている。（芝木好子『洲崎パラダイス』、集英社文庫版、一九九四年、二一〇頁）

「洲崎パラダイス」は戦後の名称であり、明治時代の洲崎遊郭に由来する。それまで根津にあった遊郭を、（現在の）東京大学の近くにあるのは風紀上好ましくないからと、深川周辺の湿地帯を整備して移転させ、明治二一年に洲崎遊郭の開業式が行われた。大正時代になってからも、洲崎遊郭の繁盛ぶりは目をみはるものであったらしい――「業者数三百五十軒、娼妓三千人を集め、吉原と大阪の松島と並んで日本三大遊廓とまでいわれた」[6]。ところが、一九四三年に海軍省に遊郭の引き渡しを命じられ、周辺の造船所の工員の宿舎に転用され、一九四五年三月の大空襲で全焼してしまった。終戦後、素早く復活し、「洲崎パラダイス」として知られるようになり、再び吉原（「新吉原」）に次ぐ活気あふれる赤線地帯になった。

洲崎に隣接する木場も、長い間〈水〉と密接に関係する町として発展してきた。木場の歴史は洲崎よりも古く、しかも江戸と東京の発展においてきわめて重要な役割を担ってきた……。

江戸城築城にあたって材木も紀州などから水運によって江戸へ運ばれて、材木商もほかの商人と同じくこのあたり〔引用者注：現在の東京駅付近〕に集住した。材木は、海水に浮かせて保存することにより腐敗が防げるので、この点も水運の便とあわせて木場が海にちかい場所に営まれた理由のひとつである。（中略）その後、市中に材木をおいて営業することは延焼の原因になるとして、材木商は隅田川東岸の一帯に集められることとなった。これが深川元木場である。さらに元禄一四年（一七〇一）には、現在の江東区木場二〜五丁目に移転した。ここは、昭和五〇年代にはいって新木場移転がおこなわれるまで約二七〇年間、江戸・東京唯一の材木流通の拠点としてにぎわった。

深川の縦横にはしる運河に浮かぶ丸太や、川を進んでいく筏、それを操る川並《かわなみ》たちの姿は、長いあいだ、深川を代表する風物詩のひとつであった。新木場への移転により情景は一変したが、東京湾の新埋立地に材木問屋、製材業、筏業などの材木関連産業が集まって大貯木場を営んでいる形態は今もかわらない。（『江戸東京学事典』、三省堂、二〇〇三年、一一二頁）

上記の江東区木場二〜五丁目とは、東西線木場駅（そして永代通り）の北側に面する一帯に当たる。特定の区域として長年にわたり、町の主要な商業が今も継承される一方、「風物詩」としての情景が消えてしまったという意味では、新木場を含む木場周辺は吉原に類似するところがあろう。対照的に、売春防止法が施行されるまで、水に囲まれ、海の景勝地として賑わった遊郭・赤線「洲崎」は、過去とのつながりを断とうと努力してきたように思える。たとえば、『東京地名考』では、洲崎の風景と名前の変遷を次のようにふり返っている。

洲崎橋も川も消え、橋名板のみ保存されているが、洲崎パラダイスの入り口だったとも書いてないところに地元の気持ちがうかがえる。住居表示の際、旧遊郭のイメージをきらって町名変更を働きかけたそうだ。(7)

木場は江戸時代、洲崎は明治時代に、いずれも埋め立てられた土地である以上、この一帯で〈水〉が〈地〉に変容したことは最近に始まった現象ではない。それでも、近年では海が町から遠ざかったのみならず、川や運河もだいぶ埋め立てられたため、一昔前に比べ〈水〉の存在がずいぶん稀薄になってきたことは否めない。私はある日、洲崎パラダイスの跡を歩くために地下鉄東西線に乗って木場駅で下りたが、地上に上がったとたんにその変容を感じずにはいられなかった——駅近辺は、何の変哲もないオフィスビルやマンションが林立しているだけのように見えたからである。〈水〉はほとんど見当たらず、コンクリートばかりが目を打つ思いであった。

木場駅から東陽一丁目に向かって「洲崎の赤線時代の残像はほとんどないだろうなあ」、と悲観しながら歩いていった。

ちなみに、私が赤線や青線などに興味を覚えるのは、その歴史的・文化的な重要性のためでもあるが、それだけならばわずかな残像を見るために遠くまで出かけないだろう。やはり、建物自体の美学に惹かれる面が大きい。とりわけ戦後の赤線や、そのヴァリエーションとも言える「カフェー街」などでは、ほかに見られない色遣いや創造的な建築デザイン、それに大胆な和洋折衷の趣向など、目を喜ばせる要素が多いように感じる。しかも、一軒一軒のデザインがだいぶ異なる。

ただし、私はいわゆる赤線の「建物の中の世界」を美化するつもりはまったくない。確かに、永井荷風、吉行淳之介、野坂昭如など、個人的に好きな作家たちは、遊郭や赤線で豊富な（と思われる）経験を持ち、作品中でその世界を懐古することもあれば、軽い筆致で愉快に描くこともある。また、遊郭というのは、江戸時代から長年にわたり日本の文化史とは切っても切れない場であることは言うまでもない。

現在の日本社会における（日本人女性による）売春をどう考えるべきか、議論する余地はあろうが、(8)とりわけ終戦直後の日本社会――つまり膨大なホームレス人口および極限の食糧難を背景とする社会――では、「自由意志」（これは難解な概念だが）で娼婦になった女性はごく少数だったと思われる。むしろ、極貧に追われて飢えをしのぐためや、親に売春業者に売り渡されたためや、子供を抱えた未亡人が我が子に飯を食べさせるためなどの理由で、やむを得ずその世界に入った女性が多かったようである。ほかに、戦中に日本兵の「慰安婦」に駆りだされ、または終戦後にアメリカの占領軍に強姦され、「どうせ私の身体は汚れてしまった」という社会的貞操観念の影響下、自棄で娼婦になった女性もめずらしくなかったと伝えられる。(9) しかも、戦後しばらくの間、前借金制度という娼婦を束縛する売春業者のしたたかな慣習が法に守られていたことを思うと、私はとても赤線を美化する気が湧かない……美化したくないけれども、依然として赤線の建築とデザインは実に美しいと思う。

青いタイルと赤線

赤線の奇抜な建築を写真で味わいたいとき、私は木村聡の写真集『赤線奇譚』や『赤線跡を歩く』などを手に取る。(10) 著者に会ったことはないが、たまたま私と同年齢だから遊郭や三業地(11)はもちろんのこと、赤線時代の記憶もないはずである。しかし、木村は鋭い目をもって赤線の跡を方々歩き、印象的な写真をたくさん撮っている。彼の写真集を見たおかげで、私が洲崎を歩き回ったとき、建築物におけるタイル、特に青いタイルの使用に注目する術を覚え、より味わい深い体験ができた。

よく見れば、映画『洲崎パラダイス　赤信号』の冒頭シーンで、つまり現地の風景が映る場面にもタイルが豊富に使われていたことが窺える。白黒映画だからタイルの色は判別できないが、異なる色が、主としてチェックのパターンを成していることは分かる。また、壁や柱など、あちこちに使われたことも見受けられる。実際に「洲崎パラダイス」の跡を歩いてみたら、ちらっと鮮やかな青いタイルが目に入ることがあり、それからも目をいっそう凝らして歩いていると、同じ色のタイルを別の建物でも見かけた。わずかながらの残像である。

洲崎の跡を歩き回るとき、もう一冊の本に助けられた。陣内秀信の名著『東京の空間人類学』（ちくま学芸文庫、一九九二年）である。前述のとおり、現在の海岸線は木場や東陽町周辺から遠ざかっているうえ、川や運河は埋め立てられ、橋もなくなっている。この町を歩いていると消え去った風景ばかりが目に浮かび、喪失感に圧倒されたまま帰ることになりかねない。ところが、陣内に教えられたのは、地形に注意を払うことによって、消滅した風景は否定できないが、地形に基づく町の構造や、各町の社会史的・経済的機能が大まかに継承されている場合が案外に多いということである。そのおかげで、私が洲崎パラダイスの跡を歩きながら、「あ、ここはきっと運河だったのだろう、あそこの歩道は緩やかに盛り上がっているから、小さな橋があったのではないか」などと想像を働かすことによって、襲ってくる強烈な喪失感を少しでも緩和することができた。だからと言って、東京の残り少ない「風情」がさらに消えてしまうということに対する懸念と焦燥感、そしてそれに伴う怒りは薄れないかもしれないが、過去と現在のつながりが完全に断たれているわけではないという認識を持てるだけでもありがたい。

しかし、赤線の残像が数カ所のタイル、そして地形から見受けられるだけではない。木村聡の写真集にも載っている「大賀」という、どっしりした、風格のある二階建ての元売春宿が残っていた（現在は普通のアパートらしい）。しかも、私が洲崎を訪れた日に、たまたま解体工事の最中だった別の建物が見られたのは何より幸運だった。二階建てのその日本家屋は、表側の壁を剝がしているところで、中はまだ手つかず状態のおかげで丸見えである。いわば、「裸にされた女郎屋」である。一本の太い梁が左右に伸びて両側の壁を支えており、また内壁は当初の塗り壁、その上に貼り付けられたベニヤ板や、色あせた壁紙など、時代の変遷を読み取れる具合になっていた。偶然とはいえ、よいタイミングで来たものだと思った。

洲崎神社の近くに、当時、豪華な料亭だった建物が一軒残っており、華やかな過去を想起させてくれる。境内を抜けて路地に入ったら、長年地元で営業してきたおかき屋が見つかった。立ち寄って店主とその母親としばらく談話を楽しみ、二、三種類のおかきを買って帰ろうとしたら「ちょっと待ってください！」とお母さんに引きとめられ、さらに数品のお土産までいただいた。

洲崎にはもっと前に来るべきだったと悔やみながら、この日ならではの、別の味わいを満喫できた。

過去が灯る提灯

見知らぬ町で居酒屋探訪を試みていて、たまたま「勘」で入った店が予想外にすばらしい穴場だった場合、私にとって、世の中にこれほどうれしいことはあまりない。だが、いくら居酒屋探しに自信があると言っても、百発百中というわけにはいかないだろう。

まず、わが「勘」君が勝手に休みを取ってしまいやがることがある……それに、遠くまで出かけたのに、ふたを開けてみたらその町には居酒屋の数が意外に少なく、しかもどれも「普通」にしか見えないこともある。やはり、穴場というからには、単に広く知られていないだけでなく、どこか突出した側面がなければならない。たとえば、名物マスターがいる、希少な酒と珍しいつまみを出す、格安なのに驚くほど旨い、雰囲気がすばらしい、などなど。もし、そのような条件が二つ以上そろっていて、しかも客層は地元の常連客が中心であれば、そこは「穴場中の穴場」と見なしてよいと思う。そのような店が見つかると、居酒屋好きの友人たちに教えたくなる一方、有名にならないように胸にしまっておきたくなるから困ってしまう。

また、穴場にこだわるあまり、さらに困った状態に陥ることもある。というのは、発見した店に入るかどうか迷っているとき、いかにも穴場だと感じられない限り「オレは入らないゾ！」と決めてしまうことがある。言うまでもなく、本当の穴場はごく稀だから、これでは自縄自縛である。穴場らしくないから入らない。だからと言って、すんなり諦めて一杯も引っ掛けずに潔く帰るなんていうことは、私には到底できない。せっかく前半戦の健全な町歩きを実行したのだから、より楽しみな「堕落の時間」という後半戦に挑まないでどうする！（むしろ、それがオーバータイムの長期戦になることが本望だ。）

このようなジレンマの事前対策として、出かける前に「居酒屋探訪保険」に加入することがある。すなわち、インターネットの情報や居酒屋案内の本を調べ、当日の目的地周辺のよさそうな店を一、二軒候補として選んでおくわけである。ネットや本に書いてある以上、厳密な意味で「穴場」とは呼べないだろうが、それでも常連客と居酒屋マニアしか知らない店なら、十分に満足できるはずである。

「洲崎パラダイス」を歩いた日にも保険をかけたが、正解であった。というのは、東陽町辺りをだいぶ歩き回ったが、「ここなら間違いない！」と思われるような店は見つからなかった。しかし、事前に木場方面の、いかにも居酒屋マニア向けの店に見当をつけておいたおかげで、後半戦はよい（酔い？）スタートを切ることができた。

＊

最近「昭和の雰囲気」という表現が流行っているらしい。また、昭和ノスタルジーに便乗したレトロ風居酒屋もよく見かける——戦後の庶民的な屋台やバラックのイメージを再現したつもりなのだろうが、私の目には見え透いた営業戦略としか映らない。やはり「テーマパーク居酒屋」よりも、実際に昭和を生きてきた店に入った方が、よっぽど味わい深い。そういう店は過ぎ去った一時期だけを喚起するのではなく、昭和という長い時代の「さまざまな過去」——言ってみれば、「さまざまな昭和」——が重なり合い、豊かな調和を醸し出している。

木場一丁目にある「河本」（昭和八年創業）は好例。居酒屋マニアの間では定評があるが、私は「洲崎パラダイス」に出かけるまで行ったことがなかった。居酒屋情報を事前に調べ、当日の居酒屋探訪の「保険」として確保したのがこの店である。

店は戦災に遭ったものの、昭和二一年に再建された。古い木造の建物がやや傾いており、床面が道路より少し低いため、まるで地面に沈みかけているような感じだ。あるいは、店名から想像すると、その道路自体がもともと運河だったのかもしれない……いずれにせよ、店内に入り、「コの字」のカウンター席に腰を下ろすと、雑然とした外界がいきなり消えてしまい、ゆったり流れている別の、物静かな時間に包まれる。思わず深呼吸する。テレビもラジオもBGMもなく、心地よい沈黙が、客と店主たちの話し声と交互に響きあう。

カウンターの端の、年季の入ったそろばんやダイヤル式の黒い電話器は、「レトロ」の雰囲気を醸し出すための見せかけ道具ではなく、長年使われ続けてきたものに違いない。壁には、一〇〇を超す全国各地の祭りの小さな記念提灯が並び、ほこりをかぶりながらも華やかなひとときを想起させる。常連客のお土産だそうだが、店に対する彼らの愛着がよく分かる。

「河本」を初めて訪れたのは真夏で、しかも当日は猛暑だったが、冷房などあるはずもなく、小さな扇風機が三台、天井近くで回っているのみである。東日本大震災の数カ月後であり、節電騒ぎの真っ最中だけに、この店の貫録を改めて思い知らされる。

天井を見上げると、あちらこちらに割り箸が挿してあり、今にも落ちてきそうなベニヤ板を危うく支えているらしい。それでも、この店は二〇一一年三月一一日にはびくともしなかったというから、見かけによらず頑丈なのだろう。

飲み物とつまみの種類は少ないが、値段は安く、味は素朴ながら十分においしい。しかし、何と言ってもこの店の名物は、カウンターの内側に立っている女将だろう。白髪で腰も曲がっているので、おそらく八〇歳は過ぎていると察するが、彼女の笑い声は驚くほど若々しく、さわやかで、まるで少女のようだ。それを耳にすると、ご本人の若いころの姿を想像し始める。また、〈過去〉が呼びかけてきたのである。

羽衣商店街

国立《クニタチ》に移住してから約三年になるが、職場も自宅のすぐ近くなので、呑みに出かけるとき以外、なかなか電車に乗る機会がない。毎日、電車通勤しなくて済むのは誠にありがたいが、たまにヨソの町へ脱出して探訪しないと、東京に住んでいる実感が湧かない。やはり、大都会ならではの広大さと多様性、そして都内の各町独自の雰囲気を両方満喫できることこそ東京に住む特権であり、歓びでもあると思う。

どうしても国立を脱出したいのに電車に乗って出かける暇がない日には、自転車に乗って隣の立川を荒らすようにしている。自転車だと立川まで一〇分もかからないので、家から駅まで歩くよりも早い。ところが、いい歳に達しているクセに、自転車をまたいだ瞬間から、まるで一七、八歳の暴走族に化けたごとく、ビュンビュン飛ばしてしまう衝動に駆られ、実際にたった五分くらいで立川潜入作戦完了となる。命がけの居酒屋探訪である。あるいは「赤提灯特攻隊員」とでも言うべきか……。

さて、立川に行くとき、自宅のそばにある国立《クニタチ》音大附属高校（元国立音楽大学、通称「音《おん》高《こう》」）のちょっと先の道を斜めに入ると、二分程で「羽衣町《はごろもちょう》」という小さな町の、かわいい商店街に差しかかる。羽衣町に一番近い駅は南武線の西国立だが、所在地は立川市になっており、JR立川駅まで歩いていける距離にある。商店街の近くには二、三階建のマンションや都営住宅などもあるが、周囲を圧迫するほどの数や規模ではない。また、緑がだいぶ残っており、寺や児童公園もあるので、立川市に所属しながらも独自の空間になっている。たとえば、西国立駅のそばには大きなスーパーがあり、また立川駅周辺にはデパートやビックカメラなど大型チェーン店が密集しているにもかかわらず、羽衣商店街には何十年も続く小規模な家族経営の商店が中心に並んでいる――飲食店が数軒あるほかに、布団屋、薬局、文房具店、タバコ屋など、しかも豆腐屋が二軒も残っているのに驚く（立川駅周辺はもちろんのこと、JR国立駅付近でも豆腐屋は見た覚えがない）。

さすがに近年、羽衣商店街の店舗数も客数もかなり減ってきており、店主および客層の高齢化のため、昔のような活気はないそうである。また、ほとんどの店主は現在、二代目だが、跡を継ぐ三代目がいないので、地元では今後の行方が懸念されている。しかし、これほど立川駅に近いのに古い商店が継続している以上、近くの住民として少しでも贔屓《ひいき》してあげたい気持ちがある。そう思って、ある日の午後、いつも夜間に自転車で通り過ぎている商店街を目的に出かけ、とりあえず唯一の喫茶店「らうむ」に立ち寄ってみた。

「らうむ」の店内に入ったら、やはりこの町ならではの雰囲気だなあ、とすぐ納得した。四人掛けのテーブルがふたつと六人用のカウンターの、小ぢんまりした規模である。つまり、一昔前の「街角の喫茶店」そのものである。年季の入った内装は、緑と茶色を中心とする色合いで落ち着きがあり、窓際にぎっしり並んでいる植木鉢の合間から陽の光が柔らかく店内を射す。

国立には、気に入った喫茶店が数軒ある。ただし、どこに行ってもクラシック音楽（またはジャズ）のBGMや、内装の趣味や客層の会話、また本棚に並べてある書籍や雑誌の趣向、そして入口辺りのコンサートや美術展覧会の宣伝ビラなどが、どうしてもわが目と耳には「文教地区クニタチです！」と高らかに自己宣伝しているように思えてしまうときがある。そのようなとき――言い換えれば、「おい！　それだけが〈文化〉じゃないゾ！」と反発したいとき――羽衣商店街に行くと落ち着く。私の単なる思い込みかもしれないが、この商店街には「力み」や「自意識」などが感じられず、足を踏み入れるだけで国立特有の文化的自尊心の解毒剤として効き目が抜群である。

「らうむ」ではクラシックのBGMの代わりに小さなテレビがついている。私自身は何年も自宅にテレビをおいていないが、この際は解毒剤だから気にならない。また、客層は主に三〇年以上通い続けてきた気さくな常連のようである。たまたま私が初めて入った時間帯には、ほかに客がいなかったので店主の女性といろいろ話ができ、三十数年前に店を開いた当初の話や、羽衣町をめぐる思い出などを親切に聞かせてくれた。

その会話の中で、おもしろい誤解がひとつ生じたのでよく覚えている。私が「この近辺にお住まいですか」のつもりで「こちらの方にお住まいですか」と曖昧な表現を用いたせいか、「いいえ、ずっと通ってきています」という意外な答えが返ってきた。というのは、交通の便や立川駅との距離という点では、羽衣町はけっして辺鄙な町とは言えないが、何となく周囲の町から自立している（あるいは「自己完結している」）ように感じられたので、てっきり商店街の店主たちはみんな地元に住んでいると思い込んでいた。ところが、なんのことはない。この店主は、つまり店の二階に住んでいるのではなく、羽衣町の自宅から毎日店に「通って」いるという意味で答えただけである。通勤時間は、自転車で五分、と。それを知って笑ってしまったが、同時に今どき商店街の二階に住むことが「普通」だという発想は、すこぶるユニークに感じられた。きっと、同じような「誤解」は隣の国立や立川駅周辺では生じなかっただろう。

しばらく話していたら、ひとりの八〇歳前後のおばあさん客が入ってきて、カウンター席に腰をかけ、一〇分後には六〇歳後半の女性が入り、おばあさん客の隣に座った。そして、和歌山県から届いたばかりの、普通の二倍ほどの大きなみかんを四個バッグから取り出し、「甘いですよ」と言い添えながら一個ずつをみんなに渡した。一見客の私に対しても、何の躊躇も遠慮もせず、あっさり渡してくれたのはうれしかった。そうして、かじってみたら、甘味が口中に広がり、一瞬、周囲が一段と明るくなったような錯覚を覚えた。

店を出ようと私はコーヒーとみかんに対して「ごちそうさま」とお礼を言いながら立ち上がった。思えば入店した際、メニューは見ていなかった。だから会計がたった三〇〇円だと知ったときには、さすがに驚いた。何十年も値上げしていないそうである。しかもコーヒーにはチョコレートまでついてくる。初めて入った店なのに、ずいぶん甘い時間を過ごすことになったなあ、と思いながら商店街へ出て行った。

*

羽衣町商店街の上には古そうな標識が並んでいる。丸っこいひらがなで「はごろも」と大きく書いてあるが、それもこの町の愛しいイメージに貢献している一要素である。とにかく自宅から立川に向かう途中で、羽衣町を通り抜けるたびに、なんと微笑ましい光景かと感心せずにいられない。また、このようなかわいい、すなおな町が家の近くにあるのは、本当にありがたいと思う。

だからこそ、「洲崎パラダイス」の歴史を調べているとき、まさか「立川市羽衣町」の地名が登場するとは予想だにしていなかった。結局、私が勝手に甘い想像を膨らませていた、あの愛しい羽衣町には、意外な歴史が潜んでいた。しかも、それは洲崎と切っても切れない歴史である。

……《洲崎》は昭和十八（一九四三）年十二月、軍からの命令に応じて、すべての貸座敷を明け渡していた。事実上の消滅である。だが、この明け渡しをもって、集団売春街の歴史が断たれたというわけではなかった。

建物を追われた業者たちは、（旧）府内の《新吉原》、羽田（穴守《あなもり》）、そして立川の羽衣町・錦町のほか、千葉県の船橋・千葉・館山の各花街へと分散して営業を続けたのである。

終戦後、《洲崎》が特飲街として復活したことを考えると、穴守・羽衣・錦を合わせて四つに分裂、増殖したことになる。（加藤政洋『敗戦と赤線――国策売春の時代』より）[12]

要するに、私がいつも通りすぎている光景の一部は、かつての洲崎売春街の延長線上にあったわけである。しかも、それだけではない。終戦のちょうど一週間前に羽衣町は、あるむごい事件に巻き込まれた――

1945年8月8日の東京の中島航空機武蔵製作所空襲時、1機のB29が北多摩群谷保村（現・国立市）に墜落し、搭乗員12人のうち10人は死亡し、2人が捕虜になった。彼らは立川憲兵分隊へ連行され、このうち1人は翌日の夕刻に東京憲兵隊司令部へ送られたが、もう1人のSerafine MORONE軍曹は、翌日の午後、立川憲兵分隊長の矢島七三郎少佐の指示で近くの錦国民学校（現・立川市立第三小学校、立川市錦町3―4―1）の校庭に晒され、800人の市民から2時間にわたって竹の棒で殴打され、重体に陥った。

彼はその後、憲兵隊員によって近くの正楽院墓地へ連行され、首切り役を買って出た立川陸軍航空廠の将校によって斬首され、その場に埋められた。矢島七三郎少佐らは終戦後すぐ遺体を掘り返して焼却し、病院の医師に「墜落死」との死亡証明書を書かせるなど、証拠隠ぺいをはかったが、匿名の投書などにより、事件は米軍の知るところとなった。(13)

ちなみに上述の「正楽院」とは、私がいつも羽衣町で通りすぎている寺である。

提灯が消えた町

さて、気晴らしに話題を少し変えよう。立川の居酒屋状況について触れたい。

私はバーよりも酒と肴のバランスが取れている赤提灯が好きだから、居酒屋探訪の際、提灯ばかりがわが目を惹くらしい。そのためか、地元の名店でありながら「ジミーズ・バー」(Jimmy's Bar 現在、正式名は「潮《うしお》」)を知ったのは、立川の居酒屋を荒らしはじめてからずいぶん後のことである。どうやら、〈バー〉という類の呑み屋に対し、我が「居酒屋GPS」は探知不能らしい。

実は、「ジミーズ」を教えてくれたのは、立川の戦後史の著書を二冊著し、長年にわたり立川商工会議所とも縁が深いという中野隆右《たかみち》氏である。中野氏とのインタビューの途中で、彼が何度か「とにかく立川の戦後史を知りたかったら、ジミーズに行かなくては」と言い、インタビューの帰りにバーの入口まで案内もしてくれた。当日は日曜で定休日だったので、さっそく翌日の夜に行ってみたら、「なるほど！」と直ちに納得した。路地の角にあるビルの、やや奥まった一階に、拙い手書きで「潮　Stand Bar　Jimmy's Cocktail」という年季の入った看板がある。駅から徒歩二、三分なのに、なかなか目につきにくい場所である。暗い階段を下り、小さな店内に入ったとたん「これぞ、穴場だ！」と直感させられる特有の空気が漂っている。バーだから当然ではあるが、木場の「河本」とは趣向も歴史も違うが、両店とも目立たない場所にあり、店内は暗めながら雰囲気が明るく、しかも店主がきわめて長年店に立っているなど、共通点が案外に多い。しかし、何よりも「ジミーズ」は、「河本」と同様に、〈町の歴史〉を感じさせてくれる、残り少ない店である。

白根宗一氏（通称「ジミーさん」）は、立川の生まれ育ちで、現在八五歳である。一九歳のころ、米軍基地のバーで働き始め、六年後に基地のゲートの真向かいで「ジミーズ・バー」を開いた。当時、立川で六軒目の「外人バー」だったそうで、一時は百軒に上ったが、現在残っているのはこの一軒のみである。二回ほど立川駅周辺で移転したものの、現在も毎晩夜一二時まで、曙町の路地にあるビルの地下の小さなバーカウンターの内側に立ち、明るく、楽しそうに客と会話を交わしつづけている。六二年間、ひとりで一軒のバーを経営し続けてきたわけである（本人いわく「地味《ジミー》だから」）。戦前戦後、しかも基地内外の立川の変容ぶりを身近に見てきた貴重な「歴史の証人」である。しかも、一見してお人よしでもあるということが分かる。

結局、立川で現存する呑み屋で、町の歴史に密接な関係をもつ店を探すうちに、赤提灯ではなくこの小さなバーに辿り着くことになった次第である。

＊

いまの立川駅周辺にはおびただしい数の飲食店があるが、年季の入った、落ち着いた赤提灯は驚くほど少ない[14]。とりわけ木場の「河本」、または溝口の「かとりや」や「いろは」、ほかに本書で後述する数々の赤提灯のごとく、いわば〈過去の空気〉がいまだに濃厚に漂っている、小ぢんまりした居酒屋は、「ジミーズ・バー」を除けば皆無と言ってよいと思う（唯一の例外はシネマ通りにあるスナックかもしれないが、「スナック」は赤提灯とは別枠だと考える）。以前、立川の北口にあった闇市の跡地や、（現在の）伊勢丹の裏側にはそのような店が何軒もあったそうだが、駅周辺を「きれい」にする区画整理のおかげで、ついでに闇市の面影もきれいさっぱり抹消してしまい、古い呑み屋のほとんどが、共に姿を消してしまったようである。

確かに、三〇年以上続いている大衆酒場は多少残っている――曙町の「弁慶」や、シネマ通りの焼き鳥屋「くろ兵衛」、そして錦町の「ふじ」などが好例である（ほかに、「弁慶」に隣接している「玉河」の本店は六〇年続いているそうだが、現在の内装や規模などからは、店および町の〈過去〉がほとんど想起できないだろう）。三軒とも地元の常連客が多く、雰囲気は気さくで、とりわけ「ふじ」と「弁慶」は通常の居酒屋よりかなり安い。わざわざ電車に乗って行くような店とは言えないが、近くの呑み助たちはありがたく思っているにちがいない。

まだ開業して数年しか経っていない新しい居酒屋のうち、個人的に気に入っている店が数軒ある。まず日本酒にこだわっている居酒屋として、錦町の「御神火《ごじんか》」と「狸穴《まみあな》」を挙げなければならない。「御神火」は厳密に言えば、立川と国立で数軒の飲食店を経営するチェーン店のうちの一軒だから、本書で取り上げているほとんどの居酒屋とは営業形態が違うが、料理も日本酒もサーヴィスも申し分なく、規模もほどよい。板前は三〇代半ばだが、しっかり修業を積んだプロの料理人であり、またこの店は珍酒にもこだわっているだけに「安い」とは言えないが、コストパフォーマンスは十分だと思う。

「御神火」で日本酒を担当している女性店員は、地酒に対して熱心であり、常連客一人ひとりの味の好みを覚え、常連が頼めば好みに合いそうな銘柄を推薦してくれる。また、彼女は定期的に東北などの蔵まで足を運び、杜氏に会い、いろいろ試飲してから仕入れることがある。たまに地方から杜氏を呼び、店内での利き酒会のような催し物も開く（私は福島県の「花泉」の利き酒会にちょっと顔を出したが、杜氏の話を聞きながら同じ銘柄の数種類（特別純米、生原酒、大吟醸など）を呑み比べることができるのは勉強になる。しかもありがたいことに、「御神火」の会は気どらない、肩のこらない集いである）。この店は静かなときにひとりでカウンター席に座り、旨いつまみと珍酒をゆっくりいただくのはよいが、欠点をあえて挙げるならば、まだ年季が入っていないこと（これは仕方がないが）、そしてカウンター席のすぐ後ろに座敷があるので、仕事帰りのサラリーマンたちが座敷で騒いでいると、ひとり酒に向かない店に変貌するということである。だから、私はタイミングを見計らってなるべく静かなときに入るようにしている。やはり、呑むときの快感というのは、店内の構造自体によってかなり左右されるものである。

同じ錦町で、もう一軒の新しい店「狸穴」はやや怪しげな裏道に立地している（夜遅くなると「お兄さん、マッサージいかがですか」と、中国語訛りで声をかけてくる女性があっちこっちに立っている）。ここは個人経営の店であり、時間帯によってアルバイトも入るが、主に店主がひとりでやっている――しかも、営業時間は午後五時半から翌朝の五時まである。店主の名札にはあだ名「ぢょうぢ」と書いてあり、そして肩書の代わりに「日本酒バカ」と誇らしげに記されている。カウンター席（八席）とテーブル席（四人用のテーブルが三台）が壁で分離されているから、それぞれの空間の「ノリ」があり、お互いに邪魔することがないという店内構造がありがたい。テーブルにはだいたいカップルや四人組が座り、ビールや焼酎類の注文も多いようだが、カウンターに集まるのは、地元の三、四〇代の日本酒好きの男性が中心である。

客のなかには、かなりマニアックな日本酒通もいる。たとえば、あるとき、客たちが地酒の話で盛り上がっていたら、そのうちの一人が突然立ち上がり、「ちょっと待って！」と言い捨てて慌ただしく出て行き、数分後に息切れしながら一本の酒を引っ提げて戻ってきた。住まいがすぐ近くにあり、数日前に出張先で買ってきためずらしい古酒を自宅から取ってきたわけである。それから、我々カウンター席の常連客全員に味見させてくれた。

また、「狸穴」には客が愛用する猪口を預かるという「ボトルキープ」ならぬ「お猪口キープ」制度がある。カウンター席に座っていると、目の前の棚には常連たちのお好みの猪口がずらっと並んでおり、その下に各自の苗字やあだ名が小さく記されている（ちなみに、近年、私は居酒屋で主に「モラ」と名乗っているから、自分の猪口の下には「もら様」と記されている）。「狸穴」のカウンターで呑みながら、棚に並んでいる常連たちのお猪口を眺めていると、「そうか、アイツはそういう趣味だったか」と、勝手ながらの「お猪口占い」をひそかに楽しんでいる。若い男性客が中心のためか、やたらにデカイ猪口が多いけれども……。

「狸穴」のカウンター席に来るのは二〇代後半から四〇代前半のサラリーマンが中心のようだが、客層は意外に幅がある。私はまだ拝見していないが、夜中になると、近くのホストクラブで働いている茶髪の長髪美男子たちが来店することもあるそうだ。ぢょうぢ店主によると、彼らは奥のテーブル席に座り、いつも静かできわめて礼儀正しいと言う。時間帯によって客層が変わる居酒屋はけっしてめずらしくないが、主に地酒目当ての店で、サラリーマンからホストまで幅広い客層が集まる店はそう多くないだろう。

ほかに、若い人がやっている二軒の居酒屋に触れよう。北口のすぐそばで、「ジミーズ・バー」がある路地の三階には「ひなたかなた」がある。ここも客層の幅がかなり広い――若いフリーターらしき男女からサラリーマンやご隠居さんまで。タトゥー（いわゆる「その筋の人」の刺青《もんもん》とは違うようである）を入れている店長はまだ二〇代半ばだが、明るくて元気がよく、それになかなかカリスマ性のある男だ。「ひなたかなた」は「御神火」とは別の、地元のチェーン店だが、大型居酒屋チェーン店とは違い、カウンター客の名前をよく覚えており、全体として人間味が感じられる店である。また、メニューに載っていない、めずらしい日本酒もおいてあるのがありがたい。かなり広い賑やかな店であり、また食べ物の量がひとりには多すぎるように感じるが、それでもカウンターで楽しくひとり呑みしている客は、私の他にもよく見かける。

もう一軒の新しい店はシネマ通りにある「サムライキッチン」という小さなおでん屋である。店名は、窓際に並べてあるマンガ『サムライカアサン』から取ったそうである。ここはカウンター席八席、ふたり用の狭いテーブルが二台という規模であり、格安なのに何でも大盛りだから満員になっていることが多い。おでんの他にもいろいろな品があるが平均値段二〜三〇〇円だから、店が損するのではないかと心配になるほど安い（おでんは五〇〇円で食べ放題）。狭い店内にBGMが流れながら大きなテレビの画面があり、しかもテレビの音も同時についているときがあるので、「ながら族」でない中高年者は落ち着かないかもしれない。また、客層は二、三〇代が中心であり、酔ってしまうとテンションと音量がかなり上がり、たまにうっとうしく感じる客に出くわすこともあるが、背の高い、すらっとした店主は常に物静かで、落ち着いている。シネマ通りで遅くまで開いている、安心して呑める一軒として知っていて損はないだろう。

＊

立川の基地時代の面影を少しでも味わいたかったら、シネマ通りは必見である。この一本の道は駅の北口から徒歩一〇分もかからないところにあり、基地のあった頃は通りの西端がゲート辺りに突き当たっていた。現在でもシネマ通りに面している数軒の建物では、戦後の歓楽街特有のデザインが見受けられる――変形的な窓や、斜めの入口や、予想外のところでのタイル使用などが特徴と言える。地元の長老たちの話によると、シネマ通りの全盛時代には客を引く米兵相手の街娼（いわゆる「パンパン」や「立ちん坊」）でごった返しており、キャッチバー（ぼったくりバー）もかなり多かったという。とにかく凄まじい光景だったそうである。

「くろ兵衛」もシネマ通りの元ゲート近くに位置している。ある日、店のすぐ近くで生まれ育ち、ずっと立川に住んでいるという三人の年配常連客に会うことができ、以上のような話を含めて、いろいろと興味深い思い出を聞かせてもらったが、ひとりは特に印象に残る話をしてくれた。子供の頃、米軍の戦車――ジープではなく、戦車――が自宅の前をよく通っていたが、そのたびに家がまるで地震のときのごとく揺れたそうである。占領下の東京にはジープがよく通っていたという話は聞くが、戦車が民家の真前を通る光景は容易に想像できない。基地の町ならではの体験というべきだろう。

外人バーから見た立川

さて、「ジミーズ・バー」に話を戻そう。白根店主の開業当初の思い出話はいろいろあって興味深いが、その一例を紹介したい。

私なんかバーをやっていて、そこに黒人が来る。白人の親しい友達が連れてくるわけですが、そうすると他の白人客から苦情が来るわけです。〝何でジミー、あんな黒人を入れるんだ〟とね。〝いや、彼が友達を連れてきたんだ〟と、連れられて来たのだと説明してもだめなんですよ。〝あんなのが来るなら、俺たちは来ない〟とね。途端にがらっと変わってしまう。あの意識が私は分からない。仕事をしたり、中にいる時は、まずあんなに仲よくしているのが、どうして外へ来るとあんな極端に変わるのか。仕事上では全然差別しないし、黒人も白人もニコニコニコニコ冗談を言って、クラブに来れば適当に楽しんでいる。それが街へ出てくると、あの人たちなんであんなに急にコロッと態度が変わるんだろうというくらい変わりました。あれが不思議でしたね。⑮

これは中野隆右《たかみち》著『立川――昭和二十年から三十年代』に引用されている話だが、白根氏は私にも同じ話を聞かせてくれた。きっと、ご本人が思っていたほど、基地内の人種間の関係は和やかなものではなかったと思われるが、基地周辺の歓楽街が人種別に分かれていたという例は沖縄を始め、全国的に見られた。白人と黒人双方の希望による側面もなくはなかったかもしれないが、何と言っても一九五〇、六〇年代当時のアメリカ社会における強烈な黒人差別が主な原因にちがいない[16]。

しかも、基地外における人種隔離は歓楽街に止まらず、赤線にまで及んでいた。『立川──昭和二十年から三十年代』にある白根氏の語ったところを転記しよう。

立川の錦町にはもともと芸者街がありました。これはもう昔からのいわゆる花街です。今のクレストホテル、あのすぐ裏の飲屋さんがいっぱいあるあたり。あれは立川では芸者街と言って、芸者もいたんです。置屋もあった。それで女郎屋も兼任していたわけです。全部で三十軒ぐらいでしたか。こちらは昔から、ずっと芸者街としてあったところで、陸軍も利用していました。こちらは米軍に接収されて、白人が利用していました。（中略）羽衣町の遊郭は、昭和十四年か十五年ぐらいに東京の州崎が、こちらへ支店を作ったのが始まりです。つまりは州崎の疎開先なんです。当時、建築の材料がないので屋根が杉皮でした。それで羽衣町のことを別名〝杉皮（すぎっかわ）〟と呼んでました。〝羽衣町の遊郭へ行こう〟と言うんじゃなく、〝すぎっかわへ行こう〟って言ったんです。二十五軒くらいあったでしょうか。羽衣町のほうは接収されて黒人専用とされました[17]。

地元ならではの具体的な描写として興味深いのではないだろうか。ただし、ふたつの問題に留意しなければならない。まず、白根氏の記憶では羽衣町に遊郭が作られたのは、洲崎の業者が移った昭和一四年か一五年とされているが、前述の『敗戦と赤線──国策売春の時代』などの研究書によると、一八年だったので、これは単なる記憶違いであろう[18]。

また、シネマ通りの「くろ兵衛」で話を聞かせてくれた、立川で生まれ育った三人の長老に言わせると、黒人兵専用の町は羽衣町つまり西国立ではなく、西立川だったそうである。「間違いないですか」と念を押しても、羽衣町を含めて立川の一帯は白人、西立川は黒人だった、と三人とも断言した（ちなみに、西立川はJR青梅線で立川駅から一つ目の駅であり、現在の昭和記念公園の南側に面しており、立川市と昭島市の市境の昭島市側にある）。西立川には黒人兵中心の歓楽街がかつてあったことは疑う余地がないようだが、戦後の羽衣町の赤線は黒人兵専用になっていたという点において白根氏の記憶のほうが正確と言える（「くろ兵衛」の三人は、特に黒人に対する差別意識からそう主張していたようには思えなかったことを付け加えたい[19]）。

ともあれ、錦町と羽衣町以外にも売春を兼ねた米軍専用の施設があった。一九四五年一〇月に、「杉山」や「川辺」などいくつかの異なる名字で知られる謎の男が、旧陸軍獣医資材廠の土地に大規模な「キャバレー」を作った。ここは主に将校クラスの兵隊を相手にしていたと言われており、ダンサー五〇名のほかに「慰安婦」が一四名雇われていたそうである。その店は米軍の許可を得て設立され、店主は立川辺りで「夜の市長」という異名で知られていた。一九五〇年代半ばには、基地の町における諸問題──売春の氾濫や「混血児」の急増など──がメディアにクローズアップされており、一九五五年には雑誌『真相』でこの「夜の市長」が「川辺応棟」という名前で登場している。[20]作家伊藤整が同年の『週刊朝日』でこの男に注目しており、伊藤の記事では「中野喜介」という名前になっている。しかし、現在、この「謎の男」について最も詳しい人は『立川――昭和二十年から三十年代』の著者である中野隆右だろう。また、同書を引用しよう。

中野喜介氏の本姓は、孫という。名は應棟。出身地は忠清南道。父の名は、孫海成、母の名は雀達山。つまりは生粋の朝鮮籍の孫應棟であり、立川にやってきたのは成人してのちのことである。それまで名乗っていた杉山も、あるいは川辺も、もともとは配偶者の姓であった。[21]

孫應棟という男が中野喜介と名乗るようになったのは、以前から親しくしていた中野隆右の伯父の家の養子となったからである。また、中野喜介が作ったキャバレーは、砂川の大地主だった中野家の土地にあった。RAA（Recreation and Amusement Association 特殊慰安施設協会）管轄下ではなかったが、米軍の許可と協力を得て設立されたものであり、マッカーサー元帥の命令によりRAAの施設が一切閉鎖することになった一九四六年三月の二カ月後に中野喜介のキャバレーも閉店となった。[22]ちなみにこのキャバレーの名前は、「立川パラダイス」であり、通常「パラダイス」と呼ばれていた。店名は「洲崎パラダイス」にちなんで付けられたかどうか不明だが、当時の立川住民では洲崎を連想した人は少なくないだろう。[23]

「パラダイス」は短命であったが、中野喜介はその後、立川の実業家として――「市政の黒幕」と見なされていたこともある――大活躍し続けた。たとえば、立川商工会議所を設立し、初代の会頭になり、東京都商店会連合会および全国商店会連合会の会長にもなった。「パラダイス」の跡地に立川短期大学を創立してその初代理事長を務めた。さらに立川競輪場を作った男でもあり、立川駅北口の闇市撤去および「区画整理」事業の中心人物でもある。テキヤはもちろん、暴力団とも関係があったと噂され、しかも朝鮮の生まれ育ちだから差別を受けることもしばしばあったと想像される。広範囲にわたる大事業を次々と手掛けたという中野喜介に対する総合評価はけっして簡単ではないが、「夜の市長」に触れずには、戦後立川の歴史が語れないことは確かである。

立川路地探索

洲崎の住民が地名変更を望んだのと同様に、米軍基地の返還後、立川の住民が「基地の町」というイメージ、そして長年の基地依存経済から脱皮したかったことは容易に想像できる。過去に砂川闘争や「パンパン問題」などで注目を浴び、敗戦後の米軍と切っても切れない関係を断ち、町としての自立したアイデンティティを築き上げたいと念願していた住民は多かったにちがいない。ただし、立川の「基地の町」としての歴史は戦後に始まったものではないということも忘れてはならない。大正一一年に陸軍第五航空連隊が配置されてから終戦まで、立川は日本軍の町として発展を遂げたのであり、軍との密接な関係は戦前にまで遡るわけである。[24]

戦後の開発事業では「米軍の町」のイメージを改めるのみならず、北口の闇市の残像を根絶してしまったことは前述の通りである。ところが、駅を少し離れたらシネマ通りのほかにも、戦後の立川を多少感じさせてくれる異質な一画が残っている。

ある夜、私は自転車を適当に――つまり、迷子になって――乗りまわしていたら、周囲と違う光景がちらっと目に入った。迷子になっていても相変わらず自転車を飛ばして走っていたが、引き返して近づいてみたら、小さな古そうな呑み屋が、一軒の二階建ての長屋式コンクリート建物に並んでいる。まだ立川の歴史を調べ始める前のことであり、そのときの第一印象は、「ここは元青線ではないか」というものであった。薄暗い一画であり、入口の狭い呑み屋が並んでおり、しかも二階がありそうなので、構造として青線の建物と似ているように思えた。ほとんどの店は古びたスナックだったが、さほど怪しげでない赤提灯が一軒あったので、入ってみた。とくに、酒肴で印象に残ったものはないが、相当に酔っぱらったオヤジ客がふたりいたことはよく覚えている。彼らが帰ってからママさんと少し話ができたので、ついでに店の歴史について訊いてみた。ご本人は二五年しか店をやっていないので、その前のことは直接知らないと言ったが、この一画は通称「ゼロ番地」だと教えてくれた（「ゼロ番地!?　何というおもしろい名前だろうか」、と思った）。後で「ジミーズ・バー」の白根店主に聞いてみたら、「ゼロ番地」とは、その近辺にあったキャバレーの名前から取ったものだろうと言う。

また、昭和二八年の「立川市全図」と照らし合わせてみたが、その一画が青線ではなく、錦町の赤線の一部だったことが判明した。今の建物は何年に建ったか調べていないが、地図では錦町の赤線が「指定地」と明記されており、場所はちょうど立川駅と南武線西国立駅との真ん中辺りで、南武線の線路が大きくカーブするところにある。まさしく私が迷い込んだ一画である(ただし、どういう訳か、同じ地図で羽衣町の赤線地帯は錦町のように明記されていない)(25)。

＊

立川の駅付近には、古い建物は「区画整理」のためほとんど残っていないとは言え、意外に渋い路地がいくつかある。建物が変わっても、町の構造は必ずしも変容しない好例だろう。たとえば、北口の昭和ホテル辺りに狭い路地がくにゃくにゃと伸びており、周りには普通の住宅もラブホテルも混在している。そして、同じ北口だが、立川郵便局の方面——居酒屋で言えば、「弁慶」に隣接している「玉河」の本店の右側に沿った極小の路地がある。ここは一度入ってみたらすぐに病みつきになり、その後、何の用もなくてもよく通るようにしている。あまりにも狭く、しかも何回か九〇度の角度で曲がっているので、通るだけでも冒険心が刺激され、快感を覚える。しかし、「お散歩」だけで済まないのもうれしい。というのは、二分ほど路地を辿っていたら、意外に古い飲食店に一軒差し掛かる。厳密に

「居酒屋」と呼べるかどうか分からないが、「丸山　餃子会館」は居酒屋の雰囲気を醸し出しており、ビール、日本酒、そして焼酎類のほかに泡盛もおいてあり、次々と酒のお代わりをする客が目立つ。また、つまみは餃子のほかに焼き鳥、おしんこ、冷奴などがあるから、やはり「呑み屋」と見なしてよいだろう。カウンター席は約一六席、座敷席は六人用のテーブルがふたつと四人用がひとつ。さほど狭い店ではないのに、けっこう満員になるから相当の人気店だと言える。

夫婦二人で店を切り盛りしているが、奥さんに訊いてみたら自分たちは二代目で、親が六五年前に伊勢丹裏の方で店を始めたが、区画整理のためにここに移転したという。つまり、ここは闇市の呑み屋街に由来する店である。六五年と言えば、「玉河」や「ジミーズ・バー」よりも古い（ただし、「丸山」は代替わりしているので、やはりジミーさんは別格だと言わなければならない）。現在の「丸山」は溝口の西口商店街や新宿の「思い出横丁」のように闇市の「匂い」はしないものの、「玉河」などに比べ、年季が入っており、メニューのみならず内装も大衆的である。路地を散策するだけでもよいが、立ち寄りたい呑み屋が待ち構えているのが一層うれしい。

＊

「丸山」の真向かいには、妙な呑み屋街がある。数年前までは駐車場で、その前は住宅と呑み屋が混在する一画だったが、現在は地元で「屋台村」として知られる、いかにも人工的な

「新しいレトロ風呑み屋街」である。外装では（新品の）トタンが飾っており、各店の看板は古風な書体で書かれており、一軒一軒の店の規模は狭く、トイレは店外の共同便所である。終戦直後の呑み屋街の雰囲気を想起させようとしていることは一目瞭然だが、言ってみれば小さな「居酒屋ディズニーランド」にすぎない。

だいたい、このような「昭和レトロ」の雰囲気に一番弱いのは、平成生まれ――少なくともバブル以前の「昭和」の記憶のない世代だろう。「屋台村」の客層もその世代が圧倒的に多いようである。店長たちでも、二〇代、三〇代前半の人が目立つ。私は、初めから単なる商品として創案され、作り上げられた「テーマパーク居酒屋街」が苦手なので、仮に安くて旨くても、そのなかの十数軒の店を探訪する気が湧かないが、一軒には二度も入ってみたことがある。意外に店主も店員もマジメで親切だったし、彼ら自身に対して好印象さえ持てたが、「バラック風」の外装の割にさほど安くもなく、特別に旨いとも言い難い。いずれにせよ、あの〈場〉自体に対する抵抗感が拭えない。きっと、多くの居酒屋ベテラン――世代にかかわらず――も同様に感じるだろう。結局、表層だけを真似た（それも本気な真似ではない）ファンタジー空間である。すぐそばの「丸山」のように、長年、地道な商売によって培われてきた貫録も、「かとりや」や「いろは」のようなほどよいみすぼらしさも感じられず、私にはこの一画の魅力が理解しがたい（しかし、ディズニーランドに行きたがる大人の感覚も理解できないから、これは私自身の問題だけかもしれない）。いずれにせよ、「歴史の商品化」という表現は、まさしくこのような場のためにできたように思う。

暗くなってから「玉河」本店に面している、ごく狭い路地を辿って「屋台村」に向かっていくと、途中からその一角の上に、派手なネオンが見えてくる。ギラギラ光る看板に大きな字の「パラダイス」という一語が夜空に浮かんでいるのである。(26)

第四章　カウンター・カルチャー（赤羽・十条・王子）

軍用地に酒の花

めったにできないことだが、たまに昼酒を楽しみたい。週末よりも、普通の人が働いている平日の真っ昼間に呑むと極めて優雅な気分になる。私は昼酒を思い切って味わいたいとき、足が自然に赤羽に赴く。何せ、赤羽の場合は「昼酒」どころか、「まるます家」と「いこい」という、朝から開いているまぼろしの大衆酒場があり、ほかにも近くで昼から呑ませてくれる店が何軒もあるので、日が暮れる前に駅周辺で「ハシゴ酒フルマラソン」ができるほどオソロシイ町である。しかも、隣の駅まで足を延ばせば、十条にも東十条にも名店酒場が散在しているから、ここは酒呑みにとってまさに「黄金の三角地帯」と呼びたくなる（ただし、呑みすぎた翌朝は、「魔の三角地帯」に化けるから要注意）。

ともあれ、この辺りは、北千住、立石、そして門前仲町と並んで都内の大衆酒場の聖地と言える（あえて付け加えるならば、私は大井町も候補に挙げたい）。これらの町は東京二三区の地図でつなげていくと、都心のほぼ真北から時計回りにおおよそ北東外輪の四半分を描くことになる（だが、江東区のさらに東には江戸川区があることを忘れてはいけない）。区で言えば、北区、足立区、葛飾区、そして江東区になるのだが、どれもある意味で「新下町[1]と見なすことができる。下町の延長線だと思えば、大衆酒場が密集していることはさほど驚くに値しないかもしれないが、都心から離れていながらも、北区の「黄金の三角地帯」ほど個性的かつ味わい深い大衆酒場が密集している地域は稀である。

*

ところが、赤羽界隈を「新下町」と見なすにしても、立川との重要な共通点は見逃せない。いきなりだが、『新修　北区史』を引用しよう。

北区の歴史を語る場合に、明治以来敗戦まで区内各所に広く散在した旧軍用施設の存在を無視することはできない。戦前、戦後を通じて、北区の発展には旧軍用施設の存在が大きな関係をもっていた。

区内第一のはん栄をほこる赤羽にしてからが、本来は旧軍隊のおかげで発展した町である。（中略）

しかし、戦争も末期にはいるとこれらの軍用施設や工場群は空襲の目標とされ、それに伴なって、周辺の商店や住宅も大きな被害をこうむった。赤羽駅周辺も、西口商店街は助かったものの、東口商店街はきれいに焼かれてしまった。[2]

確かに戦前から軍用施設や基地のある町にしては、立川の空襲による被害は（基地周辺にあった軍需工場は別として）、赤羽から王子までの一帯（当時の王子区に相当する区域）に比べて軽かったと言える。それは、米軍が進駐してから直ちに立川の旧陸軍飛行場を接収して使えるように爆撃を控えたからだという説がある。いずれにせよ、立川市は近くの八王子に比べて被害が相対的に少なかった。また、敗戦後の立川と違って、旧王子区には米軍向けのRAA管轄下の売春施設がなかったという相違点も指摘しなければならない。しかし、そのような相違点にもかかわらず、戦前から軍事基地および軍用施設が町の発展ときわめて密接な関係にあったという意味では、このふたつの地域には、大きな共通点が見いだせることを強調したい。

たとえば、敗戦当初、現在の北区に相当する区域の全土の約一割が旧軍用地であり、戦後の軍隊の解体により国有地化され、徐々に学校や公営住宅の建設などのために開放されることになったが、その施設や土地の半分以上がアメリカ占領軍に接収され、占領終了後でも米軍専用地として残っていたところが少なくなかったという事態も立川と類似している。[3] 確かに戦後の赤羽から王子までの一帯は立川のごとく「基地の町」と形容できる状態ではなかったかもしれないが、立川に隣接する砂川町での基地拡大反対闘争があったのと同様に、北区でも米軍基地に対する強烈な反対運動が行われたことにも留意したい。また、『北区史』を引用しよう。

この米陸軍病院（王子キャンプ）は旧陸軍第一造兵廠十条工場の跡地にあるもので、

戦後次第に返還されていった区内の米軍基地の中で現在〔引用者注・昭和四六年三月現在〕まで残る唯一のものである。この用地は昭和四十一年までは米陸軍の地図局として使われていたが、その後ジョンソン基地の第七野戦病院の閉鎖に伴ない、四十三年二月から新しい野戦病院としてここに開院した。（中略）
このような住宅、文教地区のまん中に米軍の野戦病院ができたため、戦場から傷病兵を送ってくるヘリコプターの騒音による被害、マラリヤ患者などの収容による防疫上の不安、その他風紀上の問題など、数多くの弊害が発生することになった。
当然、地元住民の間から激しい病院開設反対の声がわきあがった。ベトナム戦争による傷病兵が同病院に収容されたことも住民感情を刺激した。区内の各所に野戦病院の設置反対を叫ぶ市民の会が組織され、米軍をはじめ政府、そして都や区へ陳情、要求、デモなどがくり返し行なわれた。これら区民の声に答えて、区も反対運動に立ち上った。また区議会も全会一致で「病院の移転と敷地の開放促進に関する意見書」を採択した。(4)

以上、長々と引用したのは、私自身にとって意外な発見に感じられたからである。すなわち、単に戦前からの軍用施設が集中していたことを背景に発展した町として赤羽周辺と立川に共通点が見いだせるだけでなく、戦後まで（加藤典洋の表現を借用すれば）「アメリカの影」が濃く投影されつづけてきたことを改めて痛感させられるからである。正確に言えば、終戦直後のみならず、アメリカ占領の終了以降も、両町の市民たちがその「影」から抜け出したがったゆえに起こった市民運動である。とくに興味深いのは、それぞれの地域運動に、地元住民だけでなく、さまざまなアクターが参入したことだと思う。砂川闘争の場合、都内から学生および労組関係者も加わり、十条の「王子キャンプ」の米軍野戦病院開院に反対する運動には全学連も区政も参加し、それぞれの組織がさまざまな形で運動に加わったわけである（ちなみに、上記の『北区史』から引用した頁には、反対デモに参加している、ヘルメット姿の全学連の学生たちの写真が掲載されている）。そして、どちらの反対運動も最終的に功を奏したことも見逃せない——一九六九年に米軍は王子の米陸軍病院（野戦病院）を閉鎖すると正式に発表した。ところが、米軍基地は町から姿を消したとは言え、現在でも北区と立川市は自衛隊基地を抱えているので、いまだに軍用地が残っているわけである。

呑み屋街に化けた商店街

駅周辺にあった闇市とその居酒屋が区画整理事業でほぼ根絶されてしまった立川市と対照的に、赤羽駅の東口周辺の場合、闇市由来の商店街と呑み屋街が（かなり変貌したとは言え）現在も残っている。そのおかげで、「まるます家」などは、六〇年以上も同じ場所で営業し続けてこられたわけである。赤羽の西口周辺は戦災を免れた半面、返還された広大な軍用地の跡地に大規模な都営団地などが建設され、後にはチェーン系列店を中心に大型店舗が続々と現れ、東口に比べ「きれい」かつ「健全」に見えるかもしれないが、赤提灯ファンにとって興味が湧くような光景は少ないだろう（西口からやや離れている静勝寺《じょうしょうじ》は落ち着いており、ハシゴマラソンの休憩所としてお勧めだが……）。

　戦災で壊滅した東口方面には、戦後間もなく闇市が現れたが、立川と同様に赤羽の闇市は地元の需要に応えながらも、都内の大規模な闇市に物資を供給する、重要な「輸出基地」としても機能していた。立川の場合は米軍基地からの物資が地元の闇市を媒介に新宿や上野アメ横などに流通したことが特徴であり、ほかにも終戦直後、軍の解体のため置き去りにされた旧陸軍物資も都内の闇ブローカーの手に届いたそうである。赤羽も旧軍物資が都内へと流通したと思われるが、何と言っても、当時は食糧難時代だっただけに、関東や東北からの農産物が赤羽を介して都内に流通したという意味で、赤羽は戦後の東京全体の闇経済に大きな役目を果たしたと言える。

　赤羽の闇市の残像は、主に駅の東口の北側（東口を出て左方面）に連なっている数本の商店街に見受けられる。「赤羽一番街商店街」（通称「一番街」）が中心ではあるが、並行して左側には「シルクロード」という短い商店街、右側には「OK横丁」という呑み屋街があり、さらに九本の路地が交差する商店街・呑み屋街の一帯となっている。「OK横丁」はもともと「マルワ商店街」として知られ、後に「赤羽十番街」に変わり、そして一九七五年に地元の買い物客の投票により、現在の異名を得たそうである。

　昭和三〇年前後から平成初期までの東口商店街の変容に対する細かい研究はあるが、大雑把に要約すれば、次のようにまとめられる。

（1）昭和二〇年代前半—三〇年代前半——闇市から商店街へ
（2）昭和三〇年代後半から四〇年代——デパートやスーパーなど大型店の進出による商店街の縮小および変容
（3）昭和五〇年代から現在——商店街のさらなる縮小および衰退、営業形態の根源的な変容[5]

現在、一番街周辺を歩いてみると、薬局やタバコ屋、メガネ屋や呉服店などの小さな商店はいまだに多少見られるものの、何よりも目を惹くのは飲食店の圧倒的な数である。逆に言えば、八百屋や豆腐屋、魚屋や米屋などはほとんど商店街から消えており、多少残っていてもほんの一、二軒しかない。つまり、現在の多くの消費者は食料品や日用品を買うために商店街に入るのではなく、呑み食いするために行くと言ったほうが正確だろう。「商店街」から「飲食街」に化けてしまったわけである。

昼から開いている居酒屋が次々と進出すると、どうしても「アーケード内の空気が汚染された」と感じる人もいるにちがいない。確かに現在の赤羽東口の商店街は、葛飾区お花茶屋や戸越銀座など、いわば「健全なイメージ」を保ち続けてきた商店街とは言い難いが、それでもシャッター街と化するよりも現状の方がマシだという考えもあろう。それに商店街内には、目障りなピカピカ写真付きのプラスチック製メニューを店の表に出すチェーン店風居酒屋ばかりが並んでいるのではなく、昭和二五年から家族経営の店として、地道に営業し続けてきた「まるます家」のような老舗もある。午前九時から開店する、この一軒の呑み屋を目当てに、はるばる一番街に足を運んでくる人は少なくない。また、彼らが「まるます家」に入る前後に、商店街の別の店に立ち寄ることもあるはずだから、商店街――そして赤羽――にとって、飲食店の功罪は決して一筋縄ではいかないように思える。

＊

「一番街」はやや錯雑した雰囲気があるが、普通の方向感覚の持ち主なら、駅から難なく行けるだろう――「まるます家」は、東口を出て、左手に見える商店街のなかの「一番街」に入ってまっすぐ進み、二つ目の角の左側にある。ただ、体内のコンパスが常時故障中の私は、初めて探したとき、マルコ・ポーロのごとく、いきなり「シルクロード」経由で遠回りする破目になった。つまり、「一番街」の右隣の商店街に入り、その辺りの路地までうろちょろしていたわけである。しばらくして「シルクロード」にまた辿り着いたら、今度は小さな古本屋を見かけたので、宝物を求めて店内に入った。とくに掘り出し物はなかったが、商店街の中に小さな古本屋が残っているだけでもありがたく感じたあまり、少しでも「寄附」したく、雑誌『東京人』のバックナンバーを数冊買って再び商店街に出た。

川本三郎著『東京の空の下、今日も町歩き』には、赤羽一番街や「まるます家」などに触れているエッセイがあるが、「いい居酒屋のそばには、なぜか古本屋がある。決してご大層な店ではないが、古本屋があるのはうれしい」と書いている。その文章を読んだ時、あるいは著者が私と同じ古本屋に立ち寄ったのではないかと察した。思えば、溝口の「かとりや」

は古本屋に隣接しており、また大井町の東小路呑み屋街の近くにはなかなか充実した古書店が一軒ある。

さて、居酒屋のそばに古書店があるという意味で赤羽は典型的かもしれないが、町の人口の割に昼から呑ませてくれる店の数は、東京近辺では群を抜いているにちがいない（ただし、大阪には負けていると思う）。確かに、都内のどこの町にも昼からちびちび呑めるそば屋はあるが、つまみの分量といい、一品一品の値段といい、やや上品な趣味に属するだろう。私自身はそば屋で呑むのもすこぶる好きだが、ちょっと贅沢なので頻繁にはできない。それに比べて（新）下町の飲食店ならば、てんぷらやエビフライ、ポテトサラダからとんかつまで安く出してくれるから、お財布がダイエット中でも腹を満たすものが食べられるからありがたい。

赤羽東口商店街辺りをさまよいながら、モツ焼き屋をはじめ、呑み屋を何軒も通る。しかも、お天道様が煌々と照っている時刻なのに、店内の客たちはすでに燃料満タン状態に見える。結構な光景ではあるが、そのような店が目に入るたびに、「睡魔」ならぬ「酔魔」のささやきがわが耳元をくすぐるので困る。いちいち誘惑に負けていたら待望の目的地に辿り着かないと思い、「我慢」という字を肝に銘じながら足を前に前に進めていると、ようやく「まるます家」の大きな黄色い看板が目に留まった。

上を向いて呑もう
看板には、「ご商談に　ご家族連れに　鯉とうなぎのまるます家」と書いてあるが、初めて訪れてから何度も行っているのに、「商談」らしき会話なんぞ耳にしたこともなく（これはありがたいが）、そしてたまに店の表で経営者たちの子供が走り回っている以外は、未成年の——いや、「青年」ですら——姿を見たことがない。時間帯にもよるが、全体として中高年の男性客が多い。服装から察するとブルーカラーもサラリーマンも、ご隠居さんもいるという意味では、客層が狭いとは言えない。ともあれ、「まるます家」の看板自体がかなり古そうなので、開店当初、鯉やうなぎなど淡水魚を中心とする食堂のような雰囲気の店だったとも想像される。

さて、私が初めて入った日は、日曜の午後だったせいか、入口で二人組の客がちょっとした行列を作っていた。ところが、ひとりで来ている私が先に空いている唯一のカウンター席に案内された。一見客とは言え、さほど待たずに済むのがひとり呑みの特権である。

「まるます家」の店内はそこそこに広いが、約一五人ずつ座れる「コの字」型のカウンターがふたつ背中合わせに設置されているおかげで、誰もが小ぢんまりした空間で呑んでいる気になれる。よく考えた客席の配置である。ふたつのカウンターのほかに、四人掛けのブース式テーブルが三つあり、テーブルを挟む背もたれのベンチの座席部分にはゴザが鋲で留められているようである（さすがに他人の尻まで顔を近づけて確かめるわけにいかないので、これはあくまで遠目の印象にすぎない……）。さらに、二階に広い席もあるが、予約専用になっているようで、見たことがない。

カウンター自体は淡いグリーン色のフォーマイカでできており、つい一九四〇—五〇年代のアメリカの diner（食堂と喫茶店を兼ねた店）を連想させられる。カウンターに品書きを置く代わりに、壁一面に紙がたくさん貼ってあり、一品一品がマジックインキで大きな字で書いてある。厨房の前には季節物を含めて当日のお勧め品が書いてある。壁のメニューを見ていたら、「鯉あらい」「鯉こく」「鯉うまに」のほかに、うなぎでは定番の蒲焼、白焼、うな重だけでなく、「頭」（かぶと）や「とぢ」や「うな茶漬け」などもある。どじょうやなまずの唐揚げもあり、なんと「すっぽん鍋」（しかも、たった七五〇円！）もある。やはり、川に近い町だから淡水魚などが多い。一見めずらしいものばかりと思いかねないが、すっぽん鍋となまずを除けば、川に近い下町の大衆酒場メニューには意外によく見られるラインアップである。とくに、都心より東部の老舗居酒屋には、うなぎやどじょうはめずらしくない。要するに、下町（新下町）イコール煮込みとモツ焼きとハイボールだけではない、というわけである。

＊

品書きのみならず、下町の大衆酒場とは店内の構造的な共通点も見受けられるように思う。すなわち、「コの字型」のカウンターである。もちろん、同じ大衆酒場とは言え、さまざまな形や規模のカウンターが見られるが、「コの字」が最も一般的であろう。

居酒屋で最もありふれている形は一本のまっすぐなカウンターであり、ほかに「L字型」のもあれば、たまに炉端焼き屋などで見られる四角いものや、長方形のカウンターもある。しかし、「コの字」という形は比率では一番多くなくても、最も客同士の間の共同体意識を生み出す形ではあると思う。ゆえに、下町の大衆酒場で好まれるのだろう。やはり、一本のまっすぐなカウンターの場合、両隣の席の客以外を（よっぽど騒いだりしていないかぎり）さほど意識することはないだろう。顔も見えにくく、すぐ近くに座っていても、別の空間を占めているように感じる。「L字型」はそれに比べて周囲の客の顔が多少目に入るが、「コの字型」だと、誰もがほかの客の顔を見ることができ、また常に見られているから、共同体意識が湧きやすく、同時に乱れたような言動が自然に牽制される効果がある。簡単に言えば、「コの字」のカウンターは「みんなの場」だという認識を強調する構造を持っているわけである。ただし、「コの字型」だからと言って、客同士の共同体意識が自然に生まれるとは限らない――それは、客同士の関係が最も「薄い」と言える牛丼のチェーン店を思い浮かべれば明らかとなろう。一見、四角や長方形のカウンターはさらにそのような雰囲気を築き上げるように思われるかもしれないが、四角いカウンターの場合、真ん中に立っている店長や店員の動きに目が集まる傾向が強く、客同士の共同体意識が増すというより、むしろカウンターの内側の「演技」や「話術」に重点がおかれる構造になりがちだろう。

また、溝口の「かとりや」や「いろは」のような極小のカウンターを除けば、「コの字」は一番ひとり呑みに向いていると思う。周りの客の会話に耳を傾けても、「盗み聞き」とは見なされず、タイミングを見計らって気配りさえすれば、その会話に入り込むことも許される場合が多い。要するに、寛容な雰囲気の中で、ほどよい秩序が自然に保たれる。これが「コの字型」の真の魅力かもしれない。

しかし、カウンターはどんな形であろうと、古い居酒屋のカウンター席に腰をかけ、しばらくして落ち着いたら、私は必ず天井を一度見上げるように心がけている。というのは、素朴な内装の大衆酒場でも、天井の作りだけは予想外に渋く、味わい深いものが多いからである。「まるます家」も例外ではない。このことを、ある居酒屋通の知人に話したら、彼はきちんと理由があると教えてくれた。すなわち、大工が飲食店の内装を依頼される際、カウンターの材質や寸法、それに厨房の規模や構造などの細かい注文を受け、どうしても制限が多くなるが、天井に関する注文があまりなく、したがって作る人の「遊び」の精神がよく表れ、最も趣向を凝らした造りが見受けられるという。なるほど、言われてみれば、私のような素人の目でもそれが読みとれる。だから私は古い居酒屋に入ったら、カウンターの形などにも注目するが、「上を向いて呑もう」ということも忘れずに心がけているのである。

赤羽ワークソング

居酒屋でもうひとつ心がけているのは——ほんの数秒だけでもよいが——目をつぶって耳を澄まして、音だけを通してその場を捉えることである。とくに「まるます家」のように、威勢のよい、早口の東京弁が絶え間なく飛び交っている店では、たまに聴くだけでも悦に入ることがある。

すし屋ではないが、「まるます家」で飛び交っていることばの中には、隠語に聞こえる表現がある。たとえば、「一六番、ジャンチュウ！」や「カワイ子ちゃんふたり！」などを初めて耳にしたとき、何のことかさっぱり分からなかった。カウンターを囲んでいるのは、「カワイ子」どころか、オッサン・爺ちゃん連中ばかりである。たまに中高年の夫婦を見かけることもあるが、彼らが「カワイ子」と呼ばれる時期はとっくにすぎたと言わなければならない。何回か通ってから分かったが、「ジャンチュウ」とは「ジャンボサイズの酎ハイ」の略であり、つまり一リットルのペットボトルで出される酎ハイのことである。値段は確か九五〇円で、四、五杯分はあるから赤羽呑兵衛族には持って来いだろう。また、「カワイ子」とは、日本酒の「富久娘」のことであり、「ふたり」は「二合」という意味らしい。

ところで、「まるます家」の飲み物メニューで驚いたのは、「モヒート」である。普通なら、青山か吉祥寺などのおしゃれなカフェバーの大きな日傘の下で、それこそ「カワイ子」たちが優雅そうにトールグラスですするカクテルというイメージが思い浮かぶが、「まるます家」は大衆酒場らしく、洋酒のラムの代わりに焼酎を使っており、おしゃれなグラスの代わりに生ビール用のジョッキで出てくるから、呑んでいるオヤジたちの姿は不思議に様になっている。また、「まるます家」のモヒートにはもりもりのミントの葉や、ライムの六ツ割りが一片入っているから、夏には酎ハイの代わりにさわやかな飲み物として注文する男性客はめずらしくないようである。私も一度呑んでみたが、意外に料理にも合うと思った。

さて、店内の〈音〉に話を戻そう。まず、注文の受け方のシステムに触れなければならない。「まるます家」の厨房には男性がおり、また入口の近くに商店街の買い物客の持ち帰り用のうなぎを焼いている男がひとり立っているが、店内での接客は女性たちが仕切っている。数人の元気のよい、主に五〇代前後と思われるお姐さんが、ふたつのカウンターのなかと厨房との間を常に往き来している。客の注文を受けたり、品物を運んだりすることで忙しいが、慣れ切っているから焦っている感はなく、客たちをはらはらさせるようなこともない。もうひとりのお姐さんは厨房の前、つまりカウンターの正面の席に座りながら、受けた注文の値段に応じて色分けしたプラスチックのチップをその客席番号のところに積む「会計係」をしている。勘定する際、積んであるチップを値段に換算することになっているようである。

時間帯と混み具合によって、注文を受けるお姐さんたちの人数が多少変わるようだが、普通は少なくとも二、三人はいる。そして、彼女たちが注文を受けるたびに、大声でレジのお姐さんに注文を叫び、レジのお姐さんが確認するために折り返し注文の内容を叫ぶという具合である。そのように記述するとずいぶんうるさく思われかねないが、音に対して比較的に敏感な私でさえも、決してそのように感じないのは、店全体の雰囲気に合致しているからだろう。

混んでくると、三対一のキャッチボールのごとく、あっちこっちから注文が「キャッチャー」である会計係のお姐さんのところに飛んでくるが、投げる方もキャッチする方も同じリズムに乗っているから、いわゆる「ぶつかる」ことや「ミス」することはなく、非常になめらかなやり取りである。ときには、飛び交うことばは落語に聴こえることもある――江戸弁独特のスピード感とリズムで巻き舌しながら、〈間《ま》〉と〈緩急〉がほどよく入るから圧倒されずに、客も心地よく聴き流すことができる。

この注文のやり取りを聴き飽きない理由ははっきりしていると思う。すなわち、レジのお姐さんが受けた注文を単にオウム返しするのではなく、アクセントやイントネーションを微妙に変化させながらことばを「投げ返す」ことにあると思う。つまり、スピードを保ち、リズムを崩さず、自由自在に、しかし微妙に、受け取ったことばを常時変えていくわけである。その鮮やかな即興術は「見事」としか言いようがない。

たとえば、次のようなやり取りを一度聴いたことがある。カウンター内のお姐さんが、会計係に「白菜のしんこです」と叫んだ。そのとき、彼女は平らのアクセント（つまり、最後の「す」までに下がらなかった）と発音したのに対し、会計係のお姐さんが「はい！　白菜のおしんこで」と大声で返した際、「白菜」の「は」の後のアクセントがはっきり下がるように発音したので、いわばことばもアクセントも変えながら返したわけである。これはほんの一例だが、会計係が受け取ったことばに対し、付け加える変化には多様なパターンがあり、無限のヴァリエーションを思うがままにくり出しているように聴こえる。それはきっと、私たち客のためではなく、自分たちがテンションを保つためだと想像されるが、私には、居心地よいＢＧＭが絶えず流れているように聴こえる。

その独自のリズムは「日本語的」でありながら――いや、この場合は「東京弁的」というべきだろう――アメリカの黒人音楽（ジャズでもブルースでもゴスペルでもよい）に共通する「即興の美学」にも通底すると思う。つまり、常に即興によってヴァリエーションを創り出し、また「コール・アンド・レスポンス」というやり取りのなかでリズムやテンポなどが規定される。全員が同じリズムとテンポを共有し、保持しながら、メロディやフレーズや音数などを、ひとりひとりが気分次第で少しずつ変えていくわけであり、そのやり取りにこそ奏者も聴衆も快感を覚える、と。「反復の中の変化」と描写してもよいが、耳を澄ませば、「まるます家」のお姐さんたちはいつもそのような「演奏」を披露していることに気づく。今でも、私は目をつぶると、あの「赤羽ワークソング」が聴こえてくるのである。

幻の三角地帯で沈没

「まるます家」の昼酒を味わってから、約三カ月後の冬のある金曜日に、「取材」という大義名分の下で、赤羽の安ホテルを予約してから昼過ぎに家を出た。王子を含めその一帯の町をゆっくり呑み歩き、地元で一泊して、翌朝「いこい」と「まるます家」の早朝の様子を見ることが目的であった。いわば「幻の三角地帯」で思い切って酒に溺れる小旅行である。遭難したとしても、赤羽駅のホテルという救命ボートを準備してあるから安心だ、と。

何曜日の何時であろうと、「呑み屋が開くまで」というフレーズは、赤羽では全く無用である――必ずどこかの赤提灯が灯っているからである。通常なら何軒も。夜勤の仕事が終わってから一杯引っ掛けたい工員やタクシーの運転手にとって、赤羽は好都合な町だ。しかし、朝酒を楽しんでいるのは、まじめに仕事を終えたばかりの人たちに限らないだろう――アルコール依存症の客を除いても、御隠居さんで早朝のゲートボールなどでひと汗を流してから「軽く一杯」の人もいれば、平日でも仕事が休みなら、朝から思い切りダラシナク過ごしたい人もいるだろう。また、いつであろうとダラシナイ夢を見ているダイガクキョウジュもいるかもしれない（全く余談だが、先日学内の教職員用健康診断があり、事前に病歴や生活習慣などについて自己申告する書類もあったが、「酒の量」のところの「一杯未満」、「二、三杯」、そして「三杯以上」という項目で、全国の国立大学教員のうち、「三杯以上」の「杯」という字をバッテンで消し、「軒」と書き換えたのは小生のみであろう）。

さて、赤羽に着いたらさっそく「いこい」に向かった。都内には激安の酒場が散在しているが、なかでもここは突出していると言わなければならない――品数と値段のみならず、二、三倍高い居酒屋よりも旨い。たとえば、冬だということもあり、最初に豆腐入りの「鳥だんご」を頼んだら、つゆは出汁がちゃんと出ており、量はたっぷりあるのにたった一三〇円だから呆れた。一一〇円の品もざらにあり、あるいはそれが一品当たりの平均値段かもしれない。腹にたまる大衆酒場定番のモツやフライやポテトサラダなどはもちろんのこと、鮮度の良いさしみも、まともな地酒もあり、どれも驚くほどの安さである。

「L字型」の立ち呑みカウンターは一六人で立て込んでおり、八、九割は酎ハイなど焼酎類を呑んでいる。「L字」の短い方のカウンターの壁に面した端では四〇歳前後の女性がひとりで呑んでおり、大将とのやりとりから察すると常連客だろう。彼女を除いて客は男のみである。職種は千差万別のようであり、無職と思われる人から大企業の部長まで来るようである（さすがに多くのスーツ姿は五時以降に現れるが、その時間帯となったら「いこい」はあっという間に満員になり、そこそこ広い立ち呑み屋なのに入れないことはしばしばある。カウンターの後方には六人用の高い立ち呑みのテーブルがいくつも並んでいるにもかかわらず……）。

壁には長細い紙の短冊がたくさん貼ってあり、マーカーで品名と値段が書いてある。これは大衆酒場のメニューの記し方として常套手段だが、数々の貼り紙のなかには、私が一番気に入ったのはメニュー自体とは関係ない――「携帯電話・メール一切お断りいたします」という一枚である。私自身は居酒屋のカウンターで、たまに本を読んだり、または（手書きではあるが）文章を書いたりすることもあるが、嫌がられそうな店では、さすがに立ち呑みしながら読み書きをしようとは思わない。それに、どんな呑み屋であろうとケータイを凝視したり、注文した品が運ばれてくるたびに写真をパチパチ撮っているようなヤツを見るだけでムカつくほどのケータイ嫌いである。それに加えていつでもメールに気づくように、ケータイをカウンターの上におく人の神経も理解できない。救急病院の医者や防衛大臣ならともかく、普通の人は二四時間体制で連絡がつかなくても済むはずである。だから、せめて呑んでいるときくらいは電源を完全に切り、「その場、その時」を満喫すればよいと思うのだが……。とにかく「いこい」のあの一枚の貼り紙を見ただけで、いい店に入ったと確信した。

商店街の中にある「まるます家」とは違い、「いこい」は赤羽駅の同じ出口の反対方向にあり、現在その周囲は風俗街になっている。また、店を最近改装したようなので「いこい」の店自体に年季が入った雰囲気は全くなくなったが、それでも老舗の大衆酒場ならではの貫録がはっきり伝わってくる。

ところで、呑み屋の場合の「貫禄」とは、いったい何を指すのだろうか。開業してからある程度の年月が経ったからと言って、必ずしもついてくるとは限らないだろう。内装や肴の質や値段だけで決まるわけでもないようである。曖昧だからこそ、安易に真似できない要素と言える。とりわけ長年にわたって商売を続けているうちに徐々に具わってくるものであり、「雰囲気」――「オーラ」とでも言いたくなる――として表れてくるということは言えるだろう。また、店主が自分の店に対し自信を持っていることも関係しているような気がする。あるいは、「貫禄」とは、「けじめ」を感じさせる細かい言動に随時反映される姿勢である、と理解すべきかもしれない。ケータイ使用禁止の貼り紙を見たとき、そのような「けじめ」と店に対する自信を感じさせられた次第である。いずれにせよ、「いこい」は貫禄においても、値段と味においても、都内の数々の安酒場のなかでも屈指の一店であることは間違いない。

＊

「いこい」の後に、一番街商店街のなかの「丸健水産」という持ち帰り兼立ち呑みのおでん屋に寄った。この商店街がほとんど呑み屋街と化してしまっていることは前述の通りだが、とりわけモツ焼き屋と焼き肉屋、そしていかにも「普通」の安酒場がたくさん目に付くが、店舗数の割に好奇心をそそるような店は少ない。

だが、「丸健水産」は周囲の居酒屋とは違う。まず、小さなカウンターのおでん売り場だけだから、厳密に言うと「呑み屋」ではない。「呑み屋」ではないが……酒も売っており、その周辺で、「丸健水産」のカウンターで買った酒を呑んでいるヤツがいる。おでん売り場のカウンターはあくまでも品物を渡すためにあり、これといった「店」はないから、一杯やりたい人はその辺りで適当にやればいい、ということらしい。酒呑みにとって、それ自体が痛快に感じられる。

そこで溝口の西口商店街を思い出した。それぞれの商店街の雰囲気はずいぶん違うものの、店内ではなく商店街で呑んでいるという感慨が湧く点では、「丸健水産」と「かとりや」での飲酒体験が似ているように思う。商店街は普通、日常の買い物をする健全な空間のイメージがあり、そもそも呑み屋は商店街内というより周辺の路地や、ちょっと離れた呑み屋街（赤羽の場合は、すぐそばのＯＫ横丁が好例）にあるではないか。だからこそ、商店街内の居酒屋に入るだけでも、それなりに異空間の楽しみが味わえるわけである。ところが、「丸健水産」では「かとりや」と同様に、〈店〉と〈商店街〉との境界線がごく曖昧であるゆえに、さらなる越境体験としてのスリルが味わえる。言い換えれば、軽くタブーを破っている感がするわけである――日中の、健全なはずの商店街のなかで、丸見えのまま酒を喰らっているのだから……。

とは言え、私はそのあと十条に行くつもりで、元気があればその後は王子まで流れる予定だったので、この日はさすがに商店街でそのまま泥酔して、醜態を披露してしまうわけにはいかない。あくまでも「軽く一杯」と決めて立ち寄ったので、おでんを二品、そして日本酒を一杯だけもらった。混んでいなかったので、ついでに若い店主と話をし、店の歴史や商店街の変容などについていろいろ聞かせてもらったが、一番印象に残っているのは、カウンターで出してもらった日本酒についての話である。

都内には造り酒屋がいくつかある――おそらく一番知られているのは青梅の「澤乃井」だと思われるが、私は東村山の「屋守《おくのかみ》」や福生の「嘉泉《かせん》」も好んで呑む。ところが、「丸健水産」に行くまで、二三区内にも醸造所が残っているとは知らず、しかもその唯一の酒蔵が赤羽にあるということはさらに意外であった。私の味覚では、「丸眞正宗」は上記の都内の西方の酒には及ばないように感じられたが、けっしてまずくはない。それに、赤羽の商店街のなかで呑む以上、赤羽産の地酒がぴったりであろう。わずかながら、二重に地元経済に貢献できるのもありがたい。

＊

埼京線なら赤羽の隣駅が十条だからすぐに着いた。北口を出たら、「チェリー」という個人経営と思われるしゃれた喫茶店が目に入り、酔い覚ましに入ってみると、予想以上に落ち着いた店で、しかも自家製ブレンドコーヒーも旨い。きょうのように日中からスタートを切る呑み歩きマラソンには、「ペース」と「緩急」が大事なのだ。だから、たまに喫茶店に入ったり、ハシゴの合間に散歩を挟んだりするように心掛けている。不健康な趣味のなかの健康維持作戦と言える。「チェリー」はそのためにもってこいの安らかな空間であり、一休みしたおかげで、店を出たとたんに十条コースを走るエネルギーが充満していた。

十条に行ったら、足が自然に「斎藤酒場」に向かう。気取らない、安い大衆酒場でありながら、内装が実に渋く、品格あふれる空間である。座っているだけでも充実感が湧いてくる。ここは名店中の名店として居酒屋ファンの間で定評があるにもかかわらず、ちっともお高くとまっている感じがしない。入った瞬間から評判の高い店だと納得させられる。

まず、「斎藤酒場」は木場の「河本」と同様、昭和初期の創業であり、年季が入った店ならではの落ち着きを醸し出している。また、テレビもラジオも有線などの雑音がない点でも「河本」と共通している。店内は客たちの笑い声で活気に溢れており、賑やかではあるが、うるさくはない。

私が入ったとき、ほかに客が三七人おり（暇だから数えて記録した）、うち四人が五〇歳以上と思われる女性である。後は中高年の男性客のみだが、店内はきれいだし、接客する女性たちも気持ちがよいから、男性中心の大衆酒場独特のリズムとノリに慣れている女性なら、「斎藤酒場」は十分に楽しめるとは思うのだが……。

表ののれんには「大衆酒場」と書いてあるが、内装があまりにも渋いので、むしろ「古典酒場」とでも呼びたくなる。また、普通の大衆酒場とは違い、厳密に「カウンター」と呼べる客席がなく、大きめの一枚板の天然木で作られた、形が不揃いのテーブルがいくつもおいてある。木材が非常に温かみを発しており、各テーブルが相席形式になっているので、カウンターと同様に他人同士の客を引き寄せる機能を兼ねていると言えよう。

ところが、客を「斎藤酒場」に引きつけているのは、内装や雰囲気だけではない。これだけ上品な内装で、老舗の名店でありながら驚くほど安い——カボチャ煮（二〇〇円）、むかご（二五〇円）、たらフライ（三五〇円）などを頼んだが、これほど贅沢な空間なのに、その値段でまともなつまみを出されると、申し訳ない気持ちにさえなる。すでに八十数年続いている店だが、後代の酒呑みたちのために、これから何代も続いてほしい一軒である。東京の宝のひとつだと言っても過言ではない。

＊

「斎藤酒場」を出て、線路を渡り東方面に篠原演芸場に向かって歩く途中に縄のれんを吊るしている赤提灯があったので入ってみた。後で調べたら「田《た》や」はかなり知られている大衆酒場だということが分かったが、私は聞いたことがなく、単に嗅覚で入った次第である。一六人ぐらいが座れる「コの字型」のフォーマイカのカウンターは「まるます家」を想起させるが、座敷もあり、そして私が入ったときには女性客が過半数だった点では、これまでに入った「幻の三角地帯」の呑み屋とは違う（あるいは、演芸場の近くにあることが関係しているのかもしれない)。

この時点ですでに王子まで歩いていくことに決めていたので、「田や」であまりゆっくりせず、軽く呑んでから北区図書館のほうに向かって行った。途中で住宅街を通っていたら、植木鉢が並んでいる極狭の路地に差しかかった——両手を伸ばしたら向かい合っている住宅の壁に届くほどの狭さである。

それから大通りに出たところ、「喜多八」という串焼き屋が目に留まった。王子に着くまでは居酒屋を我慢したいが、上野の鈴本演芸場で噺家の「柳家喜多八」を見たときのことを覚えていて、何らかの関係があるのかなとも考えた(別の時に入ってみたら、無関係だということが分かった)。道の反対側には不思議な建物が二軒並んでいる。どちらも一階は普通の商店になっている——片方は理髪店で、隣はおにぎりとサンドイッチを売っている店だが——二階は洋風の装飾が目立ち、一階の店とは隔絶しているように感じられる。とくに、おにぎり屋の二階は、日本であまり見かけない色のレンガ造りになっているからなおさら目を引く。

十条駅周辺には、予想外に教育機関が多い——地元の公立学校のほかに東京朝鮮中高級学校、帝京大学、東京家政大学などがある。おそらく戦後の軍用地返還によるものだろう。北区中央図書館もなかなか味わいがある。陸上自衛隊十条駐屯地に隣接しており、立地は公園の中である。元軍用地にあった建造物の再利用を図って造られた設計は新旧をうまく調和させたデザインであり、いままで訪れた都内の区立図書館では一番印象に残っている建物である。図書館の設計を担当した会社のＨＰには、次のようなコメントが掲げてある。

敷地には東京砲兵工廠銃包製造所の建物として使用されていたレンガ倉庫が現存していました。北区の近代史・郷土史においても貴重な文化財であるこのレンガ倉庫を保存活用して個性的な図書館にするという取り組みを行いました。(6)

図書館で一、二時間ほど郷土史資料室を利用し、かなりの分量のコピーを取ったのがちょうど酔い覚ましによく、いよいよマラソンの終盤戦に挑むために王子まで歩いて向かった。日が早く暮れる冬の夜ということもあり、星がよく見える。王子本町一丁目に差しかかると驚くほど視界が広がり、すばらしい展望スポットがあり、豪邸がところどころに建っていることも意外だった。

ようやく王子駅周辺に着いたら、「柳小路」という闇市由来の呑み屋街に入り、「集っこ」という店に顔を出した。以前も一度入ったことがある、狭い新しい店だが、親子で営んでおり、とりわけフレンドリーな雰囲気が気に入っている。ここはほかの客も同様に、一人で入ってカウンター席に腰をかけたら、何気なく自然に会話に入れてくれるところがよい。ただし、今晩は探訪が目的なので「集っこ」は軽く切り上げ、駅周辺を方々歩き回りながら下見してから、前々から気になっていた「さくら新道《しんみち》」というおんぼろな長屋呑み屋街の店を試すことにした。元青線にも見えるこの呑み屋街には一度入らずにいられない、と。問題は、多くの店は赤提灯というよりもスナックであり、カラオケ嫌いの私はどうしてもスナックに入る気が湧かない。

ところが、小さなおでん屋が一軒あったので入ってみたら、なんとママさんが九二歳なのに、ずっとひとりで店を切り盛りしているではないか！　立川の「潮」（ジミーズ・バー）の店主にも感動したが、九〇歳を超えてから店を続けているだけでも脱帽としか言いようがない。しかも「さくら新道」はかなり荒い雰囲気の呑み屋街なので、どんな客が入ってくるかわからないのだが、このママさんの貫録にはつくづく参った。というのは、ちょうど私が入ってから、すでに完璧に出来上がっている客とママさんとの間で会計をめぐるやり取りが始まり、とにかくママさんが一歩も引かないところに彼女の強さを見せられた気がする。それがしばらく続いたけれど、彼がやっと店を出たおかげで、急に穏やかな雰囲気に変わった。ママさんと隣の客と三人でいろいろな話を二、三〇分ほど楽しんでいたら、先ほどの酔っ払い客がアンコールで突入し、訳の分らないことを言い出すからみんなで呆れたが、ママさんが適当に追い払い、また三人の会話に戻った。やはり、このような場所だと心身ともに頑丈でないと勤まらないだろうと思った。

昼過ぎに自宅を出てからずいぶんと時間がたったような気がする。長い一日を、すたれかけた呑み屋街の小さなおでん屋で、九二歳のママさんとカウンターを挟みながら〆るというのも良いではないか。

＊

電車で赤羽まで戻り、救命ボート・ホテルの部屋に入り、爆睡してしまった。翌朝は七時前に起きて「いこい」の開店時間の様子を見に行こうと思っていたが、どうしても起きられず、八時半に行くことになった。ただし、行ってみたらすぐに気づいたが、金曜の夜に泊まったのが失敗だった。というのは、翌日が休みだからか、朝までそのまま呑み明かしたサラリーマンたちが大勢ワイワイやっており、きっと平日の早朝とは全く別の雰囲気になっているのだろうと察した。いつか、週末でない早朝にまた来ればよい。

「いこい」にいたのはほんの二〇分で、それから「まるます家」に向かって行こうとしたら、風俗街を通っている途中で「喜多屋」という、これまた激安の早朝から開いている大衆酒場があったので、素通りするわけにいかず、下見のつもりで入ってみた。ここも「いこい」と同様、午前七時の開店である。何という町だろうか——客層は「いこい」に比べややラフな印象を受けたが、入口には「お一人様からどうぞ！　飲み過ぎの方はお断りします」の貼り紙をしており、店内の壁には「携帯電話使用禁止」の貼り紙があっちこっちにある。値段は「いこい」といい勝負である——奴、おひたし、煮込み、ポテサラなどはいずれも一一〇円であり、ここも立ち呑み形式である。このような格安の大衆酒場でも、それなりにこだわりが感じられるところがよい。また、赤羽で一泊することがあれば、夜中の雰囲気も覗いてみたい気がする……。

「喜多屋」を九時二〇分に出た（約三〇分滞在）。そして、今度はすぐそばに立っていた二人のアフリカ人の呼び込みに英語で話しかけられた。「我々はバーをやっている。レーディズ・バーじゃなくて、普通の店だ。チャージもない」と、やや押しの強い感じではあったが、口調はなかなかフレンドリーでのんびりしたものに思えた。ただし、この二人が私に気づく前に、へべれけ状態の茶髪の若い女性を駅方面に見送っている姿を目にしていたので、やはりこの一帯は油断できないものだなと思う。

彼らを適当にあしらってから今日の最終目的である「まるます家」にやっと進むことに成功した。一二月中旬の午前九時半の真っ青な空を見上げてから、ふたたび一番街商店街に入った。晴天なのに、この幻の三角地帯では、沈没の危険性が常に待ち構えているのである。

＊

あの日から約一カ月後に、王子のさくら新道が焼失してしまった。原因は放火ではなく、住んでいた若い女性が電気ストーブを付けたまま寝てしまい、それが寝具に付いてすぐに燃え広がったそうである。[7] 死者は出なかったが七〇代の女性がひとり重症を負ったようである。おでん屋の九二歳のママが生き残ったのはよかったが、東京の戦後の残像がまたひとつ、永遠に消えてしまった。

第五章　八軒ハシゴの一夜（お花茶屋・立石）

「ただいま……」

久しぶりにお花茶屋駅の階段を降りながら、心の中でそうささやいた。一年間しか住んでいなかったが、日本、そして東京との切っても切れない絆がここから始まっただけに、私にとってかけがえのない、感慨深い町である。改札を出たとたん、三六年前の初来日のころの想い出が次々と目の前を横切り、つい記憶の虜になってしまった。

歩き回ってみたら、いくつかの変化が目に付いた。まず、個人住宅はほとんど建て替えられており、以前点在していた古びた狭苦しそうな木造平屋建てが激減し、新しく快適そうな家が代わりに建っており、全体として住民の生活にゆとりが出てきた印象を受けた。マンションも増え、当時まだ現れていなかったコンビニもちらほら見かけられるようになった。また、いつも前を通っていた四ツ木斎場（火葬場）は残っているものの、同じ道にあった小さなキックボクシング道場はなくなっていた。町工場はいまだに散在しているが、その数は前より明らかに減っている。とは言え、お花茶屋図書館に立ち寄ったら、図書館のすぐ隣には、壁の一部がトタン張りの「某建設工業」という、いかにも町工場らしい建物が建っているのが葛飾ならではの光景だと思った[1]。

私個人の体験として、もうひとつ大きな変化が感じられた。すなわち、今回は女子中高生と何度か道ですれ違ったが、彼女たちは私に見向きもしなかったということである。誤解のないように念を押しておくが、彼女たちに注目してほしいとはちっとも思っていないし、今も昔もしみじみ見つめられるほどの美貌に恵まれているわけでもない。だが、昭和五〇年前後のお花茶屋では、私を見かけるとセーラー服族がよく騒いだということは確かである。道の反対側を離れて歩いていようと、女の子たちが私に気づいた時点で、目を丸くして足を止め、しばらく開いた口がふさがらず、ようやく我に返ると、指さしながら「ガイジンだ！ガイジンだ‼」と漏らさずにいられなかったようである。それからちょっとした騒ぎが始まるのだ。

そこまで書くときっと誇張しているように思われるが、これは当時の実体験であり、しかも葛飾区ではけっしてめずらしくなかった（対照的に、地元の中高生の男子たちは私を目撃したとき、めずらしがってもさほど騒がなかった。また、あの頃よく歩き回った中央線沿線の町で似たような経験はほとんどなかった）。今から考えれば、女の子たちの反応は葛飾という場所特有の〈状況の産物〉でありながら、〈時代の産物〉でもあったという気がする。というのは、一九八〇年代に入ったら、日本語が話せるということだけでも「才能」だと勘違いするテレビのバラエティ番組に外国人が出演し始め、そのおかげで無名の私までがじろじろ見られずに済むようになった。また、バブル期の最中、京成線沿線でイラン人や南アジア出身の土建労働者などの姿をよく見かけるようになったが、その現象も私が葛飾に住んだ後に始まったわけである。そう言えば、住んでいた当時は成田空港開港前だったから、日本人のなかでも京成線の利用者はもっぱら地元人、または千葉県から農産物の大きな包みを小さな背中に乗せ、上野あたりまで売りに出かける担ぎ屋のおばさんたちばかりだったと記憶する。

今は状況がずいぶん変わったが、当時の地元の女の子たちにとって、〈外人〉とは〈人外〉並みに遠い存在であったようである。それに、どこの国でも共通だと思うのだが、あの年頃の女の子は三、四人でも集まると、些細なことで興奮して大騒ぎしたくなるらしい。そう思うと、よりにもよってわが家の近くでETのような異人さんを目撃したら、多少騒がないではいられなかっただろう。

商店街プロムナード

久々に訪れたお花茶屋にはそのような変化が見受けられたけれども、とりわけ駅前の商店街は健在だと確認でき、ひとまず安心した。というのは、商店街こそこの町全体の心臓のような存在に思えるから、もし商店街が衰えていたら町自体が生命力を失ってしまうにちがいないと懸念していたわけである。

お花茶屋商店街は「地元型商店街」と呼べる——チェーン店は多少増してきたものの、依然として個人経営（だいたい家族で営んでいる）店が多く、生鮮食品や日用品などの店が中心に並んでいる。午後の四時ころから地元の買い物客で賑わいを見せはじめ、夕飯の時間までに商店街内の人口が膨張する。スーパーやチェーン店の「効率主義」および「売り上げ至上主義」は、まだこの商店街を支配していない。客と店主、客同士も長年の付き合いの場合はめずらしくないので、買い物のついでに立ち話する、のんびりした光景をよく見かける。いかにも「下町人情」を思わせる商店街である。[2] そのような光景を眺めていると、この町と商店街はきっと長年にわたり、共に発展してきたのであろうと考えたくなる。ところが、町も商店街も、意外に歴史が浅い。以下は『葛飾区史』から引いた一節である。

お花茶屋の地名は昭和三十九年八月住居表示の実施により、上千葉町、下千葉町、亀有町一丁目、本田宝木塚町の各一部を整理統合して新しくつけられた町名である。むかし葛西用水路（ひきふね川）に面した四つ木街道のほとりに、お花茶屋と称する茶店があったため、この名がつけられたものである。伝説によると、むかしこのあたりに三軒の茶見世が並んでいたが、享保年間のある日徳川八代将軍吉宗公が鷹狩りの途次、にわかに腹痛を起こし、付近の新左衛門茶屋と称する店で、娘お花の手厚い看護によって病が全快したので、将軍家から「お花茶屋」の名称を賜ったものといわれている。[3]

結局、お花茶屋がれっきとした「町」と呼べるほどの発展を遂げたのは戦後からである。

お花茶屋は当時〔引用者注：一九四一年〕、周りは見渡す限りの田畑。三キロ離れた亀有の駅が見通せた。雨が降れば、道と田が同じ高さだから間違って足を踏み入れてしまう。何より、東京の中心部では普通の「ガス」も通っていない。朝晩の食事はむろん、お客が来るたびに七輪で火を起こさなければならない。(4)

また、写真集『目で見る葛飾区の100年』(5)によると、お花茶屋の場合、昭和三〇年代でも下水道がなく、洪水は日常茶飯事であった。町自体が新しいから、当然ながら商店街の歴史も浅い。お花茶屋商店街復興組合のHPで、その歴史に軽く触れているので引用したい。

昔は農村地帯でしたが、昭和23年ごろから現在の商店街通りに一般住宅に混じり数店の商店が営業を始めたのが始まりといわれています。その後約20店に増加し、昭和25年任意の商店街組織が形成されました。

昭和40年頃から日用品以外の買回り品店も増加し商品の提供機能が強化され、昭和60年頃に約120店舗に増加。(6)

昭和六〇年とは一九八五年であり、つまりバブル期の真っ最中である。当時、都内の多くの町では駅前の商店街が衰退の一途を辿っていたはずなのに、なぜかお花茶屋の場合は営業形態が多様化しながらも、まだ発展を遂げ続けていたことはやや意外である。その要因を正確に突き止めるためには、町内の人口変動や経済状況などを詳細に検証する必要があるので、その作業は専門家に譲りたいが、ここでひとつだけ注目したい点がある。すなわち、上記の「昭和23年ごろから現在の商店街通りに一般住宅に混じり数店の商店が営業を始めた」という件《くだ》りからも察せられるように、お花茶屋商店街は闇市由来ではない、ということである。

おそらく、闇市由来でないゆえに現在のお花茶屋商店街の雰囲気と構造が、たとえば溝の口駅西口や、赤羽一番街や、後述する立石の仲見世などの商店街とは一線を画している感がするのだろう。厳密に言えば、赤羽東口と立石の仲見世あたりの商店街は戦前の、闇市以前の時代に由来するが、終戦直後に闇市に変貌し、それから一九五〇年代に現在の商店街の姿へと再び変容し始めた。これらの商店街の場合、〈闇市時代〉と〈商店街時代〉という二重の歴史を背負っており、現在でもそれぞれの時代の残像を多かれ少なかれ目で確認できる。あるいは、そのような商店街の場合、闇市特有の「匂い」で嗅ぎつけられると言い換えてもさしつかえないだろう。いずれにせよ、その特有の「匂い」はお花茶屋商店街にはない、ということを強調したい。

木場の「河本」でも見てきたように、「昭和の雰囲気」と言っても（余談だが、最近「昭和な雰囲気」という、さらに鼻につく商標用語が氾濫している）、さまざまな「昭和」があり、それぞれの残像が見受けられる。赤羽の東口と西口、またはお花茶屋に隣接する立石のそれぞれの商店街を見比べてみて気づくのは、「昭和」のなかの同じ時期に、また東京のなかの同じ地域においても、異なる時空間が共存しているということである。考えたらごく当たり前のことだが、改めて認識させられる事柄でもある。

＊

さて、現在のお花茶屋商店街を歩きながら目に入った光景を記述してみよう。まず、お花茶屋駅の改札を出て階段を下り、線路を背にすると、商店街は真正面に伸びている。平成二年には商店街の入口にアーチが設置され「プロムナードお花茶屋」という名前が付けられたそうだが、依然として「（お花茶屋）商店街」と呼ばれているようである。

入口前の横の路にはマクドナルドやTSUTAYAなどが並んでおり、商店街の入口付近にもチェーン店やコンビニやパチンコ屋があり、しかもパチンコ屋の向かい側に二四時間営業のマンガ・インターネットカフェがあるのを見たときはさすがに驚いた（亀有には数軒あっても驚かないが、よくもお花茶屋のような小さな、よりローカルな町で深夜営業が成り立つ、と不思議に思う）。

お花茶屋商店街自体は基本的に一本の整然とした広めの路である。アーケードもなく、周囲に高い建物があまりないので、広い空の下で買い物している気持ちになる（その意味に限って言えば、この商店街は焼け跡に現れた戦後闇市に類似している——周囲の建物が壊滅してしまったため、東京の空が突然「広くなった」と回想する人が多いからである）。とくに晴天の日には、この町の商店街を歩くだけで、自然に晴れやかな気分になる。開放的な、明るい空間である。

入口からなかへ進むと、路の両側には小さな家族経営の商店が中心に並んでいる。昭和五一年以降、多くの商店が建て替えられ、店舗自体が「きれい」になった印象はあるが、当時からの古い手書きの看板をそのまま掲げている店も数軒あり、店舗がそのまま残っている店も多少見かけられる。歴史は古くなく、店舗そのものがさらに新しくなったとは言え、いまだに魚屋が三軒、豆腐屋が二軒、それに八百屋と果物屋と肉屋はもちろん、そば屋、うどん屋、そして持ち帰り専用のおでん屋がそれぞれ二、三軒ずつあるという意味では、ここは「伝統的」な東京の商店街と見なせるように思う。もちろん、以上のような店の他にも、近年の商店街定番の薬局やメガネ屋、銀行支店やチェーン店の古書店などもある。「白木屋」も一軒見かけたが、ここは心配ご無用――個人経営の呉服店である。

もう一軒、目を引いたのは「カムカム堂」という看板を掲げるタバコ屋である。商店街の角に立地するタバコ屋で、ここも建物は新しいが店はきっと古いと予想した（そもそもコンビニの進出以来、タバコ屋を開く人はいないだろう）。「カムカム」の店名がどうしても気になったので、店番をしているおじさんに尋ねたら、予想通り、戦後のＮＨＫラジオの人気番組「カムカム英語」から取ったものだという。店主の父親のお気の入りの番組だったそうだが、これも何となくこの商店街らしい愛しさを表しているように思う。

数は少ないが、商店街の脇道にも多少の店が建っており、古書店が一軒、目に入ったのでなかを覗いてみたら、車とバイクに関する本や雑誌ばかりが並んでいた。私は昔からエンジンの付いたものに興味が湧かないのですぐに店を出たが、ドアの文字をよく読んだら店名の下に「二輪四輪専門古書」と書いてある。いろいろなマニアがいるものだ。

しかし、お花茶屋商店街の特徴は何と言っても、生鮮食品の個人商店数にあると言わなければならない。ちなみに、お花茶屋の人口（すなわち、お花茶屋一丁目から三丁目のほかに、白鳥と宝町の人口をすべて加算した場合）は、約二万五千人である。[7] 今どきの東京の、この規模の町の駅前商店街で、スーパーもあるのに鮮魚店が三軒、豆腐屋が二軒残っているだけでもめずらしいだろう。確かに、隣の立石の仲見世には名店居酒屋の他に惣菜屋の店舗が目立つが、やはり個人経営の生鮮食品店となると、お花茶屋の方が充実しているように思える。そう言えば、立石出身の知人は子供の頃、母親がお花茶屋まで自転車で魚を買いに行っていたと話してくれたことがある。現在でも立石から買い物客が来るのかどうか分からないが、依然としてこの小ぢんまりした商店街には静かな活気が残っている。元気でありながら力んでいないし、無理もしていない。歴史は浅いが、それでも何十年にわたり住民の日常生活に密着してきたゆえの活気にちがいない。

二重写しの風景

久々にお花茶屋を訪れ、商店街を離れて町を歩き回ると、自分のなかで奇妙な「ズレ」に気づいた。一方では、お花茶屋に住んでいた頃の記憶が次々と蘇ってくるが、他方では目の当たりにする光景そのものはさほど変わっていなくても、私の「視力」――すなわち、見ている光景を社会的・文化的文脈に当てはめるという能力――が発達したので、まるで違う光景を眺めている、または別人が同じ光景を見ているような錯覚に見舞われてしまった。三、四歳まで育った土地を、五〇代になってから初めて再訪する感慨に近いかもしれない。

初来日の頃、町のどの風景も、私にとって新鮮でエキゾチックなものに見えた（その点、私をめずらしがって眺めていた中高生たちと似ているだろう）。ともあれ、実際に何を見ているのかよく把握できなかった。つまり、ひとつひとつの〈場〉の存在はやたらに大きく感じられるが、それに意味を付与する知識（「社会的常識」と言い換えてもよい）はまだ身に付いていない状態である。今から思えば、当時、私の目に映った街頭風景は、具象的であると同時にきわめて抽象的でもあったと言える。写真に喩えれば、被写体の風景が極端に拡大されているのに、ピントが外れているため、何が写っているのか判別できないという状態に似ているだろう。受ける印象は強烈であっても、なにか分からず、説明もできない。ただただ圧倒されながら、感動するばかりである。そのような毎日を、少なくとも来日して最初の半年、くり返し体験したようである。

また、街頭風景とは直接関係ないが、最近、別の意味でもお花茶屋で「ズレ」を何度か感じたことがある。この場合の「ズレ」というのは、なじみのある人物（直接の知り合いではなくても）が突然お花茶屋に結びつけられた瞬間に起こるものである。たとえば、十数年ぶりに訪れた日、駅の改札を出た途端に、将棋の渡辺明竜王の写真が目を引いた。数週間前に、保持していたタイトル「竜王」の連続八回防衛を果たしたばかりであり、本人の写真と祝福の言葉がなぜかお花茶屋駅の階段辺りの壁に掲げてあった。『週刊将棋』の長年の読者として、私は渡辺竜王が葛飾出身だということは漠然と覚えていたが、まさかお花茶屋育ちだとは思ってもいなかった(8)。

それからいろいろな思いが浮かんできた――まず、私がお花茶屋に住んでいた頃、渡辺はまだ生まれていなかったこと（一九八四年生）、そして私もあの頃は「将棋」という単語すら知らなかったはずである、と。しかし、その数年後には恐ろしいほど将棋に熱中する時期があり（その割に、大して強くなれなかったが）、近年はほとんど指さなくなったが、いまだにスポーツ観戦感覚でプロの試合を将棋新聞やネットなどでフォローしている。それを知っている将棋好きの編集者知人が、私が今回お花茶屋を再訪する約一年前に、竜王授賞式に招待してくれ、そのとき七回目の防衛を果たしたばかりの渡辺竜王を直接紹介され、祝福の一言を述べたことを想い出した。あの際、渡辺竜王がお花茶屋出身だと分かっていたら、もっと話の接点が見つかり、あるいは盛り上がったのではないか、とやや悔やみながら回想した（しかしながら、その授賞式で長年の憧れの棋士、「光速流」と称される谷川浩司九段に会えたことはうれしかった）。

また、別の日に立石図書館を訪れたら、「吉本隆明の葛飾」というチラシが目に留まった。偶然ながら、吉本が亡くなってからまだ一週間も経っていないときだけに、好奇心と共に重い気持ちでチラシを手に取った。よく見たら副題に「お花茶屋時代／現在まで」と書いてあるではないか。二〇一二年二月二六日からお花茶屋図書館で特別資料展示が開催中、と。吉本が他界したのは三月一六日だから、その前から開催されていたわけである。特に吉本ファンでなくても、戦後日本の思想界に多大なる影響を及ぼしたことは否めない。それに、チラシの略歴には「一九二四年〜」とのみ記され、亡くなる前に作成されたことに気づくと、さすがに喪失感を覚えずにいられない。

その一週間前に新聞で読んだ死亡記事では、吉本が月島出身だと明記されているが、「お花茶屋」や「葛飾区」について一言も言及がなかった。ところが、チラシの裏側の略年譜によると、吉本は青春時代を——具体的には一九四一年一二月から一九五四年一二月まで——家族と一緒に葛飾区上千葉（現・お花茶屋二丁目）に住んでおり、一九五一年に東洋インキ製造株式会社に入社し、お花茶屋の隣の青戸（駅名は「青砥」と記す）工場に勤めていた。私はご本人とは面識もなく、お花茶屋在住の時代や、そのときの立場など、あらゆる面においてまったく違うということは分かっていても、単純に吉本隆明とほぼ同じ年齢の頃、このきわめて地味でローカルな、しかも「文化人」とは無縁と見られがちな町に住んでいたと思うだけで、誠に勝手ながら感慨深い想いが湧いてくる⑨。

奴さん

お花茶屋駅のすぐ裏側——つまり、商店街から駅の反対側——には、この周辺にしてはめずらしい路地が一本あり、しかもほどよい具合のみすぼらしい外見の店が⑩数軒並んでいる。その一軒は「東邦酒場」という店である。大衆酒場のブログや雑誌の特集号などで多少紹介されてはいるが、依然としてお花茶屋は知名度の低い町なので、よっぽどの居酒屋マニア以外、地元人にしか知られていないだろう。主な客層は周辺の住民、そして徒歩範囲内にある葛飾区役所や警察署などの職員だそうである。

表の入口付近にはプロパンのボンベがおいてあり、外見はかなりボロいように見える。後で店主に聞いたら、店自体を昭和三一年に東向島で始め、三三年に現在の場所に移転したという。外見とは違い、店内を二五年前に改装したので昭和三〇年代の雰囲気はなく、私が行った日にはビートルズの音楽がずっと流れていたので（レッド・ツェッペリンもかかるそうである）、なおさら葛飾の典型的な（？）居酒屋からほど遠いイメージがするかもしれない。だが、品書きを見たらこの地域ならではの特徴が見受けられ、同時に大衆酒場でほとんど見かけないような品も、バランスよくメニューに共存していることが分かる。ちなみに、今回は私にとって「東邦酒場」への初入店であり、しかも開店直後の、常連客が集まる以前の時間帯だったため、客層などについてコメントできず、したがって以下は品書きと酒肴に焦点を合わせたい。

＊

通常、下町の酒場で「ハイボール」を頼めば、ウイスキーのソーダ割りが出てくるが、葛飾区では通称「ボール」と呼ばれ、焼酎ベースのいわば「酎ハイ」を出される。「酎ハイ」と言えば、癖も味わいも大してなく、単に安く、抵抗なく酔える安酒と考えられがちだが、少なくとも葛飾辺りの大衆酒場では、「ボール」の材料と作り方に相当こだわる店はめずらしくない。高級バーが独自のカクテルに持つ自負のような態度さえ感じられる店があるが、こだわりとプライドが表れても、さすがに庶民の町だけに上品ぶった言動には及ばない。「東邦酒場」にも独自の酎ハイがあり、しかもヴァリエーションがいくつもあるが、最も人気なのは「元祖」というものである。琥珀色だから、ウィスキーベースのハイボールに間違えられそうだが、焼酎ベースの非常にすっきりしているものである。私自身は、このごろ居酒屋に入ると、「とりあえず、ビール」ではなく、焼酎でもなく、いきなり日本酒から走り出すことが多いが、さすがに自慢の酎ハイがあれば試さないわけにいかないので「元祖」を頼んでみたら、いつの間にか二杯目が空になっていた。

後で店主にメールで問い合わせてみたら、次のような説明が返ってきた。

あの琥珀色の元は「天羽の素」と言いまして、大昔、まだ焼酎の味が美味しく無く焼酎を売る酒場の店主からの依頼で、あるシロップ製造業者が独自でつくりあげた「素」でございます。もう60年くらい前と聞いています。その頃は業者さんは自転車での配達でして、どうしても遠くまでの配達はできず、葛飾・江東・足立・墨田など、東東京のみでしか普及しませんでした。その名残で西東京には、あまり馴染みが無いのかもしれません。

シロップと言っても甘く無く、ベースが梅なのでスッキリしております。この素を使っている酒場はまだありますが、店によって配合が独自で、飲むお店により違う酎ハイを楽しむ事ができます。氷入り、氷なし、炭酸強め、弱め、素多く、少なく、などなど。

「ボール」と並び、葛飾の居酒屋ではモツ焼きが定番中の定番メニューである。「東邦酒場」には刺身もあり、串焼きでは鳥とカモのつくねもあるが、やはり串焼きのメインは豚のモツである。普通のモツ焼き屋でもタンやレバーなどはよく見かけるが、「東邦酒場」に行った日には「かしら」の代わりに「こめかみ」があった。あまり見かけないのでタンと一緒に一本ずつタレではなく塩で頼んだら、なるほど、かしらよりも柔らかく、しかも噛むたびに味がさらにシュアーっと口の中に広がっていく。また、どの串焼きも大きく、タンも柔らかくジューシーだった（ちなみに、モツ焼きはすべて一本一〇〇円）。ビートルズがかかっていようと、客が仮に公務員ばかりであろうと、分量と値段、それにおいしさにおいては、「東邦酒場」は紛れもない東京北東部の大衆酒場である。しかも、ほかに自家製のシメ鯖を頼んだら、五〇〇円台なのに、なんと十切れも出てきて、これもなかなか旨い。シメ鯖の量を見たとき、葛飾の居酒屋での注意点をひとつ思い出した――一軒一軒で注文を相当に控えないと、ハシゴする前にお腹がパンクしてしまう、ということである。

もうひとつの注意点は、私のように「焼酎よりも日本酒、モツよりも魚」という客にとって、口寂しい思いをする場合がある、ということである。ところが、「東邦酒場」は奈良県の「酒人」という一種類しかおいていないが、日本酒の味にもこだわっている。また、メールでいただいた返事を引用しよう。

（この銘柄の）吟醸、純米、色々飲み比べた所、当店の料理に一番合います「本醸造」にして、酒蔵に発注、その日に瓶詰めして頂き、翌日着となります。

しかし、「東邦酒場」のメニューのなかで、もっとも驚き、感動したのは「おいしい奴」という品である。関西ならともかく、東京の大衆酒場で旨い豆腐は期待できない。その点、「東邦酒場」は見事な例外である――「さいたま屋」という、商店街にある二軒とはまた別の、お花茶屋駅周辺の豆腐屋から取り寄せているが、その店は豆腐に対するこだわりを極めているらしい。私が「奴」を頼んだら、出てきたのは三種類盛り合わせの豆腐であり、合わせたら分量は約半丁だろう。日によって変わるのだろうが、その日は滋賀県と山形県の絹、そして群馬県の木綿が一切れずつだった。山形の豆腐はやや緑がかった色をしている「山形県秘伝青大豆　黒神青大豆」というものであり、東北産の大豆（岩手産の青ダイズ二種類）を絶妙な配合でブレンドしてにがりを使い木綿豆腐にしたそうである。薬味は何もかかっておらず、別の小皿にはおろししょうがとねぎ、それにワサビと塩がそれぞれちょこっと盛ってある。私は、本当においしい豆腐を、まずそのまま薬味なしで味見してから軽く塩を振って食べるのが好きだが、この三種類はどれもおいしく、それぞれ独自の味わいがあった。しかも、日本酒のアテにはぴったりだから、モツ焼きの後にさわやかな食感が味わえる。あの奴を食べながら、そして食べた後も、何度か店主たちに「いやー、こんな旨い豆腐を食べさせてくれる居酒屋はないですよ！」と、言わずにいられないほど感激した。やはり、葛飾区に行くとき、立石ばかりではなく、たまにお花茶屋でも呑みたい思いが蘇ってきた。

樽と目打ち

初めて入った「東邦酒場」とは対照的に、「川松」は初来日時からずいぶんなじんでいる店である。当時の住まいから徒歩一分もかからない距離にあるうなぎ屋である。内装や品書きから考えると、「大衆酒場」とは呼べないが、焼き鳥やうなぎの串焼き、それに刺身なども出しているから、居酒屋感覚で気軽に行ける店ではある。ただし、店主によると、私が住んでいた頃はうなぎ屋は高級なイメージがあったので、当時は主に「旦那衆」が中心に集まったそうである。客層の変化もこの辺りの生活水準の向上ぶりを物語っているかもしれない。いずれにせよ、水戸街道に面しており、葛飾区という場所柄もあるからはじめからお高くとまっている店ではない。

前章では居酒屋の天井に触れたが、「川松」の内装でまず目を惹くのは、むしろ床である。近年、あまり見かけない、立派な石を敷いた造りである（店主に何の石なのか聞いたが、二代目である本人も分からないと言いながら、「ちょっとめずらしいみたい」と付け加えた）。店内にはゆったりした座敷席も数カ所に分かれているが、夜の八時ごろをすぎると（閉店は一〇時）、地元の常連たちがぽつぽつと現れはじめ、入口付近のテーブル席に座り、呑みながら入口の上に設置されている大きなテレビの画面を見たり、雑談したりする。焼き台と厨房もそこにあるから、店主ご夫妻が忙しくないときに、常連たちと雑談するようである。こうなると、雰囲気は庶民的な居酒屋とほとんど変わらない。たとえば、「誰それはしばらく見ていないね。どうしたんだろうか」のような、いかにも常連中心の居酒屋ならではの会話もよく交わされるそうである。また、先日、私が久々に夜に顔を出したとき、常連のおじさんが後からひとり入ってきて、開口一番、「いやー、パチンコで五万円負けちゃったよ」、と告白したが、よっぽどなじみの店でないかぎり吐けないセリフだろう。彼は決して裕福そうな身なりではないが、大損した割に表情が意外に明るく、さっぱりした雰囲気だった。

現在、「川松」は初代店主の長男夫婦が店を営んでいる。「長男」と言っても、現在は六四歳である。先代（以下「親父さん」と呼ぶ）が店を仕切っている頃から長男もずっと手伝っており、私が近所に住んでいたとき、定休日である水曜日には、何度か葛飾周辺を案内してもらい、一緒に呑みに出かけたこともある。

親父さんは九年前に亡くなった。元々墨田区緑町の出身であり、戦争で焼け出されて立石に避難し、戦後の混沌とした時代にいろいろな仕事に就いたそうだが、ようやく立石でうなぎ屋をやり始め、いまの店主が一二歳のとき（一九六〇年）、現在の場所に移転した。店は一階、二階には宴会用の座敷があり、住居は三階になっている。現在の水戸街道は、交通量が多く、殺風景である――派手なチェーン店やガソリンスタンドなどが並んでおり、いつの間にか「川松」の隣にチェーン店の牛丼屋もできてしまった。それでも、五〇年以上続いている個人経営の店、しかもいまだに店主家族が上に住んでいるところは、この辺りではめずらしくないだろう。

私は、食べログのようなネット上の飲食店情報をあまり当てにしないが、ひやかしに「川松」を調べたら、おもしろい書き込みがひとつあったので引用したい（ちなみに、ネットで「葛飾区　うなぎ　川松」と検索しても、なぜか東久留米市の、相当に高級そうな日本料理の店が出てくるから、住所が葛飾区白鳥二丁目であることを確認したほうが無難）。さて、以下は食べログの書き込みである。

＊

去年なくなった俺のじいちゃんのお気に入り。向島から80歳こえたじいちゃんがチャリンコで通った店。鰻、肝、鰻の骨の煎餅（あ、これは品書きにはないかも）。どじょうも旨い！　俺にとってはじいちゃんとの思い出の店だけど思い出先行ではなく、ひいきめなしに最高の鰻屋さん。中心街や一等地ではないけど、気取っておらず味も心遣いも、まじめな仕事が伝わってきて最高に気持ちいい。俺にとってはここが一番。[11]

味の評価は人それぞれだが、とりわけおじいさんの話はすばらしいではないか。この話を、店長ご夫妻に伝えたら初耳だと言いながら、今も八二歳の常連客が自転車で通っていると付け加えた。私はそのようなおじいさんたちを考えるだけでうれしくなる――というのは、私が夢見る理想的な老後生活は、まさしく自力で好きな赤提灯へ気軽に「通飲」できることだからである。ともあれ、ふたりのおじいさんはきっと長年「川松」に通っていたので、先代の親父さんもよく知っていたことだろう。私が最後にお会いしたのはずいぶん前のことだが、今も鮮烈に記憶している。何せ、貫録充分だったから……。

親父さんは身体だけでも存在感がたっぷりあった――若いころは体重一二〇キロもあったそうで、よく相撲取りにならないかと誘われたらしい（ご本人の出身地である墨田区緑町を地図で調べたら両国国技館の近くだから、なおさら声がよくかかったことだろう）。また、親父さんは職人気質がよく表れており、やや怖がっていた客もいたようだが、少なくとも私に対してはいつも親切だった。私の記憶の中では、白いステテコに、寅さんが着るような、ごく薄い白のダボシャツを着ているのに、いつも汗をかいている。その記憶を店主ご夫妻に話したら、服装も汗かきの記憶もその通りだと言った。

また、親父さんが笑うときの表情も印象に残っている――まず目じりがかすかに下がり、それから徐々に頬っぺたが緩み、口元にゆっくり伝わっていく。ところが、店の表に出てかがむと、仮に目が笑い続けていても、急に真剣な雰囲気に変わったことは明らかである。

留学中にホームステイ先の家族に初めて「川松」へ連れていってもらったとき、親父さんが「見せてあげる」と言って、外へ連れて行ってくれた。あのデカイ身体の後についていったら、表の入口辺りに、それまで気づかなかった樽がおいてある。親父さんの丸々した身体がゆっくりかがみ、それから蓋を取った。覗き込みながら手を突っ込み、少々動かしてから黒い、小さな蛇のような、体を必死にくねらせている生き物を一匹つかみながら分厚いまな板に乗せる。そのときまで、私は生きたうなぎを見たことがなく、もちろん食べたこともない。まさか、このような大通りに面した店の表に、樽の中にうなぎが何匹も泳いでいるとは想像だにしなかった。

しかし、それからだ、目を奪われたのは――親父さんが片手でうなぎを抑えつけながら、片手で大くぎのような道具を持ってズドーン！　と、うなぎの首辺りに下ろし、頭部を打ちとめた。うなぎはまだくねくねと逃げようとしているが、すでに後の祭りである。瞬く間にスパッと身が縦に切り裂かれてしまった。それから、親父さんはかがんだまま、目を丸くしている私を見上げながら、ニタっと笑った。一生、忘れられない体験である。

また、あのうなぎの旨さにも仰天した。もちろん、初めて食べるので舌が肥えているわけではないが、口の中に溶けるような柔らかさは意外で、タレもよく合うと思った。おまけに、塩味の骨せんべいをつまみにくれたが、骨も食べられることに驚きながら、これもさっそく好物となった（残念ながら、今は骨せんべいを休んでいるらしい）。

それ以降、うなぎ屋に入る度に、私は思わず入口辺りに樽がおいてあるかどうか確かめる癖がついてしまい、またメニューを見ると必ず骨せんべいがあるかどうかも調べてしまう。うなぎの「通」ではないが、「川松」は単に近所の「普通」の店ではないということを、ずいぶん遅ればせながら気づいた。あるいは、いい意味で「普通」の店でありながら、けっして「普通」ではない、と言った方がよいかもしれない。

商店街パトロール

さて、いよいよ立石に移ろう。近年、あまりにも多くの雑誌やテレビ番組、それにブログを含めてのオンラインサイトが立石を取り上げてきたので、今さら何が言えるかという気もするが、いちおう私の町歩き・呑み歩き体験で感じたことを少し述べたい。

まず、町に足を踏み入れる前に、つまり京成立石駅で電車を降りたとたんから、駅舎自体が目を打つ。小規模で、木造部分が目立つ。建設会社が作ったというよりも、大工が手掛けたように見え、手作り感がするわけである。また、年季が入っており、時間の経過が駅舎全体から醸し出されている。たとえば、ホームの駅名板が手書きであり、しかもあまりにも古めかしい書体で書かれているので、一瞬、時代錯誤してしまう――いつの間にかタイムマシンに乗って昭和三〇年代に戻ったのではないか、というように。または、電車を乗り間違って、どこかの田舎の小さな駅で降りてしまったのではないか、と戸惑うほどの異空間になっている。ここは立川の「屋台村パラダイス」のように、いわば計画的に「レトロ風」に作られたものではない。単に改築されないまま、現在に至っているだけである。

立石を初めて訪れる東京人はこの光景を目の当たりにすると、心のなかで「めずらしい！」とか「かわいい！」「懐かしい！」などと感嘆せずにいられないだろう（近いうちに高架工事のため駅舎も根本的に改築され、ついでに周辺の道路整備のための町壊し（＝再開発）が始まるそうだから、見たい人は早めに行くことをお勧めする。工事がいつ始まるか分からないが、いずれ貴重な戦後の残像がまたひとつ消えてしまうことは確かである）。ところが、考え方によっては、「めずらしい」のは、存続しているこの駅舎ではなく、むしろそれをめずらしがるほどの激変を遂げた東京そのものである。思えば、ちょっと前までに立石のような小さな駅舎は都内に散在していたのに、いつの間にかほとんど姿を消してしまった（あるいは消されてしまった）。さほど古くない町風景をめずらしがる東京住民の私たちは、住んでいる町の〈過去〉からすっかり疎外されてしまったとも言える。

＊

立石の駅周辺には路地が多く、どこから探索し始めたらよいか迷うところだが、やはり南口を出て、駅前にある「立石仲見世」（以下「仲見世」と省略する）という古いアーケード商店街から歩き出すのが、流れとして一番自然だろう。仲見世と並行して左側には、チェーン店が中心に並んでいる「立石駅通商店街」（以下、駅通商店街）があり、右側に並行している狭い路地には、ガイド本などによく登場する立ち食い専用の「栄寿司」や、モツ焼き屋「ミツワ」などがある。また、この路地には闇市由来の呑み屋街でよく見かける、女性が絶対に敬遠したくなるような、クラシックな公衆便所がある。商店街の客のためにあるらしいが、主にこの周辺の呑み屋を出たばかりのオヤジ連中が使っていると思われる。

仲見世の入口には総菜屋が数軒並んでおり、ほかに持ち帰り用の巻きずし屋とおでん屋、生麵の店、そば屋、八百屋などがある。奥の方に入ると、靴屋とおばあさん向け（失礼ながら、そうとしか思えない）婦人服の店などがある。シャッターが閉まりっぱなしの店は一、二軒しかないようであり、お花茶屋商店街ほど活気があるわけではないが、まだ十分に健在だと言える（立石駅南口には「イトーヨーカドー」の他、別種の駅前商店街がある。その意味ではお花茶屋と状態が違う）。現在の仲見世内の多くの商店は二代目が継いでおり、個人商店がほとんどである。

また、この商店街が闇市に由来していることは一目瞭然である。空間の構成および雰囲気は、隣接するお花茶屋の商店街よりも、はるばる溝口の西口商店街のほうが近い――どちらも古い商店が薄暗いアーケード下に並んでおり、泥臭さが残っており、露店を思わせる極小の商店もあり、食料品店の合間に年季の入った呑み屋が数軒挟まれている。飾り気もなければ、気どりも一切感じられず、両商店街は絶妙にみすぼらしい。しかし何よりも、この闇市由来の短い商店街を辿っていくうちに、長い年月を感じさせられ、戦後を必死に生き抜いてきた人々の姿がつい目に浮かぶのである。

＊

仲見世のすぐ隣にある駅通商店街を歩くときも、同様に駅前の入口から入ったほうが、仲見世との対比がより浮き彫りになるので、私は一度仲見世の端から端まで歩いてから（約一二〇メートル）、そのまま引き返し、入口を右に曲がり、今度は駅通商店街に入るようにしている。ところが、このコースを何度辿っても、いつも同じくショックを受けてしまう。仲見世に比べ、駅通商店街の方が広く、明るく、そして清潔の意味で「きれい」だと言える。また、現在の生活にとって便利な店が並んでいる。ところが、空間としてちっとも味わいもなければ、人間味も感じられず、個性も皆無と言ってよい。たとえば、目隠しされたまま立石駅通商店街に連れて来られたとしよう。目隠しを外して商店街内を見渡したとき、どこの町にいるのか、どこの商店街を見ているのか、全く判別できないはずである。商店街の造りにも特徴はなく、並んでいる店はどこにでもあるチェーン店が圧倒的に多い——ファミリーマート、「au」のケータイ店舗、牛丼の「松屋」、居酒屋「笑笑」、二社の大手銀行ATM、マクドナルド、「てんや」、薬局のユニバーサルドラッグなど（それこそ、ユニバーサル（＝普遍的）という単語が、この固有性の欠如をよく表している）。駅通商店街では個人経営と思われる靴屋を一軒見かけた程度である。

二本の隣接する商店街でありながら、あらゆる意味で対極的である。単にふたつの時代を具現しているのみならず、ふたつの対照的な生活様式および価値観そのものが反映されているようにも思える。すなわち、「仲見世」は買い物する場でありながら、地元住民の〈交流の場〉でもある。お花茶屋商店街とは雰囲気が違うものの、その点は同様である。買い物のついでに客同士や、客と店主が立ち話する姿がしばしば見受けられるが、チェーン店ばかりが林立する駅通商店街では、客も店員も——店主は別の町に住んでいるはずである——そのような気持ちが湧かない環境だろう。より効率よく用を済ましてさっさと帰るための現代型商店街である。

「便利」「早い」「清潔」以外の利点をあえて指摘するなら、駅通商店街は仲見世とは別の空間になっていることを挙げるべきだろう。つまり、多くの都内の古い商店街と違い、営業形態によって分離されているおかげで、仲見世はチェーン店に毒されずに済み、ゆえに濃厚な雰囲気が残っていると言える。これを新旧の商店街の共存共栄の好例と見なすべきかもしれないが、駅通商店街の方が現在の都内の町並みの主流になっていると思うと、その殺伐とした光景にがっくりする。

立石駅の階段を降り、この二本の商店街を立て続けに歩くと、現在の我々の「豊かな」生活が、どれほど新たな「乏しさ」を生み出しているか、考えずにいられない。

セルロイドと放水路

立石は庶民の町である。正確に言えば、労働者の町であり、同時に近隣県および東京の下町からの移住者の集合地である。後述するように、そのことが町の飲食文化にも反映されている。

近代から終戦直後まで、立石にまつわる大きな出来事がいくつかある。まず、大正時代最大の土木事業であった荒川放水路の開削工事のために多くの労働者が荒川周辺の町に住むようになった。地図で見ると分かるように、立石駅は中川のすぐそばに立地しており、荒川までも歩いて行ける距離にある。この辺りの荒川は人工河川であり、東京の下町がたびたび見舞われた水害防止のための、「大正時代の東京改造」と言ってよいほど大掛かりな事業によって出来上がり、その後の都民の生活に対して大きな影響を及ぼした(12)。

また、同時期に立石と手前の四つ木付近にセルロイドおよびおもちゃの工場が集中するようになり、工場の労働者たちも移住してきた。さらに、関東大震災後、浅草や向島、本所や深川など、比較的近い下町からの被災者たちも立石（当時「本田村」）に避難し、定住するようになった。後にも、つまり一九四五年三月の東京大空襲のため、甚大な被害をこうむった下町地域から立石周辺に再び「都内移民」がなだれ込んできた。前述の「川松」の先代もそのひとりであろう。

要約すると、戦前戦後にわたり、立石の発展の背景には〈工業化〉と〈災害〉による人口移動――とくに下町からの移動――が町を形成してきたと言える。

ところが、戦災をおおむね免れたとは言え、終戦のたった二年後には東京を襲った大きな自然災害が立石を直撃した。「キャサリン台風」である。

九月一三日より大量の雨が降り、一四日に来襲、一五日雨はあがったものの、利根川上流での多量の降雨のため、一六日午前一時二〇分、栗橋右岸で堤防が決潰《けっかい》し、濁流が南下しはじめ、大水害となった。関東地方を中心に死者行方不明一五九二人、建物の被害一万二七六一戸、浸水家屋四一万八〇〇〇戸、冠水田畑三〇万三六〇〇余町に達した。（中略）葛飾区、江戸川区のほとんどの地域、足立区の一部の地域の家屋が被害にあっている。(13)

二〇一二年三月に仲見世を歩いていたら、キャサリン台風による水害の写真が何点か、商店街の壁に展示されていたが、完全に洪水状態になっており、水位が住宅の屋根まで上がったところもあり、町のなかを船で移動する有り様であった(14)。一二歳まで立石に育ったうなぎ屋「川松」の二代目店主と話しているときにキャサリン台風が話題に上がったが、彼は次のように回想した——「私はちょうどそのとき母親のおなかのなかにいたので直接の記憶はないが、立石の家の壁には、水が上がったところまでの線の跡がずっとついていたことはよく覚えている」。

ちなみに台風に関する上記の引用の出典である『江戸東京学事典』は、「キャサリン」という名の由来を次のように説明している——「占領米軍の気象隊の習慣をとりいれてアメリカ女性の名前がつけられた。カスリーン台風という表現が行政文書中などにみえるが、これはたんなる発音表記の違いである」（『江戸東京学事典』、八七八頁）。後にアメリカではフェミニズム運動に反省を促され、ハリケーンに対し女性の名前だけを付与することをやめ、一九七九年より男女の名前を交互に当てるようになった。ともあれ、二〇〇五年に米国ルイジアナ州を中心に甚大な被害をもたらしたハリケーン「カトリーナ」という名前が「キャサリン」と同じ語源に由来する、微細なヴァリエーションだと思えば、その語源に由来する一連の名前が不吉にも思えてくる……。

＊

一九四五年の東京大空襲で直撃されなかった立石には、終戦直後からアメリカ占領軍が姿を現した。目的地は、駅周辺の赤線である。立石にもRAA関係者によって開業された米兵向けの売春宿が、現在の北口の交番の裏側にあった。今、その一帯には普通のスナックが並んでおり、建物がほとんど建て替えられてしまったようなので当時の面影はあまり残っていないが、やや奥まった、隔離感のあるその路地を歩くと、やはり周囲とは別の、独自の雰囲気がいまだに漂っているように思える。加藤政洋は『敗戦と赤線』で立石の赤線の由来について次のように述べている。

立石新地

たまたま《亀戸》の幹部の自宅があったというだけの理由で立石に移った業者たちは、既存の長屋を買収することによって営業再開の算段を立て、はやくも昭和二十年六月六日に「産業戦士慰安所」の看板を出して八軒で開業した。⑮

歴史には、ずいぶん「偶然」もあるものだ、と思わせる一節ではないか。ちなみに葛飾区には、RAA管轄下の施設は立石のほかに、お花茶屋を挟んで亀有にもあった（亀有は立石から約三キロしか離れていない）。亀有の場合は羅災した玉の井の業者たちが移転したと言われている。また、木村聡の『赤線跡を歩く』によると、立石の赤線は「終戦後の八月末には進駐軍向けの慰安施設（RAA）に指定され、まもなく黒人兵が出入りするようになっいてみたら、初耳だと言われたので、これは元厚生省や警視庁の一次史料で確認する必要がある。もし、事実だとしたら、立川の羽衣町と共通することになり、当時の米軍内の人種隔離・人種差別の実態を垣間見る情報としても有意義となろう[16]。

しかし、現在の立石を歩き回ると、元赤線よりも怪しげな雰囲気を醸し出しているのは、「呑んべ横丁」という呑み屋街である。北口の商店街から奥まった、うっそりしたアーケードの下に、間口の狭い、おんぼろの木造二階建ての呑み屋がぎっしり並んでおり、つい新宿ゴールデン街を連想してしまう人が多いだろう。私もそうだったので、きっと呑んべ横丁はゴールデン街と同様に、青線から始まったと思った。ところが、開業当初の昭和二八年には「立石デパート商店会」という名前がつけられ、洋品店や普通の食堂などが中心だったそうである。ただし、売春防止法施行の前後には、この辺りも実質的に青線（非公式売春街）に変貌したと主張する人もおり、いまだにこの路地の歴史には曖昧な側面があると言わなければならない[17]。

八軒ハシゴの一夜

立石の住民でない限り、現在、訪れる多くの人は戦後の町並みとその飲食店を目当てに来ているだろう。駅周辺だけでも数々の感動的な大衆酒場があり、上述の通り味わい深い町風景も点在している。駅を離れて歩いても予想外の発見がある。たとえば、立石図書館に行こうとしたある日、相変わらず道を間違えていたら古本屋が目に入り、店内に入ってみたら江戸・東京に関する古書が予想外に充実しており、つい二、三冊買ってから図書館への道を教えてもらった。

しかし、立石まで足を運ぶなら、二、三冊の古本を買うのもよいが、せめて二、三軒の居酒屋に立ち寄らないともったいない。本書のための「取材」という大義名分を口実に出かけて行ったある日、つい調子に乗りすぎてしまい、結果として八軒までハシゴすることになった。後に、そのことを呑み友達に話したら、「八軒か⁉ そんなの聞いたことないよ！ もう「ハシゴ」を超越してるね。そりゃ、なんと言えばいいんだろうか……」と驚き呆れていた。確かに、我ながら新記録かもしれない。それでも、最初から呑むペースに気を配り、一回は途中で喫茶店に入って休憩をはさみ、前半までは無理のない調子で進んでいたが、三軒目で知り合った立石出身の若い人とさっそく呑み友達になってしまい、それから「ネイティヴ呑み助」の厚意に甘んじ、立石名店めぐりに乗りだし、例のごとくマイカーのブレーキが急に利かなくなり、「もう一軒！」のセリフをいつも以上にくり返す一晩となってしまった。簡単ながら、当日、飛ばしたコースを振り返ろう。まず、店名だけを列記する。

「宇ち多」→「栄寿司」→（町歩き／喫茶店で一休憩）→「二毛作」→「さくらい」→「蘭州」→「鳥房」→「おでんや」→「ニュー姫」→「？？」

立石駅に午後二時前に着いたが、すでにモツ焼き屋「宇ち多」の前に短い行列ができていたので、並ばずに図書館に立ち寄ってから仲見世に戻り、行列に加わった。厳密に言えば九軒を回ったが、最後の一軒は（「おでんや」と「ニュー姫」と同様に）、呑んべ横丁内の店だということは覚えているが、さすがにそれ以上の記憶がないので、責任が持てる範囲で、ここでは「八軒」とする。「栄寿司」と「二毛作」以外、すべて初体験であった。以下、一軒一軒に対する印象を簡潔に述べよう。

「宇ち多」――名店中の名店であり、東京中からここを目当てに立石まで来るモツ・マニアも少なくない。いや、東京だけではない。この日、横浜から来た若者と少し話したが、彼は「宇ち多」に寄ってから立石でもう一軒入り、それから何と青梅まで呑みに行き、夜は横浜に帰ると言う。コイツには参りました。

さて、「宇ち多」に対する印象だが、なるほど年季の入った店内も、細長いテーブルの相席の雰囲気も、もちろん品質も申し分ないけれども、私はどうしても飲食店の前で並ぶことに抵抗感を覚える。ましてや良い店が無数にある東京だから、なぜ「並ぶ」のかと思うこともある。本当にその味でなければならないのか。それとも「並んだ」ということ度（または単なる自慢）と関係あるのだろうか。とにかく私はその「行列文化」になじめない。また、ふと考えたが、いつも行列ができてしまうようだと、おそらく多くの地元客が敬遠するのではないか、と。そうしたら、元の「ローカルな」大衆的な雰囲気がどうしても希薄になり、いわば「観光地化する」ことにならないかなどとも考えさせられる。地元の庶民的な店が有名になる悩みと言えるかもしれない。繁盛するのは結構だが、本来の魅力の一面が薄れる、と。まあ、しかし、そうとは言え、これほど熱烈ファンがおり、また平日の早い時間なら地元客も行くだろうから、それほど深刻な問題に至っていないのかもしれない。あるいは、曜日と時間帯によって、一時的に「観光地化」するだけなのだろうか。

「栄寿司」――ここは立ち食い専用で、ネタによって一カン一〇〇円または二〇〇円均一である。確か、日本酒も焼酎もおいておらず、酒類は瓶ビールのみとなる。ここも週末には行列ができ、ネタ切れしたら早じまいすることもあるそうだが、平日は地元の常連客が多いようである。私が入ったとき、カウンターの左端の前に色鮮やかなトレーナーを着た三〇歳前後の男が立っており、寿司を握っている同年代の板前と親しげにことばを交わしているから、この店と町に慣れ切っていると察した。まだ、午後四時半頃なのに、その男の前には空になったビールの大瓶がすでに四本並んであった。とくに酔っているように見えないから、肝臓をよく鍛えている酒豪だろうと思った。私の方は、「宇ち多」に続き、軽くつまみながらビールの小瓶を一本だけ呑んで出た。立石の飲食店は安くて分量がやたらに多いので、呑みすぎる前に食べすぎて降参したくなる恐れがあるので、酒肴両方のペースに用心しなければならないと改めて思った。しかし、「栄寿司」は気に入った。前にも書いたように肉ばかりだと疲れるから、このような安くて旨いすし屋があると、立石の老舗のなかでも選択肢がずいぶん広がるから、ありがたい店である。

「二毛作」――ここは仲見世の入口からちょっと入って左手にあるおでん屋であり、商店街内の数少ない新しい居酒屋である。冬は透明のシートが壁代わりに張りめぐらされ、店内の小さなコの字型カウンターを外気から守っていながら、客は商店街から完全に切り離されず、呑みながら商店街の空間も共有できるようになっている。「二毛作」の店主も三〇代前半で、客層もおよそ同年代のようであるから周囲の店に比べかなり若い人が中心。そのため、周囲の店とは違う「空気」が漂っているが、それでも「二毛作」は意外に商店街によく溶け込んでいるように思える。後で分かったことだが、店主は立石の生まれ育ちで、隣接する持ち帰りのおでん屋・蒲鉾屋の息子である。だから店内でおでんの注文を受けたら、彼は皿を持って隣に行っておでんを入れてくるわけである。彼がこの環境にしっくりと馴染んでいるように見えるのは、きっとそのおかげだろう。外部から来て店を開いた同年代の店主だと、店の雰囲気がかなり変わるような気がする――少なくとも何年か経つまで……。強いて言えば、「二毛作」の店主自身がこの商店街で育っており、比較的新しい店とは言え、隣の老舗おでん屋の延長線上にある「地元型新規居酒屋」と見なすべきだろう。地元客も外部からの客も和やかに「コの字」のカウンターを囲んでいる。

味の濃い店が多い立石で、そこのおでんは厳密に「関西風」と呼べるかどうか分からないが、出汁がよく出ていながら、つゆが透明であっさりしている。練り物もさすがにうまい。

しかも、おでんのほかにも、刺身もあり、日本酒にもこだわっている（とくに熱燗用の地酒に力を入れている）。典型的な「葛飾の味」ではないかもしれないが、ここもモツとハイボールの世界から離れて一休みする時に取っておきの一軒である。

……そう思いながら、「栄寿司」で見かけた酒呑みのお兄さんがそっと入ってきた。彼はここでも常連客のようで、店主と親しげに挨拶を交わした。狭い店であり、どうしても私は目立つわけで、彼がカウンターの向かい側に腰をかけてから目が合ったので、お互いに黙って、皮肉っぽく笑いながら無言で軽く会釈した。そうして彼は、「ここで会うと思っていた」と一言だけ言ったので、店主が不思議そうに「知っている人ですか」と私を指しながら聞いたから、いよいよふたりで会話を交わし始めた。これがきっかけで、夜分遅くまで八（九？）軒目までを共にする次第となった。

「さくらい」――新しい相棒はなかなかとぼけたところがあり、同時にきわめて落ち着いている。その不思議なバランスは、とくに若い人ではあまり見かけないように思う。口数は少ないが、軽く笑わせるのがうまい。彼は四つ木の生まれ育ちだから、立石とお花茶屋は地元と言え、渡辺竜王と同じ小学校の先輩だそうである。「二毛作」で話しているとき、私は日本酒が特に好きだと言い、立石に他にお勧めの店があるかと聞いたら、この「さくらい」にまず案内してくれた。場所は仲見世を突き当たり、通りを左に曲がり、二つ目の信号の左手にある。とくに古い店ではない、また車がよく通る道に面しているが、とりわけめずらしい地酒が目当てである。マスターご自身は相当にこだわりの強い人のように思え、そのためか立石の多くの気さくな居酒屋とは店内の雰囲気（ノリ）が違うが、立石で珍酒を味わいたい人にとって、「二毛作」に加え、レパートリーに入れるべき店であろう。

「蘭州」――ここは駅の反対側にある古い店だが、居酒屋というよりも、ビールや紹興酒や焼酎などを呑ませてくれる、カウンター中心の水餃子の店である。焼き餃子やラーメンもあるが、水餃子が名物である。店のご主人は何十年も前に中国から渡って来て、奥さんと日本生まれの息子さんの三人で店を営んでいる。いまや立石の老舗の一軒だと言える。人気店だから忙しいが、親子三人とも気持ちよく接客する。息子さんはあまり喋らないが、その後も何度行っても、いつもフレンドリーに迎えてくれる。

私は「桜井」を出た時点ですでにお腹がパンク寸前状態だったが、案内してくれた底なし兄さん（以下「Nさん」と呼ぶ）は、絶対に食べられるから入ってみてくださいと言い、店の前まで案内するはずだったのに、すっかり勢いづいた彼も一緒に入ってくれた。この店も顔見知りらしい。恐るべき男である。彼は「スイ」を二人前、そして紹興酒を一合と（私にとって初耳の）強い中国酒を一合注文した。強いほうの酒は匂いも強烈だったので私は味見だけをし、それから紹興酒をすすりながら水餃子を待った。餃子ははたして食べられるか心配していたが、彼の言う通りであった――「蘭州」の水餃子は、普通の大きな重ったいものとは違い、小さめの丸型の平べったいもので、一皿をぺろっと食べてしまった。結局、ふたりで一皿を追加注文し、紹興酒のおかわりも頼んだ。普通ならば、これを「〆」にして切り上げるが、まだ立石にはいい店がたくさんあると言うし、時間はまだ八時すぎだったから次へと便乗することにした。

「鳥房」——ここは鳥唐揚げの名店である。北口商店街に面した厨房の窓口で揚げたての鳥の半身を持ち帰り用に売っており、同時に奥（主にテーブルや座敷席）の客が注文した分も作っているらしい。店内はおばさん数人が牛耳っており、平気で不慣れな客を叱りながら指図（＝命令）することもあるが、よく見ればけっして意地悪ではない。下町の雰囲気に慣れているならば適当に流せるが、さすがに初めて入った若い客でビビっている人もいた（隣の客が「しょっちゅう怒られるから、怖いよ！」と漏らしたのが耳に入った）。我々も店に入ったとたんに、入口で仁王立ちしているおばさんが、開口一番「呑んできたでしょ！」と責めたてたが、いつもクールに動じないNさんがうまくかわし、狭き門を無事に通過し、座敷の相席に案内された。さすがにここまでくると、酒よりもお腹のほうが大丈夫かと心配になるが、昔は痩せの大食いだったので、当時の記憶を呼び起こし鳥の唐揚げを二人前、ビールと一緒に頼んだ。店内でも唐揚げが半身で出され、大きさによって値段が変わるが五五〇円か五八〇円くらいの違いだったので、大きい方を頼んだ。鳥の唐揚げと言うと、普通はころもがたくさんついていて重たいが、ここは「蘭州」と同様に、意外に軽く仕上げており、本当に旨い。ころもがついていない感じで、皮がカリッとしており、中が柔らかい。出されたときは恐る恐る眺めていたが、意外にこれも難なく食べ切れた。鳥の唐揚げというよりも、おいしく仕上げたローストチキンに近い感触にも思えた。ただし、N氏がついでに頼んだ鳥刺しは、さすがにほんの一口しかお腹に入らなかった。

「おでんや」――「鳥房」を出て右に奥まった場所に「呑んべ横丁」が潜んでいる。ほんの数メートルではあるが、植木の茂みを通ってから入口に辿り着くあたり、新宿の都電通りからゴールデン街に入るときの感覚を連想させられる。「おでんや」は実に渋い店である。我々が入った時点で、酒もだいぶ呑んできたが、何しろ食べてきた量は、通常の一日分の二、三倍。それをどうにか腹に詰め込んでしまったので、せっかくなのにおでんはほとんど食べられず、申し訳なく思った（後日何度か行ったが、おでんの味は充実しており、酒も「東北泉」、焼酎は「佐藤」など、つまり酒肴共においしく、値段は安く、しかも禁煙になっているのでさらに驚いた。禁煙の呑み屋はいまだに少なく、ましてや葛飾で見かけるとは予想だにしなかった）。ここのおでんのつゆは「二毛作」とも違い、もっと出汁の味が濃く出ているが、けっして黒くなく、バランスがよい。いつも、腹をすかしてから行くように心がけているが、開店が遅く、だいたい立石潜入時間が早いので、どうしても二、三軒回ってからになるのを済まなく思っている。「おでんや」のマスターは物静かだが、どことなく知性を感じさせるところがある。別の日に行ったら、一九五〇年代の渋い白黒の邦画を店内の小さなテレビで流していた。雰囲気はゴールデン街を思わせるところもなくはないが、客はもっと落ち着いており、文化人気どりの客は見たことがない。また値段が新宿や中央線沿線の店に比べ断然安い。立石ならではの側面もありながら、立石とは異なる側面もある、特別な空間である。そう思うと、近いうちに再開発のために「呑んべ横丁」自体が壊されることはいっそう残念である。

「ニュー姫」——ここは同じ「呑んべ横丁」内のスナックである。Nさんと話しているうちに立石の戦後史をもっと調べたいと言ったら、「ニュー姫」なら当時を覚えている年配の客もいるかもしれないとのことで、軽く覗いてみた次第である。私はかなりよれよれ状態で入ったが、たまたま「帝王」と呼ばれる地元の長老酔っ払い客も来ており、機をみてママさんと彼に戦後の状況について尋ねてみたが、「帝王」は私よりもでき上がっているようであり、はっきりした情報は得られなかった。後は、客がカラオケを歌いながら自己陶酔する姿を傍観していたのみである。

「？？」——上記の通りである。

それから、無事に電車に乗り、中央線にちゃんと乗り換えてからぐっすり寝てしまったようだが、それにもかかわらず奇跡的に国立の手前でぱっと眼が覚めたので乗り過ごさずに済んだ。あの状態だと、青梅まで行ってしまう恐れがあったが、あるいはその場合には先ほど

「宇ち多」で会った横浜からのお兄さんにまた出くわしたかもしれない。

ともあれ、いまからあの日をふり返ると、たった一日でありながら立石での一週間分の「現地調査」を実行してきたように思える。また、数週間後には新婚のNさんと奥さんの三人で北千住へ呑みに出かけ、それから門前仲町辺りの新居に招待され、第二ラウンドに挑むという名誉に与かった。やはり、いい居酒屋にはいい出会いがあるものだ。

ハイボール文化入門

以上の八軒を回る前に、立石の図書館に立ち寄り、郷土資料室で担当の図書館員に立石の戦後史と居酒屋文化を調べていると説明したら、彼女はお花茶屋にある「葛飾区郷土と天文の博物館」の谷口榮氏という専属学芸員を紹介してくれた。谷口氏は立石の生まれ育ちで、葛飾の歴史のみならず地元の飲食店文化も調査しているというので、後に連絡し、二、三週間後に会いに行った。立石出身だということで、子供のころからモツ焼きの味になじんできたそうである。近年、「ハイボールとモツ焼き」というテーマをめぐりエッセイや小論文などを発表しており、一冊の著書も準備中だそうである。

まず、一九九一年に設立された「葛飾区郷土と天文の博物館」を訪れ、葛飾の歴史に関する書籍を軽くみてから、谷口学芸員の話を聞かせてもらったが、とりわけ葛飾の飲食店文化における荒川放水路建設の歴史的重要性に開眼させられた。ご本人が書いたエッセイ——「葛飾の夜の名物「もつ焼とハイボール」考」や「ハイボールの奥深さを教えてくれた「コーナーアオト」」など——を数冊いただいたが、いずれも「葛飾区郷土と天文の博物館」発行の冊子になっているので、ほとんど流通していない。だが、運よく、二〇一二年三月増刊号の雑誌『東京人』の葛飾特集号に谷口氏のエッセイが載っていて、当日話してくれた内容がよくまとめられているので、以下その主要な論点を抜粋して引用したい。

モツ料理とハイボールは、町工場で働く労働者の滋養と仕事の疲れを癒すために生み出された飲食である。そして安く滋養のあるモツ（内臓、それもこの地域のモツは豚である）と、ハイボールは本来のウィスキーではない安価な甲類焼酎をベースにし、安く労働者に提供された。

いまひとつモツ料理が定着するための重要なポイントがある。多くの朝鮮半島の人が放水路開削に従事し、工事終了後も沿岸地域に居を構えたので、この地域に豚モツを用いた食文化が定着する下地ができたと考えている。要するに、今日の葛飾のモツ焼屋さんや飲み屋で出されるモツ料理やハイボールの誕生過程を解き明かす上で鍵を握るのが荒川放水路の存在なのである。（九〇頁）

しかし、現場に足を踏み入れなければ十分に理解できないので、谷口氏の話を聞いてから一緒にお花茶屋から立石まで歩き、それから独自の「ボール」の味で知られる以下の三軒の店に案内してもらい、それぞれの違いを説明してもらった。

「ミツワ」――モツ焼きの名店としても知られるが、すっきりしたレモン味の「ボール」も名物とされている。「赤身」（＝かしら）などの串焼きも本当においしく、魚の刺身もおいてある。また、「ミツワ」として営業を始める前は、この店舗は凝った作りのバーだったそうである。おかげで、古い洋風趣味の内装を眺めながら、葛飾の庶民的なモツ焼きとハイボールを味わうという一風変わった経験ができる店だと言える。

「おおくぼ」――ここは大衆食堂の雰囲気があり（前述の通り、下町では食堂と呑み屋を兼ねている場合は少なくない）、当店の「ボール」にはホイスを使っていることが特徴だそうである。

「あおば」――梅味の酎ハイを出している店である。三軒の「ボール」のうち、一番甘く感じられた。

ハイボールの特徴とは別に、上記の三軒とも店名に漢字を使っていないことが目につく。私はそれに気づいたら、すぐに溝口の「かとりや」と「いろは」を連想した。この現象をどのように理解したらよいだろうか。単なる偶然という可能性もあろうが、あるいはひらがなの店名が当時の大衆酒場の流行だったことも考えられる。ある意味でシンプルな字が、飾りや気どりを嫌う大衆酒場の雰囲気によく合っているとも言える。だが、後で調べたら、「あおば」はもともと「三富」という名前の店であり、営業形態はほとんど変わらないが、数年前にひらがなの店名に変わったそうである。いずれにせよ、今後は昭和三、四〇年代創業の大衆酒場の店名にもっと注意しなくてはならないと思う。

味に関する話となると、私はモツにせよ、ハイボールにせよ、細かい違いがよく分からないので谷口さんなどの「通」に委ねたいが、とりわけ上記三軒のうち「ミツワ」の赤身（「かしら」の串焼き）とボールは共においしく感じられ、またあの渋い内装はすこぶる気に入った。その後の立石探訪のついでに入ったことがあるが、やはりあの内装のおかげもあり、ユニークな飲食体験ができ、しかもおいしいのに並ばずに入れるのもありがたい。それに、仲見世の公衆便所がすぐ近くにあることも、さらなる利点だと言える。

下町ロマンチシズム

「お住まいはどちらですか」
「葛飾のお花茶屋というところです」
「葛飾か……柴又の寅さん！　あの辺は下町で、人情があっていいですね」

お花茶屋に住んでいた短い間、このような会話を何度交わしたか数えきれない。やはり、葛飾に触れる以上、〈下町〉という概念、そしてそれに付随する〈下町ロマンチシズム〉という問題に触れないわけにはいかないだろう。

寅さんの登場以前の「葛飾」と言えば、多くの都民にとってなじみの薄い地域だったようである。あるいは隣接する区民でないかぎり、単なる「辺鄙な田舎」、または「ガラが悪い」工業地帯と考えられがちだったのではないだろうか。

逆に、当時の葛飾の住民から見ても、東京は遠い世界だったらしい。『写真集／葛飾区の昭和史』に掲載されているエッセイの冒頭部分と最終段落では、区民のそのような意識に触れている。

つい最近まで、年配の人びとの口から「東京へ行ってくる」という言葉をきくことがあった。葛飾区はまぎれもなく東京二十三区のうちのひとつであり、東京へ行くというのはいかにも妙である。しかし近年まで、「東京」と「葛飾」との精神的距離は画然としたものがあったようである。〔冒頭の段落〕

人々のくらしは、交通手段の発達によって飛躍的に広がっていった。葛飾が「農村」から「東京の下町」となり、いつのまにか誰も「東京へ行ってくる」とはいわないようになった。(18)〔最終段落〕

ところが、葛飾は本当に〈下町〉と見なしてよいだろうか。そもそも高度成長期以降の東京――大雑把に言えば、寅さんの登場以降の東京――に、〈下町〉ははたして残っているのだろうか。もし、そうだとしても、どの地域を指すのか。また、「下町／非下町」をどのように見分けるべきか。つまり、地理、歴史、経済、文化のうち、どの側面に重点をおくか。時代によって基準が変わってよいのか。さらに、下町育ちでない人（強いて言えば、江戸か明治時代の下町育ちでない人）は、どこまで下町について語れるか……。考え出すと、難解な問題が次々と浮上し、初めから匙を投げたくなる。しかも、江戸、明治、大正、そして少なくとも昭和初期から高度成長期まで、それぞれの時代の歴史と文化にある程度通暁していなければ、この一連の質問には十分に答えられないようにも思える。いずれにせよ、とても私の手には負えない問題だが、葛飾区やほかの〈新下町〉と呼ばれる地区について語ろうとする以上、この一連の問題は避けて通れないので、以下、下町に関連する研究やエッセイのうち、私がとくに刺激を受けたテキストを踏まえ（便乗し？）ながら、自分なりの見解を提示してみたい。

＊

下町に対する見方は多岐にわたるが、とりわけ葛飾を下町と見なすべきかどうかという問題について、小林信彦がその著書『私説東京繁昌記』の序章で持論を展開している。まず小林は福田定良の『下町のドン・キホーテ』から次の一節を引用し、それを持論の軸に据えているので、初めにその箇所を掲げておこう。

「男はつらいよ」のおかげだとおもうんですが、東京の下町というと、「葛飾柴又」が頭にうかぶという人がいる。東京市深川区でそだった私は、いいい、そんなもんかな、とおもうんですが、そんなものなんでしょうね。

小林は、それから福田の発言に対し肯定的な解釈を示し、そして独自の辛口「下町考」を展開する。やや長くなるが、その結論部分の全文を引用したい。

〈寅さん映画〉の成立は、一九六五年（昭和四十年）ごろの〈東京見直しブーム〉と無関係ではあるまい。げんに、私の手元にある東京関係の研究書、エッセイは、大半が、このころ出版されたものである。それらは、オリンピック前後の強引な道路計画、グロテスクな高速道路建設に悲鳴をあげるかのように、あわただしく出版された印象をあたえる。走りつづける人々は、高度成長の中でほんの一瞬、東京の過去を想い浮べたのだろうか。

〈寅さん映画〉の作者は、思いきって、作品の舞台を東京の東端、千葉県に隣接する葛飾柴又に設定した。こうして作られた映画を、下町喜劇と呼んだのが、製作会社か、マスコミか、私にはわからない。明らかなのは、主人公をめぐる人物配置が往年の下町喜劇を踏襲していることであり、こうしたジャンルの物語が、もはや、千葉県に隣接した土地を舞台にしなければ成立しなくなったところに、旧下町の消滅が読みとれる。そして、かりに柴又までを下町として拡大解釈するならば――中野区、杉並区、世田谷区を山の手と認めるのも、また、同じことであるが――、拡大することによって、下町とか山の手といったコトバは無限に稀薄になり、ほんらいの意味を失う。つまるところ、山の手・下町という区分は、一九六〇年（昭和三十五年）以前の東京を記憶にとどめている人たちにとっては若干の（あるいは、大きな）意味があるが、そうでない者にとっては、ウェストサイド、イーストサイドの違いでしかないようだ。(19)

まず、論点に触れる前に、小林の本棚に並んでいる多くの東京関係の書籍は、一九六四年の東京オリンピック前後に刊行されたという件りに着目したい。東京が大きく変貌する「都市改造」の時期に、東京の過去をふり返る本が続出したという現象は分かりやすいが、現在、上記の文章を読んで興味深く感じるのは、小林の著書が初めて刊行された一九八四年というのも、バブル経済がきっかけで東京が再び大きな変容を遂げたころだということである。また、バブル期における「再開発」は、出版業界におけるもうひとつの「江戸・東京ブーム」を促したこと、そして現在、私自身の本棚にある多くの江戸・東京についての研究書、エッセイは、その時期に刊行されたことである。第二のブームの場合も、「あわただしく出版された」本がどのくらいの割合を占めているかという議論をさておくにしても、オリンピック前後と同様に、バブル期前後に東京の残像が次々と消滅しているという実態に対する危機感および喪失感を共有する著者が多かったことは容易に想像される。

さて、小林の「下町考」の主要な論点を取り上げよう。まず、私自身は小林と大まかに同意見であることを明示したい。すなわち、〈下町〉という概念があまりにも幅広い地域と時代に当てられているため、歴史的・地理的・文化的固有性がほとんど消えてしまったと言える。したがって、現在の東京では、「下町」ということばは、もはや東京の東西における多様な格差および差異（経済・社会・文化・地理・環境など）を表す以外、あまり有用性がないようにも思える。少なくとも二一世紀の東京を語るとき、「イーストサイド／ウェストサイド」、あるいは「ホワイトカラー地区／ブルーカラー地区」のほうが現状を正確に捉えているかもしれない[20]。ただし、付け加えたい点がいくつかある。

まず、小林自身も当然の前提としていることだと確信するが、彼が「拡大することによって、下町とか山の手といったコトバは無限に稀薄になり、ほんらいの意味を失う」というときの「ほんらいの意味」は、複数であるはずだ、ということである。たとえば、福田定良が深川出身だからこそ〈葛飾＝下町〉という風化した等価概念に対する違和感（＝抵抗感）を、小林は肯定的に評価しているようにも思えるが、深川でさえも「ほんらいの下町」ではない、ということを忘れてはいけない。

江戸時代には、浅草も深川もまだ下町に属してはいなかった。一八世紀なかばの宝暦（一七五一～六四）ごろ「浅草近辺のものは、神田・日本橋辺へ出るをば江戸へ行とひけり」（『塵塚談』）とあり、浅草はまだ場末であった。（前掲『江戸東京学事典』、九

七頁）

この一節で、さらに着目すべき点は、戦後の葛飾と同様に、江戸時代の浅草も「江戸へ行といひけり」という言い方をするほど辺遠な地だと思われていたということである。ちなみに、お花茶屋や立石出身の住民たちから聞いた話によると、葛飾で「東京に行く」と言ったとき、だいたい「浅草に行く」という意味だったという。その発想の歴史的文脈を表すなら、「新しい〈新下町〉から古い〈新下町〉へ行く」、と集約できそうだが、考えるだけで目が回りそうなのでやめておく。とにかく、前章で紹介した〈新下町〉(21)という概念でさえ、時代によって該当地が変わるので、これも多層的な概念であり、つまり複数の意味合いを含んでいると理解すべきだと思う。

吉見俊哉は『都市のドラマトゥルギー』で、浅草が盛り場へと変容していく歴史とその社会的意義を詳しく論じている。同書では、浅草を〈下町〉というよりも〈民衆娯楽の場〉として捉え、さらに〈民衆娯楽の場〉という概念自体を根源的に問いなおす作業を展開しているが、同書は依然として下町を考える上でも示唆に富むので、以下、二節を引用したい。

浅草が、近代的な盛り場空間に向けて大きく変容しだすのは、明治十五年に始まる一連の公園地整備事業を通してである。この年、東京府は、それまで「浅草田圃」と呼ばれ、水田や畑地、雑草の茂る湿地帯にすぎなかった浅草寺境内の一角を埋立て、そこに大池を掘り、南北に走る四間道路や埋立地中央部で分岐して奥山・観音堂前に出る園路によって区画化すると同時に、公園内を六つの区に分ける。（二〇二頁）

下町を規定する場合、地理的条件はひとつの指標になる。ここで「地理的」という表現は次の二つの意味を含む。（1）立地条件（都心より北東方面で、主要な河川を含む地区）、そして（2）地質的側面（低層の湿地帯）である。しかし、言うまでもなく〈下町〉にせよ、〈盛り場〉にせよ、地理だけでは捉えきれない。浅草が近代的盛り場に変貌するために、従来の地理的条件のみならず、人口移動による社会層の変容（または人口の一部の存在の隠蔽）を必要としたことも見逃せない。言い換えれば、後に下町の代表的な盛り場として称揚される浅草は、決して寅さん映画に描かれるような、人情あふれる古き良き場所ではなかった……。

浅草は江戸時代、前章で両国について述べたのと同様、〈異界〉への窓という性格をもっていたことである。すなわち、第一に、浅草が多数の群衆を集めるようになっていったのは浅草寺での開帳を通してであり、第二に、浅草の繁栄を支えていたのは吉原の遊廓や猿若町の芝居小屋といった悪場所であり、第三に、浅草は江戸のなかでもとりわけ行倒れや捨子の多い、「死」と密接な関係をもった場所であった。さらに浅草は、かつて穢多頭弾左衛門や非人頭車善七の居所であり、江戸最大の非人小屋の集中地帯であったことを考えるなら、前述の〈異界〉への窓としての性格が、江戸の浅草を強く特徴づけていたことが理解されよう[22]。

浅草をむやみに美化してしまうと、上述のような複雑な――ある意味で豊かな――歴史が隠蔽される恐れがある。戦後の（新たな）「新下町」と見なされる葛飾も同様である。前述の通り、戦後しばらく経ってからでも、区内にはガスや水道が届かない町が多く、頻繁に洪水にも見舞われた。また、昭和二二年に東京を襲った「キャサリン台風」では、葛飾区、足立区そして江戸川区が特に大きな打撃を受け、完全に水没状態になった町も少なくなかった。しかし、水害だけではない。もうひとつ忘れてはいけないのは、葛飾を含め工業地帯として発展した「新下町」では、都内の他の地区より公害、とりわけ大気汚染がきわめて深刻な問題だったということである。

川本三郎のエッセイ集で『私の東京町歩き』の続編として刊行された『東京の空の下、今日も町歩き』がある。私が、続編のタイトルを初めて見たとき、反射的に昭和五一年に葛飾から中央線の西荻窪まで電車で移動したときのショックが蘇った。というのは、あの頃の私の実感では、「東京の空」はふたつあった――煙を吐き出す工場がいまだに散在する葛飾の灰色の空、そして新宿より西方面の、ときに富士山まで見通せる青空である。同じ東京の、同じ空とは思えない、文字通り「雲泥の差」だと感じられたほどである。ましてや、『男はつらいよ』が登場し始めた六〇年代の葛飾区の空気はさらに汚染されていたにちがいない。

付け加えて言えば、当時の葛飾の灰色の空の下には、灰色の町並みが広がっていたように私の目に映ったのである。というのは、住んでいた周辺には緑がきわめて乏しかった。東京都の地図をみれば明らかなように、あの周辺には公園などがごく少なく、緑の一帯と言えば堀切菖蒲園や荒川の土手くらいであった。ところが、堀切菖蒲園は高速道路に隣接しており、荒川には工場が林立しているところが多く、「自然」を味わう意味では無理があるように感じた。今から思えば、葛飾区が急激に（そして無理やりに）工業地帯として開発されたためでもあるだろうが、たとえばミクロのレベルにおいても、隣の墨田区に比べ、住宅の周辺に緑が少ないように思う。ある程度伝統的と言える新下町でも、個人宅には庭がないのが普通で葛飾も共通しているが、路地に植物が並べられており、高い木が残っている寺や神社が散在したり、公園の数も比較的に多いと言える。その意味で、たった数十年間に「田舎」から「工業地帯」に発達した葛飾では緑の激減が極端だったのかもしれない。最近は空気も荒川の水もずいぶんきれいになり、緑も増えているようにも感じられるが、少なくとも『男はつらいよ』が上映されていたころは人情があり、住民と商店街に対し好感を抱くことはできても、居住環境は決して理想的なものではなかったということを言いたい。だから、単純に「人情があっていいですね」と言われると、どうしても複雑な気持ちになるわけである。

＊

ところで、下町に対して永井荷風ほど矛盾に富んだ、複雑な想いを長年抱きつづけてきた人はいないだろう。荷風の日記『断腸亭日乗』を精読しながら、そこに見られる東京描写を詳細に追って行った川本三郎を引用しよう。

隣家とは壁ひとつで接している。他人が平気で家のなかに入りこんでくる。青年団がうるさく生活に干渉してくる。「下町」は、荷風にとって、古き良き江戸の情緒を感じさせてくれる場所だったが、他方では、人間関係が濃密すぎるうっとうしい場所でもあった。「都市」というより「長屋」だった。「東京人」「孤立した知識人」である荷風には、その濃密な人間関係が我慢ならなかった。生理的に癇《かん》にさわった。

荷風のパラドックスである。山の手の子でありながら、文明開化の底の浅さに反発すると、その代償価値として江戸的なるものを求めて下町に移り住む。近代に反発して、江戸に戻ろうとする。そうでありながら、実際に下町に住んでみると「近代人」としての素顔があらわになる。下町にはプライバシーがない（いうまでもなく「プライバシー」は近代の概念である）、下町は「長屋」であって「都市」ではないと、再び山の手に戻ろうとする。(23)

下町は現在の東京に存在するかどうかという議論を棚に上げ、とりあえず「イーストサイド／ウェストサイド」という意味で「下町／山の手」を考えてみても、荷風を悩ませた生活文化の格差はいまだに見受けられる。極端な比較になるが、私が以前住んでいたお花茶屋と現在住んでいる国立というふたつの町を見比べたら、その差異がより鮮明に現れる（葛飾を「下町」の延長線と見なせるなら、国立こそ「新しい山の手」と呼べるだろう）。

前述した通り、お花茶屋商店街の入口のアーチには「プロムナードお花茶屋」という名前が最近つけられたが、町を方々歩き回っても、他にフランス語を思わせる外来語の看板はほとんど見当たらない。対照的に（第七章で詳述するように）、今の国立にはフランス料理屋が十数軒、それ以外にもフランス語の看板が驚くほど氾濫している。しかし、だからと言って神楽坂のようにフランス人がたくさん住んでいるわけでもなければ、フランス語が話せる人口がとくに多いとも思えない。ただ、外来語のなかで「おしゃれ」のシンボルとして、英語は数十年前から商品価値が低下しており、代わりにフランス語やイタリア語などが、近年、勢威を振るっているだけのことである。

それ自体はどうでもよいことだが、お花茶屋在住の頃に気づいたのは、〈下町〉と〈山の手〉を見分けるひとつの指標として、まさにカタカナを含めての「横文字率」に着目する方法がある、ということである。くり返すが、地元住民がどの程度外国語ができるかとは関係なく、住民たちの欧米への憧れをよく反映しているからこそ有意義だと言いたい。明治後期から昭和初期まで、下町住民に比べ、山の手のブルジョアや文化人たちのほうが、〈西欧＝モダン＝未来〉という発想に弱かったと言える。言い換えれば、庶民にとって欧米は憧れの対象にもならないほど遠い世界に感じられたということができよう。

だが、私が強調したいのは、表層的なカタカナ使用率の差異ではなく、二一世紀の現在においても、下町と山の手との文化的距離は、それぞれの欧米文化との感覚的な距離によく表れている、ということである。そして、その差異が、町の看板や飲食店を含む商店の種類によって具現されている、と。だから、お花茶屋駅付近には、魚屋と豆腐屋は数軒あっても、国立のように「紀ノ国屋」とか「三浦屋」という高級なスーパーはない（周知の通り、日本では「高級なスーパー」というのは、品物の質や値段だけで決まらず、欧米産の食品——近年はとくにフランスやイタリア産が人気——の豊富な在庫が不可欠のようである）。また、お花茶屋で家族経営のそば屋とうどん屋、それに持ち帰りのおでん屋や煎餅屋は見られても、フランス料理屋や、ワインバーや、それに“Boulangerie”や“Pâtisserie”などと名乗るような店を探すには一苦労するだろう。これも国立とは一八〇度違う。

むしろ、そのような生活の差異が残っているゆえに、〈江戸〉の面影を求めて下町に足を運んだ荷風と同様に、（私も含めて）現代の山の手人＝ウェストサイダーたちが昭和という〈過去〉を少し味わいたいとき、イーストサイドの町まで出かけていくわけである。葛飾は下町であるかどうかという問題はさておき、東京全体の社会構造において、山の手の人間にとって、葛飾は——荷風の下町と同様に——自分たちの日常生活に使われるモノを作るのみならず、自分の生活圏からすでに消えてしまった〈過去〉の日常文化を継承し保存しているように見える。皮肉なことに、下町の人たちが「文化」を求めるときには「東京に行く」が、いわば「文化人」にとって古き良き江戸・東京の姿を覗きたいときには「下町に行く」のである。また、これは今に始まったことではない。

＊

オランダ出身の人類学者ヨハネス・ファビアンが名著『時間と他者』（*Time and the Other*）で似たような現象に触れている。ファビアンの論考はかなり抽象的かつ難解で、ここでとても集約できるものではないが、示唆に富む数々の洞察のなかで、私がとりわけ興味をそそられる論点は、欧米の人類学者が非西洋文化の〈他者〉を記述する際における〈時間〉という概念の作用をめぐる考察である。すなわち、いわば「先進国」の人類学者が「原始的《プリミティヴ》」とされる文化を取り上げる際、近現代から前近代の〈時間〉へと移行するかのごとく、まったく別枠の過去へ戻るように描く傾向が、伝統的な人類学の手法として根強く定着しているというのである。また、そのような〈過去〉に位置付けられた他者へのまなざしには、近現代特有の欲望が付随している、と著者が暗示しているようにも思える（ファビアンが認識しているように、この論考はサイードの「オリエンタリズム論」に依拠する側面が少なくない）。

ファビアンの論考は一九八〇年代の人類学という学問分野における自問と反省のなかに位置付けられるものであり、本稿で取り上げることもないのだが、それでも門外漢の私が興味を覚えるのは、上記の洞察は何も欧米の人類学やアカデミズムにおける〈他者〉の記述という局面に限る問題ではない、と考えるからである。従来の欧米の人類学者のみならず、現代人のさまざまな越境体験において、類似するまなざしが見受けられるのではないかと思う。近現代の日本国内における〈旅〉でも例外ではない。

現代人が、近代化などによって失われたものを求め、前近代とされる「現地」に出かけていき、「ネイティヴ」たちに軽く接したがる。しかも、その「現地」というのは必ずしも遠く離れている場ではない。東京では、ウェストサイドからイーストサイドに「下町人情」や「昭和な雰囲気」などを求めて出かけることも、このように理解できるのではないだろうか。ファビアンの論考のもっとも鋭い指摘は、それぞれの〈場〉にはそれぞれの〈時空間〉が認識されているということに関連すると思う。したがって、中央から周辺へと――欧米の支配国から元植民地の「プリミティヴ」な文化への旅にせよ、山の手から下町への都内観光にせよ――旅することとは、現代から過去へと移行するように、無意識にとらえられている傾向が強い。

日本国内の別の例を挙げれば、民俗学者柳田國男や柳宗悦などが、日本本土からすでに消えてしまった文化的な残像を求め、沖縄まで調査に出かけたことが指摘できる。柳田たちの旅とはまったく違う現象に思われかねないが、実は現代の東京人が数日間、沖縄旅行に出かけるときに、意外に同じような動機が見受けられるように思う。言ってみれば、どちらも〈中心〉から〈周辺〉へ、もはや〈中心〉からなくなったものを回収しに出かけているわけである。柳田や柳の場合、日本の古代文化の残像を回収しに出かけており、東京からの観光客の場合は、現代の忙しない都会生活からなくなった「ゆとり」などを回収しようとしているように思われる(24)。

現在の沖縄観光業の最も有効な宣伝用語のひとつは「癒し」だということは偶然ではないだろう。東京の人間が沖縄旅行から帰ってきたとき、「癒された」とよく表現するが、それは海やサンゴ礁などの美しい景色のおかげだけではなく、「ゆとりのある日常」、そしてその日常を生きている沖縄人（＝「原始人《ネイティヴ》」）に接することによって、心を洗われたように感じる人が少なくないようである。もちろん、そこに生活している沖縄住民にとっての実情とはまったく関係ないが、旅人にとって〈近代・現代〉に汚染されていない場所を体験することによって、都市生活から失われた古き良き〈過去〉――それは「ゆとり」であれ、「人情」や「共同体」であれ――つまり現在の生活に欠落している部分を、一時的にでも取り戻すことが求められている。あるいは、近代社会が奪ってしまった自分の人間性そのものを取り戻しに出かけている、とも理解できるのかもしれない。

＊

「沖縄は、皆が陽気でのんびりしていて、いいところだよ」

「葛飾ですか。下町にはまだ人情があっていいですね……」

結局、沖縄であろうと東京の下町であろうと、〈中心〉（＝山の手）に住む多くの人々にとって、はるばる〈周辺〉に出かけていくことは、〈異界〉に接することと同時に、自らの

〈過去〉に回帰し、自分のなかの大事なものを取り戻すことをも意味する。だからこそ、いまだに私たち「ウェストサイダー」が、下町に対するノスタルジーとロマンチシズムを捨てきれないでいるのだと思う。現在の東京において、そもそも「下町」という場所は、吉本隆明の表現を拡大解釈して借用すれば、単なる共同幻想にすぎないかもしれないが、我々はその幻想を必要としているからこそ、「下町」を死語にせず、今後も、きっと東京の東の外れまで足を運び続けるのだろう。

第六章

焼き台前の一等席（西荻窪・吉祥寺）

故郷を失った文学者たち

言ってみれば東京に生まれながら東京に生まれたという事がどうしても合点出来ない、又言ってみれば自分には故郷というものがない、というような一種不安な感情である。[1]

昭和八年五月号の『文藝春秋』に発表された小林秀雄の「故郷を失った文学」は、なかなか奇妙なエッセイである。いや、「エッセイ」というより「随筆」と言ったほうが正確だろう。というのは、一見、著者の思いつくままに話が次々と変わり、まさしく先に動き出した筆に随《したが》ったごとき作品に思えるからである。

たとえば、小林は冒頭から前月号の『改造』に発表された谷崎潤一郎の「「芸」について」というエッセイを長々と引用し、それについて論じ始めたかと思えば、簡単に切り上げ、一行空けて「私は人から江戸っ児だといわれるごとにいつも苦笑いする」と、今度は自分自身と江戸・東京との関係について語り始める。同様に、ドストエフスキーや日本の大衆文学やチャンバラ映画などについての言及も散見されるが、いつの間にかまた自分と故郷の喪失について語っているのである。このように要約すると「故郷を失った文学」は小林のナルシシズムやエゴイズムに終始しているように思われかねないが、それならば注目に値しないだろう。むしろ、この作品が発表当初から現在に至るまで、少なくとも一部の「文化人」に読まれ続けてきたことを思えば、小林自身の懸念が、いまだに読者の共鳴を呼ぶものだということが窺える。その懸念とは、すなわち近代以来の東京は、はたして〈故郷〉と呼べるか、そもそも現在の都会人にとって〈故郷〉というものはあるのか、と集約できよう。

もちろん、作品のタイトルが示唆するように、小林は文学をめぐる諸問題にも触れている。とりわけ欧米思想の影響を大いに受けた近代の「国文学」は、もはや「故郷なき文学」に変容したのではないかという疑念が提示されている。ただし、この作品では文学の問題でさえも、最終的に小林自身の故郷喪失感に吸収されていくので、私はいたずらにタイトルを「故郷を失った文学者たち」に書き換えたくもなる。とは言え、その際「文学者たち」と複数形を用いるのは、故郷の喪失感は何も小林だけの問題ではなく、作品の冒頭に登場する谷崎潤一郎をはじめ、多くの同時代の作家も含まれているからである。

*

> 谷崎氏は「心の故郷を見出す文学」という言葉を書いていたが、文学どころではない、私には実際上の故郷というものすら自明ではない。（三七一頁）

この一節においても、小林は谷崎、そして文学という課題から再び自分自身に話をすり替えていることが目を引くが、思えば関西に移住した谷崎こそ「実際上の故郷」を失ったと言えるのではないだろうか。あるいは、小林も谷崎も生まれ育った故郷を同様に失ったが、谷崎は後に新たな「心の故郷」を獲得したと理解すべきかもしれない。

『広辞苑』によると、「故郷」ということばは、「生まれ育った土地。ふるさと。郷里」を指すので、厳密に考えると「生まれ育った故郷」は意味が重複し、「心の故郷」は矛盾の上に成り立っている幻想にすぎないという結論に至る。ところが、もし近代化により、「生まれ育った故郷」を失った（＝奪われた）と言えるならば、残っているのは「心の故郷」、または単なる虚無のみであろう。あるいは近代化によって故郷を奪われ、疎外感と喪失感を負わされた代償として、新たな〈心の故郷〉を選ぶという自由を与えられたとも言えよう。

小林秀雄は神田生まれ、谷崎潤一郎は日本橋生まれ（しかも谷崎家は五、六代まで遡れる江戸商人）だから、このふたりの文学者は江戸に由来する旧下町の出身ということになる。近代化によって旧下町も変貌したため、江戸との連続性が断絶され、また少年期をすごした町が実質上なくなったように感じるならば、「故郷を失った」と訴えるのも無理ないだろう。とりわけ、小林の「故郷を失った文学」が昭和八年に発表されたことに留意したい。というのは、旧下町生まれの小林がその時点で、〈故郷の喪失〉に想いを巡らせる以上、近代化・西洋化の影響のみならず、ちょうど一〇年前に起きた関東大震災およびその後の復興策にも触れることは当然のように思えるのに、この作品では一度も言及していない。これこそ、「故郷を失った文学」の最も奇妙な点だと私は思う。つまり、関東大震災がテキストのなかで、まるで思い出したくない、口にも出せないトラウマのごとく、巨大な空白として厳然と存在しているのである。

対照的に、翌年の一月から四月に『中央公論』に発表された谷崎のエッセイ「東京をおもう」は、「想い起す、大正十二年九月一日のことであった」から始まり、近代化や欧米化に触れながら、震災や復興による東京の変容ぶりについての感想も詳しく述べている。谷崎自身がよく自覚している通り、自分の東京に対する気持ちは時代とともに激しく変化し、ときには誇張された表現が用いられ、常に大きな矛盾をはらんでいる――

何にしても私は、上に述べたような理由で東京が嫌いなのであるが、それは或は一面に於いて今も愛着を覚えつゝある証拠かも知れない。つまり私の悪口は、未曾有の天災と不粋な近代文明とに自分の故郷を荒らされてしまい、親戚故旧を亡ぼされてしまった人間の怨み言であるかも知れない。(2)

このエッセイを精読すると、小林の「故郷を失った文学」とは対照をなしながら、ふたりの文学者――ひとりは評論の大家、もうひとりは小説の大家と言える――は内容のみならず、意外に似た表現と比喩を多く用いているため、両作品が不思議なほど直接対話しているようにさえ感じられてしまう。

いつだったか京都からの帰途、瀧井孝作氏と同車した折だったが、何処かのトンネルを出たころ、窓越しにチラリと見えた山際の小径を眺めて瀧井氏が突然ひどく感動したので驚いた。あゝいう山道をみると子供の頃の思い出が油然と湧いて来て胸一杯になる、云々と語るのを聞き乍ら、自分にはわからぬと強く感じた。自分には田舎がわからぬと感じたのではない、自分には第一の故郷も、第二の故郷も、いやそもそも故郷という意味がわからぬと深く感じたのだ。思い出のない処に故郷はない。（小林秀雄「故郷を失った文学」、三六九頁）

且や自分の熟知していた東京の下町は悉く灰燼に帰してしまい、町の条理さえも変わってしまった今日となっては、そこが自分の生まれた土地であったと云う以外に、何の因縁も感じられない。（中略）もう東京の日本橋区と云う所は自分の故郷ではなくなっている。それでも私は、此方へ来てから二三年の間は折々上京する毎に「帰って来た」と云う気がしたけれども、いつからともなくその関係が逆になって、一週間も東京にいると早々に上方へ「帰り」たくなり、汽車で逢阪山のトンネルを越え、山崎あたりを通り過ぎるとホッと息をつくのである。そんな訳だから、私は復興後の東京に対しては一箇のエトランゼエであって、何事も語る資格はない。（谷崎潤一郎「東京をおもう」、二

六―七頁）[3]

このふたつのエッセイを立て続けに読んだとき、私は自分でも驚くほど心を打たれる感慨を覚えた。その気持ちを表現するのに、また小林のことばを借用しよう――「他人事ではない気がした。まるで自分が手玉に取られている様な想いのする場面に方々でぶつかった」[4]。だが、〈故郷〉に対する考え方において、私は小林よりも谷崎の方に近いような気がする。谷崎は震災前に横浜に移住していたが、震災からの避難のため一時的に関西に移住し、徐々に上方の土地と文化になじみ、いつからともなく自分の「帰る場所」へと変容していき、「新しい故郷」と感じるようになったからである。私はその体験と心情が、痛いほどよく分かる。そして、それに伴う数々の矛盾と幻想も。

私は現在では自分を東京人であるとは思っていない。中年に及んで移住したので、全く関西に同化しきれようとは信じられないが、でも出来るだけ同化したいと願っていることは事実であって、東京には何の未練もない。（「東京をおもう」、一二六頁）

私は谷崎ほど断言できないが、以上の「東京人」を「アメリカ人」、そして「関西」を「日本」または「東京」に置き換えたら、大まかに私自身のアメリカと日本で暮らす間に変容してきた心情を表すことになる。「他人事ではない……まるで自分が手玉に取られている様な想い」である。

＊

やはり、読書という行為は〈対話〉である。小林と谷崎とのテキストによる対話を想像し、そして創造しながら、ふたりの文学者と私自身が絶え間なく対話を交してきたことにハッと気づく。読書と空想に導かれた対話。そして、最後には小林のごとく、わが思考も必ず自己回帰への道を辿っていく。ところが、いざ元の場所に戻ってきたと思えば、途中で他者の世界を通過してきたため、わが「自己」なるものが、すでに微妙な変化を遂げているようである……。

＊

私にとって東京は、おおよそ谷崎にとっての関西と同様に、初めは短期滞在する異文化の土地として出会い、何年も住んでいるうちに「新しい故郷」へと徐々に変容してきたと感じる。もちろん、そのように感じること自体は、故郷を失った証拠以外の何ものでもないとも考えられる。そうだとすると、元の故郷を失った（または捨て去った）半面、成人してから移住した町が「真の故郷」になり得ないならば、私もしょせん〈故郷なき人〉にすぎないであろう。

しかし、私はそれでもいいと思っている。というのは、少なくとも現在の東京では〈故郷〉とは、〈下町〉と同様にかなり曖昧かつ恣意的な――ぶっきらぼうな言い方をすれば、ずいぶん身勝手な――概念だと思うからである。あるいは、二一世紀の東京を真剣に考えるには、「故郷」も「下町」も禁句にすべきかもしれない。もちろん、『広辞苑』の定義通りに受け取ったら問題にならないかもしれないが、やはり「故郷」ということばは「生まれ育った土地」だけに収斂できないだろう。どのような想いであろうと、「故郷」という表現を用いる以上、記憶と感情と幻想が付随するゆえに故郷であろう。

以上の、矛盾に富んだ認識を踏まえた上で、私は東京を自分の「新しい故郷」と見なしている。そして、東京の数々の町のなかで、最も記憶と感情が濃密に結び付いている町――いわば私の東京のなかの「心の故郷」――はどこかと尋ねられたら、迷うことなく「西荻窪」と答える。

引っ越し貧乏の豊かな日々

いまだになぜかよく分からないが、高校を卒業してから三八歳になるまで、同じ住居に二年間以上住んだことは一度もない。留学や研究のために日米を行き来していたことも関係するが、それだけが理由ではない。やはり、単純に引っ越しが好きだったと思う。いや、引っ越しということ自体は面倒だから嫌いだが、新しい住まいを探しながら、未来に対し思う存分に想像を膨らませることが好きだったようである。また、新居に落ち着いてから周囲の新しい環境を「わが町」として探訪することも楽しく感じられた。ところが、一、二年も経たないうちに必ずまた不動産屋回りしていることになる。単に飽きっぽいのかもしれない。

その際、困ったのは東京での引っ越しに伴う莫大な出費である――敷金に礼金、おまけに不動産屋に対しても一カ月分の、さらなる「礼金」のような金をその度に用意しなければならない（余談だが、敷金はともかく、家賃を払っているのになぜ金を以ってさらなる「お礼」を表さなければならないか、いまだに理解できない。それなら、後に「返礼金」があってもよさそうだが……）。いずれにせよ、懲りずに引っ越しつづけたおかげで、「引っ越し貧乏」という決まり文句の真意をとっくに昔から噛みしめてきたのである。

しかし、引っ越したくても、そう簡単に部屋が見つかるものではない。少なくとも、ピアノを持っている外国人という二重のハンディを抱えていると、東京での部屋探しに一苦労することがある。確かに、私のような英語圏人だと、大家さんの家族に英会話を教えるという条件を飲めば、逆に贔屓《ひいき》される場合も少なくないが、初来日の際から日本語を身につけるために「日本人とは日本語のみ」と固く決心し、いつの間にかそれが習慣になってきたので、英語のネイティヴ・スピーカーという特権をあまり活かせてこなかったわけである。

さすがに近年は、定職を得て歳もとったおかげか、部屋探しが楽になってきたが、それでも気に入った部屋について問い合わせてみたら、不動産屋に「申し訳ございませんが、大家さんはどうしても日本人の方に貸したいとおっしゃっていますよ……」と、本当に申し訳なさそうに断られたこともあれば、「いやー、ピアノか……そりゃなかなかむずかしいですな……」と軽くあしらわれたこともある。

ネットに不動産情報が掲載されるようになってから、自分の条件に見合った物件の数を絞ることは確かに容易になった。たとえば、あるオンラインサイトでは、「ペット可」、「ピアノ可」、そして「外国人可」と、それぞれの不利な条件にもかかわらず、例外的に受け入れてくれる物件を丁寧に列記しているHPを見たことがある。ピアノ弾きの「ジンガイ」（外人のこと。ミュージシャン用語）として――野球に喩えたら打席に入る前から、ツーストライク状態でピッチャーに向かわなければならないバッターとして――その情報を初めはありがたく思ったが、ふたを開けてみると、依然として（大金持ちでない限り）両方の条件を同時にクリアできる物件はごく稀であるということが判明し、元の木阿弥《もくあみ》である。

しかし、さすがに世の中はそれほど残酷ではない。つまり、特別にカネとコネに恵まれていなくても、気に入った部屋は必ず見つかるということが分かった。それを教えてくれたのは、ある若いピアノ弾きの男である。そのピアニストは日本人だから、私と全く同じ立場でスタートしたわけではないが、当時の私と同様に二〇代のフリーターであり（まだ、「フリーター」ということばはなかったが）、しかもアップライトピアノを持っている相当の引っ越し好きにもかかわらず、高円寺で八畳の風呂付マンションで、夜一〇時までピアノが弾ける格安の部屋に住んでいたので、私から見れば部屋探しの天才のように思えたのである。

彼を紹介してくれたのは共通のミュージシャンの友人である。三〇年くらい前の話だが、私が部屋探しで難航していたことを友人にこぼしたら、「ソイツもピアノをもっているし、よく引っ越すのに、いつもいい部屋が見つかる」という若き引っ越しの師匠を紹介してくれた次第である。さっそく連絡を取り、師匠の門を叩きに参り、深々と頭を下げながら、「ピアノがおける部屋の探し方の秘訣をぜひとも教わりたく存じます」などと申し述べたら、快く弟子入りさせてくれた。

さて、さっそく彼の秘訣を明かそう。要は「下手な鉄砲、数撃ちゃ中《あた》る」ということである。ただし、それだけではない。たとえば、中央線沿線でピアノがおける部屋を探したいとしよう（実際に、私は中野から吉祥寺との間で探すつもりだった）。中央線では、各駅の周辺に必ず一〇軒ないし二〇軒の不動産屋が密集していることにまず着目すべきだという。そして、効率よく不動産屋を回れば、たった一時間でその町の多くの物件に当たってみることができる。肝心なのは、不動産屋の窓にごちゃごちゃ貼りつけられている物件情報を一切見ないで、いきなり店内に突入し、「すみません。ちょっとお伺いしますが……」と、一応丁寧に切り出してから、後は単刀直入に探している物件の条件を伝えるだけである——ピアノが弾ける風呂付の部屋で、駅から徒歩何分以内、家賃は何万円以下など、と。それに対し、不動産屋が嫌な顔をするならば、その店でぐずぐずせずにすぐ出て行き、次の店に当たってみる。そうすれば、断られ続けても、時間はさほど無駄にならず、一時間で少なくとも一〇軒は回ることができるので、一日に八時間かけたら、駅間の移動時間を含め六、七〇軒の不動産屋は確実に回れるはずだという。さすがに、七〇軒回れば、条件に合う部屋が一件くらい見つかるだろう、という発想である。

問題は根性。たとえば立て続けに四、五人の不動産屋が偉そうな口調で、「君、西武池袋線ならあるかもしれないが、中央線沿線ではそんな物件はどんなに探しても、ありゃしないよ」と言ったら、普通の人はすぐに弱気になって諦めてしまい、別の沿線にするか、ピアノを諦めるか、または予算を無理して上げて高いマンションを選ぶことになろう。ところが、本当に無理な条件でないかぎり、諦めずに探せば絶対に見つかるというのがこの方法の前提であるから、とりあえず教えてもらった通りに実行してみた。

作戦開始は、不動産屋の開店時間に合わせて午前一〇時にした。中野でスタートを切ったが、予想通りに次々と軽くあしらわれてしまった。ただし、覚悟していたおかげで簡単にめげずに済んだ。また、教えられたように、不動産屋を回る前に、求めたい部屋の条件をしっかり考え、それが現実的であることを確認した上で探し始めたものだから、無理なことを求めていないという確信をもっていた。たとえば、もし阿佐ヶ谷駅から徒歩五分以内で、安く、風呂付、日当たり良好、築一〇年以内のマンションで、アップライトピアノ可、おまけに若い独身男性で定職のない外人でもＯＫ、というような条件で探すならば、それはとうてい無理に決まっている。しかし、私は自転車で移動するつもりだったので駅から遠くてもよい、また相当に古い物件でもかまわない、そしてピアノの練習は日中のみでも大丈夫だということをはっきり伝えた。つまり、最初から柔軟な姿勢を不動産屋に見せるように心がけ、それほど欲張った条件でもないと確信していたわけである。

それでも次々と断られたが、しぶとく最初から決めた通り、見つかるまで探し続けた。さすがに夕方六時頃には、おそらく七〇軒以上の不動産屋を回ったにもかかわらず、ピアノのおける「外人可」の部屋がひとつも見つからなかったので、私の確信が崩れ始めたが、もう少しふんばって回ってみたら、西荻窪でいいアパートが見つかった。駅からは離れていたものの、立地条件は良好——静かな住宅街で、好きな善福寺公園のすぐ近くにあり、しかも個人宅に増築されたばかりのきれいな六畳の和室に小さな台所もついており、それに風呂付でピアノを練習しても大丈夫だと言うから理想的だと思い、さっそく手を打った。ただし、個人的な事情のため、たった一年住んだだけでにまた都内で引っ越すことになった。

その後も、一五、六年間にわたり、一、二年に一度部屋探しをくり返したが、「秘伝」を分かち合ってくださった若き師匠に貴重な人生の教訓を教えていただいた、と今でも思っている。すなわち、まず自分にとって本当に何が大事なのかということをよく考え、そしてそれが現実的であるかどうか確認してから、後は狙いの獲物を手にするまで、しぶとく鉄砲を撃ち続ければ、時間がかかっても必ず命中する、と。

今から思えば、あのときの部屋探しではきっと運もよかったが、幸運自体には、若さならではの無限のエネルギー、そして当時の呆れるほど世間知らずな楽観性のおかげが大いに働いていたのだろう。ともあれ、昔の引っ越し貧乏時代に、知恵の富を得たことは確かである。

*

さて、二〇年間における引っ越し先の町を記しておこう。東京での引っ越しの間にアメリカ在住期間もかなり挟まれているので、実際に住んだ場所はさらに多い。たとえば、一八歳以降、米国内だけでも、カリフォルニア州、ミズーリ州、オハイオ州、イリノイ州、コネティカット州、そして四〇代以降ではミネソタ州にも住んだことがある。しかし、一八歳から現在に至る東京都内での引っ越し先に限って記しても、相当の回数に及ぶ——

お花茶屋（京成線）↓都立家政（西武新宿線）↓西荻窪（中央線）↓西荻窪↓武蔵境（中央線）↓国立（所在地は国分寺市だが、駅は中央線国立）↓千歳烏山（京王線）↓西荻窪↓西荻窪↓国立↓国立（現在に至る）。

さらに、アメリカの大学に所属していたころ、日本での研究のため数カ月いろいろな大学の宿舎に滞在したこともある——吉祥寺にある大学の宿舎には三回、池袋の別の大学の宿舎には一回、ほかにも沖縄の大学の宿舎には一回、それに同じ沖縄の大学に研究員として所属した際、那覇市内のマンションの部屋を四カ月借りたことがある。さらに、数年前には京都の研究機関に所属するために左京区に一年間住んだことがある。そう思うと、今までの日米における引っ越しの回数を全部加算するのに計算機が欲しくなるほどの数に及ぶ。しかも、以上の引っ越し代はほとんど自費で賄ったので、マトモな人間のごとく、二〇代後半から落ち着いて定住していたら、今どきは左うちわの生活を楽しんでいられただろう、と想像する。

結局、自ら好んであれだけ引っ越しをくり返したわけだから、いまさら「故郷を失った」云々と口に出す資格もないだろう。むしろ私の場合、〈故郷〉という概念を拒否し続けてきた、というべきかもしれない。

「中央線文化圏」

東京のなかで引っ越しを度々重ねたが、ずっと「ウェストサイド」に住んだことについて付言したい。永井荷風ではないが、私自身は荷風と同様に「山の手」に対する抵抗を覚えながら、結局は下町に一度住んだだけで、後は山の手（厳密に言えば、杉並区や世田谷区などという「第二の山の手[5]」）での在住体験が長い。いつか、またイーストサイドに住んでみたいと思うときもあるが、さらなる引っ越しを想像すると、「もうしばらく今のところでいいや……」というのが第一反応である。さすがに、歳をとったようである。

ウェストサイドのなかで、とくに中央線沿線に惹かれたのは偶然ではない。すなわち、中央線が山の手文化の延長線上にあるとしたら、私が一番好きな町である西荻窪、そして阿佐ヶ谷と高円寺は「山の手文化」を思わせる側面が多少あっても、つまらぬベッドタウンでもなければ、私にとって鼻につく「山の手的な側面」——とりわけ高級・上流志向、そしてそれに付随する自負や自慢や気どり——は、これらの町ではあまり意識させられない。

言い換えれば、「中央線文化圏」の町の場合、町自体が、私自身の山の手文化に対するアンビバレンスをそのまま反映し、具現しているゆえに居心地よく感じる、と理解すべきかもしれない。たとえば、気に入った「山の手的な側面」として、比較的恵まれた自然環境が挙げられる。緑が残っており、目障りな工場や高速道路はあまりなく、都心に近い割に静かなところが多い。また、個人的な嗜好では、渋い喫茶店、充実した古本屋、小ぢんまりした個性的な地元経営の飲食店がさらに挙げられる。他方では、これらの町が「山の手文化」で通常敬遠されるような側面を大事にしているようにも思える——薄暗い路地に潜む汚い呑み屋街、アナーキーな町空間の一角、定職を持たない住民（若者のフリーターのみならず、中年の自営業者や、物書きやミュージシャンなど）に優しいところがとくにありがたく思える。つまり、「知的」や「文化的」な志向が見られるとは言え、嫌らしい上昇志向やエリート主義的雰囲気は比較的少ないように感じられるのが、中央線文化圏の魅力だと私は思うわけである。

もちろん、これはあくまでも私個人の経験に基づく印象論にすぎないが、少なくとも七〇年代以降、中央線が独自のアイデンティティを持ち続けてきたことは否めないだろう。あるいは、中央線は一種「ブランド化」してきたと換言できよう。その商品価値は、定期的に「中央線特集」を組む町歩きガイドや飲食店案内の雑誌があることでも確認できる。一見、下北沢や江古田は中央線文化圏の町と同様に、それぞれ独自の文化があり、若者も多く、中央線とは別のボヘミアンな雰囲気も感じられるが、(6)「小田急線特集」や「西武池袋線特集」などはあまり見かけないし、沿線特有の文化があるとも言い難い。

しかし、雑誌の中央線特集号をよく見比べると、具体的にどこの町が「中央線文化圏」に含まれているか、けっして明白ではない。一方では中央線沿線でさえあれば、どこも「合格」という発想があるらしい。この考え方だと、神田も四谷も、また東小金井も西八王子もすべて中央線文化圏内に入るわけだが、それではあまりにも大雑把ではないか。あるいは、新宿、または中野から三鷹までの駅周辺、それに国分寺と国立が「中央線文化」に相当するという捉え方もある。なるほど、そのほうがしっくりくるが、新宿は規模も存在感も圧倒的に大きいので、いわば「新宿」だけで完結しているだろう。そして、少なくとも三鷹と国立は外したほうがよいと思う——三鷹の駅周辺には、中野から吉祥寺間の町で見られるような、個性的かつ小ぢんまりした店が少なく、大型チェーン店などが多く、独自の雰囲気があるとは言えない。そして国立の場合は、確かに町として独自の雰囲気を醸し出しており、小ぢんまりした商店や飲食店はたくさんある。また、町には「文化の香り」がぷんぷんするほど漂っているが、それはあくまでも上品な香りであり、いわば「中央線的」なファンキーな匂いとはだいぶ違う。そう言えば、ある雑誌の中央線特集号では国立が「中央線の成城学園」と呼ばれているが、沿線のほかの町とは別格の、上品な雰囲気が町の特徴だと言ってよいと思う。[7]

上述の通り、私自身は中央線沿線の居住体験が比較的豊富であり、本章ではその体験を踏まえ（そして単なる独断と偏見をもって）、「中央線文化圏」を高円寺から吉祥寺までの区間のみとしたい。だが、近年の動向を見る限り、吉祥寺は中央線文化圏からほとんど逸脱してしまったように思えるので、現在では「中央線文化圏」を沿線沿いの杉並区内の町、つまり高円寺から西荻窪までに絞ったほうがよいとも考え始めているのである。[8]

＊

数年前、吉祥寺に滞在していた頃、近くの理髪店の待合室で某雑誌の「中央線特集」を手に取った。普通、そのような特集号は単なる消費ガイドの域を脱していないように感じられるが、それは中央線の歴史についてかなり詳述しており、また「中央線文化」に対する刺激的な洞察もあったので、いまだによく覚えている。

私はちょうどあの頃、吉祥寺の変容ぶりを嘆いていた――「オレは赤提灯よりもブティックの多い町は認められない。最近の吉祥寺は、まったくおもしろくなくなった……」等々と、得意の「オヤジぼやき」を披露する毎日であった。ところが、たまたま手に取った雑誌記事がその変容ぶりを鋭く衝いていた。要約すれば、「吉祥寺は新宿とは中央線で、渋谷とは井の頭線で結ばれており、かつてはそれぞれの文化をバランスよく取り入れていたが、このところはすっかり渋谷化してしまった」という内容である。これを読んで、なるほどと思った。近年における吉祥寺の変容ぶりをうまく捉えているだけでなく、私自身が抱いていた違和感の原点が的確に集約されていた。つまり「渋谷的」な側面への偏重、強いて言えば「創る文化」から「消費する文化」へと重心が移ったように感じられているわけである（近年の渋谷や吉祥寺好きの読者には失礼だが）。

「中央線文化」は、一九六〇―七〇年代初期の新宿の若者文化およびその精神を継承しながらも、各駅の町独自の雰囲気が濃密に残っており、またこれらの町は外来者と地元人とのバランスが取れていることが大きな特徴である、と私は考える。その意味では「中央線文化圏」の町は、新宿とも、同じ沿線のもっと西のベッドタウンとも違う。新宿に比べ、はるかにローカル（地元型）かつドメスティック（家庭的）な町空間になっているが、ベッドタウンとも異なり、外部からその町を目当てに遊びに来る人（とくに若者）が多いので、小規模の盛り場的な側面も兼ねている。たとえば、ライブハウスや個性的な飲食店および個人商店が散在しているので、別の沿線から若者を惹きつける磁力がある。しかも、若者だけではなく、町によって世代の分布が異なるが（たとえば、高円寺は阿佐ヶ谷より平均年齢が低いだろう）、それでもローカルな町でありながら二〇代から六〇代まで遊びに来る人が多く見られることも特色だと言える。

外部から人を惹きつける点に関しては、吉祥寺が断然トップだということは言うまでもないが、いくら「都内で住みたい町の№1」と言われても、吉祥寺の場合、実際に町を歩いている人のうち圧倒的に比重が高いのは、地元住民ではなく電車に乗ってきた外来者であろう。また、近年の吉祥寺では、地道に何十年も前から営業してきた地元住民の商店や飲食店の比率がずいぶん減ったようであり、大雑把な言い方をすれば「プチ渋谷」と化してきたように思えるわけである。(9)

渋谷や原宿や青山で重視される「おしゃれ」というよりも、六〇―七〇年代初期の新宿の（本来の意味での）「カウンターカルチャー」、あるいはボヘミアンな空気が漂っている商店や飲食店が多く、闇市的な泥臭さも嫌がられないところが、中央線文化圏と現在の吉祥寺との相違点のひとつだと思う。あるいは、中央線沿線では吉祥寺だけが未来に向かっており、ほかの町はいまだに過去に留まっている、という見方もある[10]。

とくに高円寺、阿佐ヶ谷、そして西荻窪――すなわち、通勤快速および土・日の快速電車が停まらない三駅の町――は、いまだにローカル・カラーが色濃く表れており、住民のわが町に対する愛着が強く、誇りがきわめて高い[11]。それに比べ、荻窪、とりわけ吉祥寺では、駅ビルをはじめ開発がどんどん進むにつれ、地元民より外部から来た人のほうがはるかに多いのは既述の通りである。これらの駅周辺の開発の背景には交通の便が挙げられよう――荻窪は丸ノ内線の始発駅であるのみならず、駅のすぐそばで青梅街道と環状八号線という大通りが交差し、町を分断している。同様に、吉祥寺は井の頭線の始発駅であり、五日市街道と井の頭通りが駅を挟んで接している。両駅ビルには店が密集しており、丸ノ内線や井の頭線への乗り換え客がついでに買い物したり飲食店に入ったりするのに便利である。

吉祥寺はとくに便利な町だと言える。デパートを始めとする店舗数が圧倒的に多く、大手の系列ではあるが映画館が残っており（西荻窪にあった小さな映画館はとっくに廃業した）、駅のすぐ近くにデートコースとして人気の高い井の頭公園もあり、多様なライブハウスや劇場もあり、闇市由来の「ハモニカ横丁」も残っている。そう思うと、吉祥寺に住んでいたら、ほかの町に一切出かけなくても、娯楽を含めすべての用が足せるだろう。まさに、小規模ながら住みやすい渋谷を思わせる面が少なくない。だがしかし、それにもかかわらず、もし高円寺、阿佐ヶ谷、そして西荻窪の住民に対し、「同じ住居を同じ条件（家賃など）で吉祥寺に移ることができるならば、移住しますか」というアンケートをとったら、きっと「移住しない」と答える人が過半数を占めると私は予言する。

＊

ある日、いつも持ち歩いている『東京都地図』を取り出し、上記の「中央線文化圏」の町を開いたら、意外なことに気づいた。高円寺、阿佐ヶ谷、荻窪、そして吉祥寺は駅周辺の拡大図があるのに、西荻窪だけない。西荻窪は「井の頭」のページに含まれていて、その地図は、東西では三鷹から荻窪まで、南北では西武新宿線の南側から井の頭線の高井戸までの範囲をカバーしているのだから、西荻窪の存在は小さい。

現在は住んでいないものの、いまだに西荻窪（以下、「西荻」と呼ぶ）に対して強い思い入れがあるだけに、専用の拡大図がないことを、ちょっと寂しく感じた。確かに、駅周辺の店舗数は阿佐ヶ谷や高円寺に比べて少ないが、個性的な店が多く、そして地元の住民が中心になって町の雰囲気を作っている点では、近年の吉祥寺と対照的である。

長く住んだ経験をもっていると、町の変貌に気づきにくいことはあるが、この数年間の西荻にいくつかの変化が目に付いた。もっとも劇的に感じたのは、二軒の店の消滅である。いや、正確に言えば、姿を消した四軒が私の注意を引いた。まず、チェーン店居酒屋「わたみん家」と「ミスタードーナツ」が西荻を引き払ったことを知ったら、いきなり祝杯を挙げたくなった（そもそも、いつでも祝杯の口実を探しているが……）。チェーン店は一旦進出したらなかなか消えないのに、見事にやっつけてやった西荻住民を誇らしく思った次第である。

だが、その反面、別の二軒の消滅は非常に悔やんでいる。

一軒は、駅の北口から徒歩二、三分のところにあった庭付きの質屋である。蔵の形は古風ではあるが、コンクリート製なので全体として「渋い」とは言い難い。それでも、あの蔵は何十年もそこで建っていたおかげで町の光景によくなじみ、それなりに味わいがあった。また、ちょっとした異空間として周辺に風情を加えていた。さらに、樹木や小さな竹やぶを含む庭が緑の少ない駅周辺を豊かにし、単なる通行人にとっても、目の安らぐ一角として町に確かな貢献を果たしていたと言える。

もう一軒は、質屋からさらに二、三分駅から離れたところにあった、実に立派な銭湯である。いまだに西荻には数軒の銭湯が残っているが、その外観はとりわけ目を惹き、しばしばテレビや映画のロケに使われるほど趣《おもむき》があった。大きな瓦屋根が緩やかにカーヴを描く姿は優美であり、全体として威厳と優しさがほどよく融合していた。質屋の敷地内の庭と同様に、この銭湯の存在そのものが西荻という町全体を豊かにしていたように感じられた。

ところが、仕事の都合でしばらく東京を離れ、久々に戻ったら質屋が消えており、その跡地は殺風景な駐車場になっていた。隣の庭がまだ残っていたのをありがたく思っていたら、まもなくその安らかな緑の一角も、駐車場拡張のためコンクリートと化してしまった。現在、駐車場に隣接していたビル（古いマンションだったと記憶する）もなくなり、その一帯に高層マンションが建てられている最中である。

ちなみに、私自身はあの質屋には二回しか入った記憶がない。一回目は折り畳み式の将棋盤と安物のコマを買うためであり（当時、自宅には六寸盤と良質のコマはあったが、携帯用のがほしかった）、二回目は、質屋の表においてあった本棚を覗いていたら、戦中に刊行された軍事関係のプロパガンダ本がたった百円で売られていることが分かり、掘り出し物だからさっそく買った。六、七年に及ぶ西荻在住体験のなかでたった二回しか買い物しなかったので、私が質屋の経営にほとんど貢献していないことは確かである。逆に、あの光景には通りすぎる度に慰められたので、むしろお世話になるばかりだったと言わなければならない。近くの銭湯には一度も入ったことがないので、もし経営上の理由でなくなったのならば、質屋と同様に私自身にも責任があると考えられるかもしれない。しかし、廃業した主な理由は経営不振であろうと、あるいは相続税のための資金獲得であろうと、何も取り壊す必要はないと考える。とても風格があり、東京中を歩き回っても似たような建物は稀にしか見かけられない。そう思えば、仮に大赤字を出していたにしても、別の目的のために再利用することのほうが、町の〈公益〉につながると言いたい。西荻窪という町のみならず、〈過去〉の残像が次々と消えてしまう東京にとっても、貴重な存在として認識してほしいものであった。銭湯として利用しなくてもよい。たとえば、杉並区または東京都が直接その建物を買い上げ、指定建築文化財として保護しながら別の目的に転用していけば、利益は上がらなくても、周囲の住民および都民にとって十分に見返りが期待できたと確信する。

三軒参拝

西荻の呑み屋文化にも、いささかの変化が見受けられる。たとえば、この数年の間に駅周辺で一面ガラス張りのおしゃれな美容室やワインバーが急増したことが気になる。とくに年季の入った薄暗い、地味な店が並んでいる小道に、突然ぴかぴかの「ここはおしゃれですよ！」と叫ばんばかりの自負と自尊心溢れる店舗を見せつけられると、苛立たしく感じずにいられない。確かに、これもずいぶん身勝手な反応だろうが、言ってみれば上述の質屋と銭湯の対照例である――町を豊かにしている存在であるというよりも、町の雰囲気を全く無視した、自己主張のみを貫いた存在に思えてくる。だが、この問題については吉祥寺を取り上げるときに触れたい。

西荻窪駅周辺でのそういう無神経でおしゃれな店の侵入は気になるが、依然として南口のごみごみした路地の呑み屋が残っている限り、私は東京のどこに住んでいようと、定期的に中央線に乗ってこの町まで「通飲《つういん》」を続けるつもりでいる。反対に、路地とその呑み屋文化がなくなり、または吉祥寺のごとく極端に変貌してしまったら、わが足も自然に遠のいていくだろう。

西荻には気に入った居酒屋やワインバーが何軒もあるが、久しぶりに町を訪れるとだいたい同じ三軒を参拝することになる。また、参拝の順路も決まっている。最初は焼き鳥屋「戎《えびす》」の本店で串焼きを二、三本頼み、軽く一杯ひっかける。次に落ち着いたおでん屋でぬか漬けを頼み（この店のぬか漬けは気に入っている）、そして日本酒をちびちびやりながら、ちょこっとさしみ、またはししゃもを注文し、〆にはおでんをもらう。そして三軒目は、渋い内装の「酒房高井」（以下「高井」）で、日本酒を嗜みながら終電ぎりぎりまで粘るというコースである。

欲張らずに二軒だけで切り上げることもあるが、回る順番を入れ替えることはほとんど考えられない。その理由は、各店が出しているつまみや酒、そして閉店時間に関係する――さすがに焼き鳥屋で〆るのはしっくりこないし、おでん屋の方は九時半頃に閉まるので、別の店でだらだら呑んでいると閉店時間を過ぎてしまう。また、一番安い店から流れていくのも自然だろう（三軒とも雰囲気に適合した手ごろな価格であり、とくに「戎」は千円以下で軽く呑み食いできるので、三軒のフルコースでもさほど贅沢にはならない）。

しかし、私の順路はそのような合理的な理由だけで決めているわけではない。一軒一軒でまったく違う「ノリ」と味わいがあることが大きい。というのは、この順路を辿ると東京の居酒屋の幅広さをたった数時間で満喫している気分になるわけである。「戎」は小さな大衆酒場を彷彿とさせるところがあり、おでん屋（店主の要望に応じ店名を伏せ、以下「O屋」とする）は大衆的な側面がありながら――たとえば、いつもテレビがついている――内装はなかなか品格があり、いわば庶民的な「古典酒場」と言える。全体として大衆酒場より落ち着いているが、客層の幅も広く、けっしてお高くとまっているわけでもない。そして、「高井」はさらに静かで、照明も暗めでありながら内装全体は柔らかく温かみがある。日本酒好きにとって、一晩の〆には最適の雰囲気だと思う。

ちなみに、「戎」には三〇年前後通っており、「高井」のほうは店主が西荻で「はるばる亭」という呑み屋を任されていた時代から通っているので、こちらも両店で通算すると、やはり三〇年近くの付き合いになるだろう。「O屋」にはまだ五、六年しか行っていないが、定期的に顔を出しているので、常連扱いしてもらっている。この三軒はどれも、ひとりで呑みに来る客も多く、私の他にも本を読みながら呑む人を見かけることがある（ただし、呑みながら夢中で文章を書く人は、自分以外にいないようである）。三軒とも、本を読みながら呑むひとり客に対し寛容であり、十分な注文さえすれば、嫌がられることはないのもありがたい。

西荻の魅力も欠点も、町が狭いということだと思う（「この町は村のようなもんだ」と言う住民もいる）。狭いゆえに、どこの店に行っても必ず知り合いがいる。それをうれしく思うときは多いが、ひとりで静かに呑みたくなったら、わずらわしく感じることもある。とは言え、その場合は別の町に出かけたらよい。西荻は狭くても、東京は広い。

「戎帝国」のストリートカルチャー

西荻窪駅には改札口が一つしかなく、改札口を出ると左側は北口、右側は南口だが、南口から高架沿いに右方向に歩くと、三〇秒も経たないうちに別世界の呑み屋街が待ち構えている。正確に言えば、平行に走る二本の路地だけだが、居酒屋好きならこれだけでもどきどきするだろう。

この一帯は、闇市由来の呑み屋街であり、「焼き鳥横丁」[12]と形容してもよいほど小さな焼き鳥屋が密集している。そのなかで「戎」というのが勢威をふるっており、近年はまるで膨張する帝国のごとく、線路側の路地に店舗を次々と増やしてきた（北口にも、もっと規模の大きい店が一軒ある）。だから、この路地のかなりの部分を「戎」が占めているが、けっして味気ないチェーン店でもなければ、お流行りのレトロ風酒場の匂いもしない。つまり、闇市を匂わせようとしているのではなく、「戎」の本店は新宿の「思い出横丁」や吉祥寺の「ハモニカ横丁」などと同様に、実際に闇市の匂いがするわけである。

「戎」の本店、すなわち一号店は左側にある小さな店で、ちょっと先の右側の角には二号店がある（店主は「支店」と呼んでいる）。ほかにも一号店の並びや向かい側には、焼き台はないながら「戎」の客用のテーブルや座敷席のある店舗が並び、三人以上の客や、カップルだったり常連でないゆえ、本店や二号店には入りづらいような客を中心に迎え入れている。

おもしろいことに、一号店と二号店は斜めに向かい合っており、ほぼ同じ品を同じ値段で出しているのに客層が全然違う。二号店には二、三人で呑んでいるサラリーマンが多く、ほとんどが会社の帰りに途中下車したように思われる。対照的に本店は（少なくとも平日の場合）、もっぱら地元の住民あるいは私のような「元住民」が大半を占め、ひとりで来る客が普通。ただし、常連だと、ひとりで来ても必ず顔見知りの客——ほとんどは中高年の男性だが——がいるので、仮に会話を交わさなくても、けっして寂しい思いはしない。また、ご隠居さん、中年の自営業者、物書きや編集者、映画や演劇関係の仕事をしている長髪の男、そしてサラリーマンもちらほら混じっており、たまに若いカップルや、ひとりで来ている学生も見かける。とにかく狭い店なのに、職業の幅がかなり広いことが「戎」本店の魅力の一つである。

近年の「戎」のメニューもずいぶん幅広くなった。昔は焼き鳥と焼きとん、それに野菜焼きやおからなど、ごくシンプルな品が中心だったのに、最近はさしみやら天ぷらやら、美味とは言えないものの、品の数と種類が何倍も増え、焼酎も二、三種類が加わった（北口店には地酒も何種類かおいてある）。しかし、依然として炭で焼いた串焼きがこの店の十八番である。その分量と質は葛飾や十条・東十条などのモツ焼きの名店にはかなわないが、中央線沿線にしてはコストパフォーマンスもよく、雰囲気も気さく、そして客層はなかなかユニークである。余談だが、ある日、立石で知り合った酒豪「Nさん」に北千住の穴場の立ち呑み屋に案内されたとき、同じカウンターで呑んでいる男はどこかで見たことあるような気がしたが思い出せずにいたら、しばらくしたら「戎」本店の常連客だということに気づいて挨拶した。彼も私の顔をちらちら見ていたようだが、まさか東京の反対側の裏道の小さな立ち呑み屋で会うとは思っていなかったので、お互いに気づくまで時間がかかった。偶然とは言え、居酒屋の嗜好においても「類は友を呼ぶ」ものだと納得した。

＊

近年の「戎」のメニューは豊富になったが、本店の内装は三〇年前とほとんど変わっていない。約六人用のカウンターが二つ向かい合っており、路地に面した焼き台前にも三、四人用のカウンターがあるので、実質的に小さな「コの字」をなしている。しかし、「内装」とは言え、さほど立派なものではない。闇市由来の呑み屋街でよく見かける「古典的な」作りである――コンクリートの床にパイプ椅子、カウンターや壁は安物の木材や合板が使用されている。また、壁に何十年も前に貼られたように見える紙の品書きには、油とほこりがバランスよく融合し、すっかりしみ込んでいる。要するに店内は狭く、汚く、そして「装飾度ゼロ」と言ってよい。だが、溝口の西口商店街と同様に、ここにもひとつのれっきとした〈美学〉がある。

まず、「店舗」の構造と立地条件に注目したい。「戎」本店の路地はアーケードになっておらず、「商店街」でもない。単なる三、四〇メートルにおよぶ、ごちゃごちゃした呑み屋街である。とは言え、「かとりや」と「いろは」と同様に、闇市由来の路地に立地しており、店舗の表と路地との間に壁やガラスなどの仕切りがないので、店を閉めるときはシャッターを下ろすだけという具合である。

仕切りがないという点は、呑む体験を大きく左右しているように思う。とりわけ焼き台前の客席だと、路地にはみ出して座ることになるので、言ってみれば「店」で呑んでいるのか、「路地」で呑んでいるのか判別しがたい感慨を覚える。パリのカフェが店の表の歩道に小さなテーブルと椅子を出しておくのと似たような効果がある。すなわち、店内外の境界線がきわめて曖昧になり、客がカフェの空間に所属しながら、表を通りすぎて行く歩行者たちと一緒に町の空間も占めている。これだけでも、なかなか愉快な気分になる。同じ「戎」の二号店や北口店など、ガラス戸で仕切られている店内の飲酒体験とは微妙に違う。のれんもなく、壁もガラス戸もないので、本店は「かとりや」のように、屋台の延長線のように感じられるところがある。

私は「戎」本店の焼き台前のカウンター席を「一等席」と呼んでいる。常連客専用の指定席になっている感がするが、私もたまに占有させてもらうことがある。すると、そのうちに後ろを通っている知り合いが立ち止まり、「よ！　また来ていたか。元気かい？」などと挨拶してくれる。そのような体験も、路地で呑んでいるからこそ生じるものであり、代わりにガラス戸の向こう側で呑んでいたら、通りすぎていく知人は手を振ってくれるかもしれないが、さすがに声をかけることはないだろう。言い換えれば、ここは一種の「ストリートカルチャー」であり、闇市に由来する〈店〉と〈町〉との境界が曖昧なゆえに特別な味わいがある。駅のすぐそばの日常的な町空間でありながら、非日常的な祝祭性が感じられるわけである。

また、晴天の夕暮れ前に本店の焼き台前に座っていると、別の快感も味わうことがある。路地の上には電線がごちゃごちゃ張り巡らされており、小規模な呑み屋とは対照的に二〇メートルも離れていないところに大きな西友もあるが、そのような目障りな近景を見越してタイミングよく西に目を向けると、空の色が淡い青色から紺色まで徐々に深まっていく変遷が楽しめる。狭い、雑然とした環境のなかにいながら、広大な別世界を垣間見るとき、あの「一等席」ならではの豊かな飲酒体験を味わうことになる。これも溝口での感慨と似ていると思えば、やはり闇市由来の居酒屋特有の味わいと考えるべきかもしれない。

＊

長年にわたり「戎」に通っていると、たまに焼き台を担当する店長が替わることがある。独立して自分の店を開く人もいれば、「戎」の別の店に配転させられることもある（西荻以外にも数軒あるらしい）。たとえば、十数年前に本店の焼き台を担当していた男が「戎」を辞め、高円寺で似たような店を出したこともあるが、私を含めて昔の常連で彼の店にも顔を出す客は少なくない。彼の店のメニューと価格と規模は「戎」とさほど変わらないが、やはり店主によって店の雰囲気が異なり、店主のファンがそれぞれに集っているようである。また、「戎」本店から北口店に配転された場合、本店の客が急減したことに驚いたのを覚えている。本店の常連客のうち、配転された店長を追って、今度は北口の常連になったからである。本店の別の常連客の中には、まるで失恋したかのごとくしばらく「戎」に顔を出さなくなり、たまに店の前を通っていくとき、ひそかに焼き台に立つ新しい男の様子を覗きこみ、気に入ったら徐々に本店に戻り、再び常連になるという例もある（この現象を「オヤジlove」とでも呼ぶべきだろうか）。

考え方によっては、これは店の吸引力が弱いと言えるかもしれない。つまり、店長がひとり抜けるだけで客離れにつながるくらいなら、店の魅力が元々弱かった、という理屈である。だが、私はそうは思わない。むしろ、その一時的な客離れ現象こそ「戎」のような小ぢんまりした居酒屋の魅力だ、と思う。すなわち、〈店〉と〈人〉が切り離せない状態は弱点ではなく、それこそ魅力である、と。その意味では、すべてが制度化・マニュアル化されたチェーン店の体制とは正反対だと言える。たとえば、通常のチェーン店居酒屋の場合、客であろうと店員であろうと、一個人の存在は小さいだろう。もちろん、店長が突然辞めてしまえば困るとは言え、それだけを理由に客が店を離れ、または店長を追って配転先の店の常連になるようなことは普通考えられないだろう。

西荻の「戎」の焼き台がある三店舗（すなわち、南口の本店と二号店、そして北口店）での飲酒体験を比較するとき、それぞれの店舗の規模や、客層や、品数など様々な要素はあるが、焼き台に立つ店長の個性やカリスマ性も見逃せない。私は二号店には二〇年以上入っていないので証言できないが、少なくとも本店の焼き台を担当するには、頭がよく切れる上に、ユーモアとある程度の存在感がなければ務まらないという印象がある。この店の場合、黙々とおいしい串を焼いていれば済むわけではなく、客とのやり取りも重視される。客は〈店〉を選んでいるだけでなく、〈人〉も選んでいるからである。あるいは、〈店〉を選ぶ際、〈人〉が占める比重が大きいということができる。

同じ焼き鳥屋とは言え、焼き台に立つ人の個性によって店全体の雰囲気も、客の飲酒体験も大きく左右される場合がある。だが、溝口の「かとりや」の店長のように静かな人もいれば、走り回っている店員たちとしょっちゅう注文を叫び合って確認しなければ任務が果たせない「戎」のような店もあり、どちらもそれなりの魅力がある。

厳密に言えば、「戎」はチェーン店だが、十数人しか座れない本店で呑んでいると、その気配は一切感じられない。焼き台に立っている男は、正式には「店主」ではなく「店長」かもしれないが、依然として「ここがオレの店だ」というプライドと所有意識を強く醸し出ている。また、常連客にもその意識が共有されているからこそ、店長と一緒に呑んでいる気持ちが湧き、その店長が突然焼き台から姿を消したときに、多少なりとも喪失感を覚え、呑む感覚のバランスがしばらくくずれたように感じることもある。

「戎」本店の店長の接客姿勢はあくまで大衆酒場のそれであり、最近お流行りの、いわばマニュアル通りの馬鹿丁寧なことば遣い（たとえば、「はい、奴になりまーす！」や、「モツ焼きのご注文をいただきました！」など）を耳にしないで済む。むしろ、「戎」の場合、仮に店内でケータイを鳴らし、あるいは喋り出すような客がいると、「おい！　ケータイは外！」と、ためらわずに叱るところがかえって潔い。その際、カウンターを囲んでいる常連たちの顔に苦笑いが浮かぶが、客同士、そして常連客と店主との絆が確認される作用もある。つまり、この類の店は何より「人間臭い」空間である。ロボットのようなことば遣いや、マネキンのような愛想笑いに晒されないで呑める。闇市由来の、大衆酒場ならではの〈美学〉が味わえる。

縄のれん

多様な居酒屋形態のなかで、あるいはおでん屋というのは最もぬくもりを感じさせるのではないだろうか。その理由はいろいろ考えられる。おでん屋こそ屋台の延長線にあるから、店舗を持つとしても、普通は店内にはごく小さなカウンターしかなく、少人数で同じカウンターを囲んでいると、アットホームな気持ちになりやすいことがまず挙げられる。また、おでんと言えば、季節はどうしても冬を連想しがちだが、「ひんやりした夜におでん」を想像するだけで温まりそうではないか。しかし、もうひとつ見逃せない要素は、焼き鳥屋とは対照的に（少なくとも近年の）おでん屋では中高年の女性がカウンターの内側に立っていることが多い、ということである。つまり、店主が母役（ママ）として接される場合があるからこそ、おでん屋というのはより「家庭的」なイメージが付随するわけである。

ところが、町のなかでおでんのほのぼのとしたイメージを収奪しようとする店がある。誠に許しがたい現象であり、そのような店ではおでんを発売禁止にしてほしいほどである。

友達とふたりで戸越銀座を初めて探訪したときであった（その友達がふざけて当日の探訪コースを「戸越銀ブラ」と呼んだ）。商店街の呑み屋で愉快なひと時をすごしてから、池上線でさらなる探訪に挑むことになったが、相棒が途中でコンビニに用があるというので、私も一緒に入った。そして、一気に酔いが醒める光景が目に入った。おでん売り場である。しかも、その上に「おでん」と書いてある赤提灯をぶら下げているではないか。これだけは許せない。

本格的な居酒屋愛好家から見れば、コンビニとおでん屋とは対極の存在であり、絶対に混同してはいけない。規格化された無機的な物品販売所が、小ぢんまりした、温かさと人情あふれるイメージを奪略することはまるで罪ではないか。私から見れば、コンビニ店内に赤提灯を吊すような演出はまるで冒瀆《ぼうとく》である。その光景を目の当たりにした私は思わず憤慨し、それ以上コンビニにいられず、先に出て友達を待った。後で怒っている理由を説明したら、彼は「ふーむ、そうか。なるほど」と、相槌を打ってはくれたが、さほど気にならないらしい。

私の反応はきっと極端だったが、冷静に考えると私があのとき怒ったのは、コンビニの存在そのものでもなければ（私もたまに利用する）、おでんを売っていること自体でもない（コンビニからおでんは買ったこともなく、買いたいと思ったこともないのだが……）。ただし、コンビニで赤提灯を吊ることはどうしても気に障る。闇市の雰囲気を中途半端に真似たレトロ風酒場にせよ、コンビニで「おでん」と記した赤提灯を飾るにせよ、安易に何でも売り物にするという姿勢が社会にとっても好ましくないと思う。やはり、〈その場らしさ〉を大切にすることは〈町〉そのものを大切にすることに等しい、と私は考える。おでん専門のチェーン店居酒屋を見かけないではないか。同様に、チェーン店のなかに「おでん屋」を彷彿させるようなこともよしてほしい。

＊

さて、西荻でよく訪れるおでん屋の「O屋」は、それほど小規模の店ではない。また、店主は母親を思わせる中年や年配の女性でもない。店内の「コの字型」カウンターには一八席もあり、さらに入口の左側に座敷席があり、四人用のテーブルが三つ並んでいる。奥の厨房で調理している店主は三〇代半ばの男である。接客は二、三〇代の男女の店員が任されているわけである。

「戎」とは全く違う雰囲気でありながら、「O屋」も庶民的な呑み屋と言える。ただし、通常の大衆酒場に比べ客は静かであり、内装も地味でありながら品格が感じられる。カウンターは分厚い一枚板で、天井にも上質な木材を使用しており、これもまた味わい深い。品書きはおでんのほかにもさしみや焼き魚があり、通常のおでん屋のメニューに比べ品数が豊富であり、丁寧に調理している。

この店は昭和三〇年に創業され、今の店主は二代目である。二代目とは言え、先代の身内ではない。ただ、先代の下で何年か働き、初代店主が引退した際、ぜひ店を譲ってくれと切願したそうである。先代と店の伝統に対し、非常に愛着が強いことは初代店主のみならず、長年定着した常連客にも伝わったようである。というのは、普通ならばそのような場合には、先代が引退してから、「戎」の店長が代わるときのように、常連客が急に減るはずである。しかも「O屋」の場合、店主自身のみならず世代まで大きく変わることになるので、なおさら常連の客離れが予想されるが、客たちが二代店主のまじめで謙虚な人柄を評価したおかげか、年配の常連たちでそのまま通い続けてきた客が意外に多いようである。もちろん、離れて戻らなくなった客もいるが、その代わりに中央線文化圏ならではの中年の自営業や芸術家など、それまでに「O屋」ではほとんど見られなかったような客が加わるようになったので、以前よりも客層が幅広くなったと言える。さすがに二〇代の客はあまり見かけないが、ひとり客の中年男性のほかにも、三〇代から八〇代のカップルまで見かけることは「戎」本店と違う。

「O屋」の客には、まわりに迷惑をかけるような人はめったにおらず、全体として非常に気持ちの良い呑み方をしているように思う。酒乱は見たことがなく、大声で騒ぐ客もほとんど来ない。「コの字」のカウンターによる抑制力がよく機能しているようである。また、「コの字」だから常連同士は自然に顔見知りになるが、なれなれしく迫ってくる人は少なく、お互いにほどよい距離感を保つことをよく心得ている。酒の呑み方を覚えるのによい環境だと言える。普通ならよく話しかけられる私でさえも、「O屋」ならさほどインタビューされずに済むことが期待できるので、静かに落ち着いて呑みたいときに気兼ねなく行ける店である。

とは言え、だいたい八時を過ぎてしまうと、客層が明らかに変わり、年配者や途中下車したサラリーマンが帰り始め、入れ替わりにラフな格好をしている西荻人が現れるようになり、皆がだいたい同じコースを回っているだけに、お互いに顔を合わせる確率が高く、そのためにこの時間帯の店内の雰囲気は、やや「濃く」なってくるように感じられる。

＊

「O屋」の特徴のひとつは入口に吊るされている縄のれんである。のれんの文化史について谷峯藏『暖簾考』が詳しいので、同書の一節を引用しよう。

縄暖簾と言うと居酒屋の代名詞となって、居酒屋専門の暖簾かと思われているが実際には（中略）一般民家、一般商家でも裏口に、また寺院などは裏口、勝手口にこの暖簾を使っていたもので、居酒屋、煮売屋が縄暖簾を専門に使うようになったのは幕末も天保年間（一八三〇〜一八四四）頃からだ。

居酒屋、煮売屋がこの縄暖簾を専門に使うようになったのには、それなりの理由がある。

縄暖簾は蠅除けに効果があるからと言う。

門口にかけた縄暖簾は、屋外の明るさと、屋内の暗さとを仕切って縄は下がる。蠅は縄を境に暗い方、つまり屋内に這入りたがらず、匂いの染みこんだ縄暖簾に留まって屋内に這入らないと言う。真偽はとにかく、以上のような理由で居酒屋、煮売屋が縄暖簾を専門に使うようになったことから、その代名詞になってしまった。

縄暖簾は別称「さげなわ」とも言われていた。[13]

しかし、「居酒屋の代名詞」となった縄のれんは、現在の東京では意外に見受けられなくなってきたのではないか。「戎」本店はのれんもなく、店内と店外との境界も曖昧であることは前述の通りだが、普通の居酒屋にはドアのような仕切りも、のれんのような宣伝効果を兼ねた別次元の仕切りもある。仕切りは種類によってその効果は異なるが、『暖簾考』で挙げられている諸機能――風除け、日よけ、蝿除けなど――の他にも、着目すべき側面があるように思う。

たとえば、通常の居酒屋で使われている布のれんの場合、店内の客の顔が通行人の目からおおむね隠されると同時に、店内の様子が多少覗けるようになっている。つまり、外から店内の雰囲気はある程度分かるが、誰が呑んでいるかまでは（よっぽどのれんをかき分けたり、かがみながら覗いたりしない限り）見えない。微妙ながらバランスがよく保たれているものであり、客を店内に誘導する機能もあると言えよう。

縄のれんの機能は現在の居酒屋で通常使われている布のれんと大まかには同じだが、違いも見逃せない。まず、布のれんの場合、かき分けて覗かない限り、店内の客の顔は見えないものの、足や腰の辺りはおおよそ見えるので、店の混み具合はだいたい把握できる。ところが、「O屋」のように太い縄のれんが吊るされている場合、通行人が立ち止まってゆっくり覗きこめば、カウンターに座っている客の顔まで判別できる一方、自分も見られてしまうことになるため、そうじろじろ覗きこむわけにいかないだろう。だからゆっくり通りすぎて行きながら、店内全体の様子は把握できても、（よっぽど注意して見ないかぎり）客一人ひとりの顔までは分からない。シキリに感心させられる工夫である。

言い換えれば、普通ののれんと同様に、縄のれんは店内と店外との境界の指標として機能しているが、布のれんのように上下に店内の様子を分離しているのと対照的に、縦に、しかも均等に仕切っている。店内と店外がはっきり区別されてはいるが、布のれんほど店内の空間は外の〈町空間〉から切り離されていないところに縄のれんの魅力があるのではないだろうか。蠅は除けるかもしれないが、私は「O屋」の頑丈な手作りの縄のれんに引き寄せられたら、そのままずーっと店内に入ってしまう。古来の知恵は、現在の居酒屋でも生き残っているのである。

地酒と一輪ざし

「酒房高井」は西荻窪駅のコンコースを通り、北口に出たら真向かいのまっすぐに延びる路地の先にある。駅から少し進むと左側には「戎」の北口店があり、隣にはなかなか渋い和洋折衷の平屋がある。最近まで歯科医院として使われていて（二〇一二年六月に閉院）、デザインから察すると大正時代または昭和初期に個人宅として建てられたと想像される。(14)ダイヤ型のパターンを織り込む、趣向を凝らした窓やドア、それに家の前にある小さな庭は、コンクリートが増えるばかりの周囲とは対照的に、目を喜ばせ安らぎを与える風景として際立っている。姿を消した質屋もこのすぐ近くにあっただけに、通りすぎるたびに「いつまで残っているだろうか」と、どうしても不安に駆られてしまう次第である。

北に進むと、小さな十字路をすぎてから、すぐに次の十字路に差しかかるが、そこを右に曲がると一九七五年創業の「アケタの店」というハードコアなジャズのライブハウスがある。

私は最近出演していないが、日本で初めてギャラを貰ってピアノを弾いたのはこの店であり、その後も何十年にわたり「アケタ」で演奏し続けてきただけに、思い出深いジャズスポットである。最近、ジャズはすっかりおしゃれになったようだが、その点「アケタの店」は時代錯誤させる場所である。「アケタ」は「戎」本店と同様に、飾り気ゼロパーセントと感じさせる、いわば格好ではなく「中身重視型」と言える（それ自体が一種のファッション意識につながることがあるのは言うまでもないが……）。店主の明田川荘之氏は、世のなかで類例のないピアニストである。演奏しながら調子に乗ってくると、全身を武器にして鍵盤へ襲いかかる――こぶしと肘はもちろんのこと、ときに足や頭を使って鍵盤攻撃をすることがある。ジャズクラブの店主とピアニストだけに止まらず、「アケタさん」はオカリナ製作会社の社長でもあり（父親が一九二八年に創業した会社を引き継いでいる）、オカリナ奏者でもあり、駄洒落の名人、「アケタズ・ディスク」というCD会社の社長であり（ちなみに、小生のピアノトリオとしての初CDを同社が出してくれた）、そしてオールラウンドの変人・奇人として知られているのである。実家は荻窪にあるが、西荻ならではの人と店、と言えるだろう。

＊

「高井」は「アケタの店」の十字路を越した右側にある。すぐ隣に小さくて個性的な古書店があり（以前は夜中一二時ごろまで開いていたが、最近はもう少し早く閉まるようである）、その手前には「卓球酒場」と自称する店がある（私は入ったことはないが、本当に卓球をやりながら呑むという店であるならば、客の酒回りが数倍早く、商売として考えたらあまり得策ではなさそうに思えるが……）。

多くの居酒屋では内装の見どころが天井だとしたら、そしてお花茶屋の「川松」の場合が床ならば、「高井」でまず目を惹くのは壁であろう。くすんだ土色の手作りの壁は、店主と客たちというアマチュア集団が塗ったそうだが、タバコの脂などでいっそう渋い色に変色した現在では、まるで美術作品のように見える。「和」の趣味に徹した一色を基調としながら、よく見れば色彩に溢れており、場所によって下地の粗さも異なり、印象派の油絵を連想させられるところがある。アマチュアの不出来な産物にすぎないのかもしれないが、むしろその荒っぽいブラシの遣い方が、ほどよい立体性を作り上げているようにも思える。つい手で触れたくなる吸引力がある。また、店内の照明が柔らかく、内装全体の色合いが落ち着いており、余計な音が耳に入らないこともありがたい。

さらに「高井」のカウンター自体が渋く、しかも形がユニークである。「Ｏ屋」のカウンターとは違うが、同様に上質の分厚い木材を使用しており、「高井」のカウンターはとくに奥行きが深く長い緩やかなカーブを描いているところに特色がある。つまり、一本のカウンターでありながら、通常のまっすぐな一本型とは違い、多少カーブしているゆえに、真ん中辺りに座っている客が両脇に座っている客の顔を見ることができるから、「コの字型」ほどではないにせよ、ある程度似たような効果があり、この店においても「皆で呑んでいる」という気持ちが客の間で湧きやすい。

「高井」のカウンター席は、個人用の椅子ではなく、カウンターのカーブに沿って木製の三、四人用のベンチが並べてある。詰め具合によって、おおよそ二〇人が座れるようになっている。テーブル席や座敷はないが、三人用の極小の立ち呑みカウンターが壁の両脇に設置されている。ほとんど使われることはないが、たまに満員のときにそこで立って呑んでいる客を見かけることがある。しかし、店の混み具合によって客がお互いに詰めたり、席を譲って先に帰ったりすることはごく普通である。長い時間にわたってその人の流れを見ていると、潮が引いたり満ちたりするごとき自然な動きに感じられてくる。

カウンターの上に多様な形の花瓶が七つおいてあり、それぞれに違う花が生けてある。立ち呑みカウンターにも花瓶がひとつおいてある。花は店主または奥さんが毎日買ってきたもので、花瓶に合わせて花が生けてあり、一輪ざしの場合もある。したがって、「高井」では座る位置によって、異なる花と花瓶に囲まれることになるわけだが、これもこの店特有の楽しみのひとつである。

花瓶の合間に、焼きものや陶器の大皿に盛った料理が並べてある。カウンターの内側には大きな冷蔵庫があり、三、四〇種類の地酒の一升瓶が詰めてある。日本酒を注文する客は、多様な猪口のなかから好みの一個を選ぶことになっている。立川の「狸穴」にある「お猪口キープ制」ではないが、選ぶ猪口によって客の趣味が表れることに変わりはない。「高井」には焼酎も何種類もおいてある。生ビールはないが、「ハートランド」の瓶ビールを出している。

私は「高井」の渋い壁を背後に座り、一輪ざしを前に地酒を呑んでいると、落ち着いた優雅な気分になれる。この店は、小ぢんまりしたおでん屋とは別の意味で「アットホーム」な気持ちになりやすい。とくに遅い時間となると、慣れ親しんだ常連客が中心なので、非常にゆったりした雰囲気が醸し出されてくる。各自が選ぶ猪口といい、花瓶とその花のバラエティといい、物一つひとつ、そして客一人ひとりが大切にされている印象を受ける。

言い換えれば、「高井」の内装は「戎」本店とは正反対の趣向だが、両店とも常連客を大切にしており、個性が重視されているように思える。ただし、その姿勢は「お客様が一番」や「客は神様」などの陳腐な営業文句に反映されるようなものとは違う。単に個性的な客が多く（敢えて言えば「クセの強い客が多い」かもしれない）、また店主や店長の個性によって客層が変わることはさらなる共通点として挙げられる。前述の通り、「戎」の場合、焼き台を担当する男によって客層が変わるが、近年の「高井」では曜日によって客層がかなり変化するようになってきたことが、この店のもうひとつの特徴だと言える。それには、理由がある。店主ご夫妻が交互に店を仕切っているためであり、それぞれのファンが集まる曜日が異なるからである。また、旦那さんの方が店に出ている水・土曜日にはBGMが一切かかっておらず、店内の音は客同士や、客と店主や店員（だいたいバイトがひとり入っている）の話し声のみとなる。奥さんが出る火・金・日曜日（月・木は定休日）には、小さなラジカセで音楽を流すこともあるから、それだけでも雰囲気がかなり変わる。

私自身は、落ち着いて呑みたいときにはBGMやテレビ、そして大声を耳にしない店を選ぶ。客たちと店主だけの会話——そのような店は本来ごく当たり前だったのに、現在の東京では縄のれんと同様にかなりめずらしくなってきた。大衆酒場にせよ、「高井」のような渋い居酒屋にせよ、いい店にはいい客が付いているはずだから、余計な音は無用だと私は思うのだが……。

BGMを避けたいということもあり、私は「高井」には主に水・土曜日に行くようにしている。ところがある日、いつも通りの落ち着いた雰囲気を期待して西荻の呑み友達と一緒に夜一〇時すぎに入ってみたら、予想外の状況に出くわした。入口辺りの席には四人組の一見客が並んで座っていた。私はカウンターのみの店に四人で入ること自体がやや図々しいと思うのだが、それはさておき、問題は彼らが発していた会話の音量である。というのは、私達ふたりはかなり離れた席に座って話そうとしても、彼らの会話ばかりが耳に入り、ろくに話ができなかった。その内のふたりはとくに声がデカく、おまけに酒がだいぶ入っていたようなので気も大きくなっている。しばらく我慢したが、私は金を払ってまで我慢して酒を呑むことは不愉快だから、さっそく対処法を考え出した。店主も私の長年の呑み友達であり、客に対し注意したり、叱ったりするようなことはしないだろうと分かっていたが、彼に比べて短気な私がそのうちに立ち上がり、声の一番大きい男の肩に手をそっとおきながら、できるだけ落ち着いた、優しい声で「すみませんが、声をちょっと小さくしていただけますか」と頼んだ。すぐに謝ってくれ、しばらくは店内の音量が低減したが、五分も経たない内に再び叫ばんばかりの騒音に戻った。また、五分程我慢してみたが、このままでは酒がちっとも美味しくないので、友達に帰ることを告げ（彼は西荻在住の常連なので、私がいなくなっても不自由しない）、そして勘定を済ませてから、今度は例のヤツの肩をしっかり叩き、「おい！「白木屋」は向こうだよ！」とだけ言い放って、出て行こうとした。彼は急に喧嘩腰になったのだが、隣に座っている女性の友達が間に入って彼を制しながら「すみません」と、何度か私に謝ってくれた。私はそれに対し、「私に謝るんじゃなくて、ここはみんなで呑んでいるからね――みんなで」と答え、そのまま帰った。

彼らからしてみれば、私こそずいぶんとうるさいヤツだと思ったにちがいない。だが、私の反応はさほどめずらしくないと思う。さすがにそこまで喧嘩になりかねないような捨て台詞を吐く人は少ないかもしれないが、小ぢんまりした居酒屋に長年通ってきた常連客であるならば、誰しも相当の所有意識を持っているはずである。客の店に対する所有意識こそ「よい店」に付き物だと言ってよいと思う[15]。会員制クラブではないので、ある程度柔軟な姿勢を要するが、私があのウルサイ男に伝えたかったのは、「ここは「白木屋」のようにガンガン騒いでよい、大型チェーン店居酒屋とは訳が違うゾ、初めての店に入っているんだから、多少周囲を見てその雰囲気を壊さないように呑んでくれ」ということだけである。きっと何の効果もなく、単に「あのうるさい外人は誰だ⁉」と思ったにちがいないが……。

ハモニカの不協和音

吉祥寺は西荻窪の隣にあるのに、別世界である。もちろん、吉祥寺にも飲食店をはじめ小規模の個人商店はたくさんあるが、いわば「中央線文化圏」らしからぬおしゃれなブティックが点在しているほかに、駅の近くにはデパートや大型チェーン店および映画館があり、おまけに若者のデートコースの人気スポットとして定着した井の頭公園もあるおかげで、一〇代、二〇代の女性や若いカップルがとりわけ目立ち、週末になると都心の繁華街に負けないほどの雑多ぶりを見せるようになってきた。あまりにも外部からの人が町を歩いているので、現在の吉祥寺では、常連中心の小ぢんまりした店がかなり少数派となってきたことは否めないだろう。

各地の呑み屋文化と、もうひとつ顕著な違いが見受けられる。すなわち、それぞれの闇市由来の呑み屋街の近年における変容ぶりである。西荻にも吉祥寺にも元闇市の呑み屋街に「新型居酒屋」と呼べる店が現れ始めたが、その新しい店の元闇市との関係が著しく違っており、その違いに、この隣接する町との発展の違い全体が確認できる。

まず、吉祥寺の闇市「ハモニカ横丁」の歴史に触れよう。井上健一郎の自費出版の冊子『吉祥寺「ハモニカ横丁」の記憶』(二〇〇七年)は資料のみならず地元商店街組合や経営者などとのインタビューも載っており、戦後初期のハモニカ横丁の発展から現在に至る変容ぶりを概観しているので引用したい。

終戦直後、建物疎開によって広場となっていた一帯にはヤミ市が発生した。露店が三―四〇〇軒現れたという。ハモニカ横丁では、仲見世通りにおいては、戦前存在した店の建物の基礎が残っていたために、それをベースとして建物を建てた。一方で、現在の祥和会辺りでは、テキヤが荒縄で一帯を取り込み占領した。そしてその場所を細かく分け、そこに商売人を誘致し場所代を徴収した。また、ハモニカ横丁の北側に位置する商店街であるダイヤ街の店の前にも露店が出たために、ダイヤ街の商店主から苦情がでて、苦情を受けた露店商はハモニカ横丁に移転し、祥和会に入りこみ混雑した。そのため、仲見世通り沿いにある店の間口はある程度の幅があるものの、祥和会一帯にある店の間口はとても小さかった。[16]

ハモニカ横丁のなかには四つの商店街があり、上記の「祥和会」とは、そのうちのひとつである。JR吉祥寺駅の中央口を出て、ハモニカ横丁を前にすると、最も左側の路地の両側の商店が「祥和会」である。右側に隣接する路地は行き止まりの「のれん小路」だが、ここに小さな飲食店が並んでおり、それらの店は主に「祥和会」に所属しているそうである。その右隣には「朝日通り商店街」、さらに右には「中央通り商店街」があり、そして右端に「仲見世通り商店街」があるが、それぞれの商店街の発展史と性格が違う。井上は各商店街の相違点を的確に要約しており、しかも現時点でその冊子は書店などで流通していないようなので、以下、井上の記述をやや詳しく転載したい。

祥和会——戦後、テキヤ組織によって占領されていた一帯。当時、ここで商売をするにはテキヤに場所代を支払う必要があった。そもそも〝ハモニカ横丁〟（ハーモニカ横丁）というネーミングは、間口の狭い建物が軒を連ねている様子がハーモニカの吹き口を思わせることから名づけられたが、この祥和会はほかの三つの商店街に比べて特徴的に間口の狭い店が多く、元はと言えばこの一帯に限って例えたものだった。それが今では祥和会だけでなく一帯全体をハモニカ横丁と呼ぶようになっている。祥和会一帯は、終戦直後は「のみや横町」と呼ばれていた。

祥和会以外の商店街にある店は地主と1軒ごとに借地の契約をしているが、祥和会に限っては会全体でこの一帯の借地の契約をしている。

朝日通り商店街――戦後、主に中国人の勢力が強かった商店街。そのため中華料理屋やパチンコ屋が多かった。現在、大きなパチスロ屋があるが、この歴史が関係している。一九五〇年代までは「中華マーケット」と呼ばれていた。（中略）この商店街には「第一アサヒ」というパチンコ屋が長い間存在した。それがきっかけとなり「朝日通り」というネーミングとなった。

中央通り商店街――他の商店街に比べ、あまり歴史的な特色はない。しかし、一九九〇年代後半にハモニカ横丁が注目されるようになったのは、「ハモニカキッチン」をはじめとする、この商店街にあるモダンかつレトロな雰囲気をモツ飲食店の存在が大きい。

それに続くように若者向きの飲み屋ができ、現在に至るまで新しい店の出店が相次いでいる。

仲見世通り商店街――戦前からこの一帯では商店街が形成されていた。戦時中、吉祥寺駅周辺の建物が建物疎開になった際に、当時ここにあったいくつかの商店は建物の基礎を残して立ち退いた。終戦を迎えると一部の店舗で、残された建物の基礎を活かし、そこに店舗を建築した。４つの商店街のうち唯一、仲見世通り商店街は協同組合となっており法人化されている。道路の幅員が最も広く、水道などのインフラ設備があまり整っていないこともあり飲み屋が少ないため、落ち着いた雰囲気がある商店街(17)。

さて、以上の記述から注目したい点がいくつかある。まず、終戦直後のハモニカ横丁とほかの闇市との共通点が見受けられることである――たとえば、テキヤ（そしてヤクザ）(18)の介在、店舗の極小な規模、土地の権利の曖昧さ（あるいは権利なしの営業）、そして当時「第三国人」と呼ばれていた人たちの活躍である。

現在では、「第三国人」は差別用語と見なされているが、当時はもう少し中立的なニュアンスがあったように思える。すなわち、占領者であるアメリカ人および連合国人でもなく、被占領者の日本人でもなく、日本に在住し（または強制連行されてから置き去りにされた）、ごく曖昧な法的立場におかれていた朝鮮人や台湾人、そして中国人（当時の言い方では「支那人」）を指す呼称であった。また、敗戦当時、在日の中国系・朝鮮系の人たちの闇市における大活躍ぶりを視野に入れずして戦後の日本社会の発展――殊に繁華街の発展――が十分に語れないことは確かである。その点、ハモニカ横丁も例外ではない。

余談だが、私が闇市に興味を覚えるのは、その独自の「みすぼらしい美学」に惹かれるからだけではない。それまでに弾圧され搾取されてきた人たち――朝鮮人や台湾人であろうと、社会の周辺に追いやられていた日本人であろうと――が、一旦崩壊し無秩序に陥った社会ですさまじい生命力を発揮し、成功のための基盤を作ったからである。それは必ずしもきれいな手段による成功ではなかった場合もあり、闇市には暴力と搾取が日常沙汰だった（戦後初期、ハモニカ横丁に縄張り争いで銃撃事件が相次いだ時期もあったそうである）[20]。だから、過剰に美化すべきではないが、とりわけ戦前・戦中に不利な立場におかれていた人たちが生活向上の糸口を見つけることになった事実がとりわけ重要であり、現在の日本社会を考える上でもきわめて含みに富む事象であるように思える。

＊

さて、この数年間、ハモニカ横丁に進出してきた新しい形式と雰囲気の呑み屋に焦点を移そう。上述の井上の冊子が発表されてから六年経っているが、その間に新型居酒屋（しかも、ほとんど同じ系列の店）がいっそう目立つようになり、ハモニカの人気は増す一方である。明るい、おしゃれなワインバーや、一面ガラスばりの洋風飲食店が仲見世通り商店街辺りに次々と現れ、マスコミによく注目されてきたのは周知の通りである。これらの新店は全体として、周囲の店に比べて明るく、広く（二階の店も急増している）、そして何よりもきれいかつおしゃれという点で際立つ。また、それまでに「怖い」や「汚い」、少なくとも「入りにくい」という評判を背負ってきたハモニカ横丁のイメージが一変し、女性同士を含む若者から中年の男女まで、ハモニカと無縁だった人が足を踏み入れるようになった。客数が急増し、客層の幅も広がったので、だいぶ前から地道に営業してきた小規模な個人経営の飲食店にもそれなりの利点があるだろう。だから、いろいろな意味で新型店の出現はめでたいと言える。

だが、しかし。私にはあまりめでたく感じられない。もちろん、私自身は吉祥寺に住んでおらず、店を出しているわけでもないので口を挟む資格はないかもしれないが、自称「全国赤提灯千鳥足探訪協会東京本部副部長」である私だけに、都内に残り少なくなった闇市由来の呑み屋街が急変することを黙って見すごすわけにはいくまい。

まず、誤解のないように念を押すが、歴史的価値がある一帯だからと言って、何も変わるべきでないとは思っていない。時代も変わり、店主と客層の世代も入れ替わるから、店の形式や趣向が変わるのも当然である。以前も述べたように、私はテーマパークや博物館のような呑み屋街を求めているわけではけっしてない。従来通りの、生き生きした町空間であってほしい。また、溝口にせよ、西荻や吉祥寺にせよ、闇市由来の「古い」呑み屋では、実際に一九六〇年代頃に創業された場合が多いことも忘れてはいけない。つまり、すでに闇市時代から店も変わっており、代替わりもしているわけである。

問題は、変容のあり方である。客さえ集まれば、どんな店でもよいはずもないだろう。私がとくに大事に思っているのは、何十年にわたりその一帯で築き上げられてきた独自の〈雰囲気〉が根源的に継承されることである。確かに曖昧な言い方だが、要するにそれまでの歴史的背景に対する尊重の念が感じられるような形で新店を出してほしいと思う。営業形式や各店の雰囲気がそれまでの店と変わっても、一帯全体の雰囲気を壊さない姿勢が望ましい、と言いたい。「温故知新」と約言してもよい。

町の変容ぶりを評価するとき、私は以下の三要素を重視する。とくに元闇市の路地街で新しい店を出す場合、これらの要素をぜひとも考慮してほしいと思う。

（1）規模——細い路地によって成り立っている闇市由来の一帯に、突然、周囲の飲食店に比べ、二、三倍も規模の大きい店が並ぶと、〈路地〉という独特の文化が侵されかねない。現在のハモニカ横丁では、相対的に規模の大きい新型店の急増のため、その一歩手前まで来ているような危機感が私にはある。とにかく路地には路地なりの文化と美学がある。それを侵さずに新しい形式の店を創造すればよい。

（2）照明——路地には路地なりの〈美学〉があると言ったが、それは店舗が道幅に相応した小規模なものであるのみならず、薄暗い町空間になっていることも挙げられる。言い換えれば、〈路地〉の呑み屋街は多少入りにくくてもいいはずである。狭く、薄暗く、そしてきれいでもおしゃれでもないゆえに町の異空間として魅力があり、冒険心のある人のみが足を踏み入れる特別な一帯である。近年、ハモニカ横丁に進出してきたカフェバーの雰囲気を彷彿させる呑み屋では、もっとも目を引く要素は異常な明るさであると思う。また、これはきっと経営者の意図的戦略であるにちがいない。つまり、路地の美学をあえて覆そうとしているように思える。確かに、そのおかげで、より多くの人が楽しめる空間にはなっているが、同時に〈異空間〉としての特徴が着実に薄れている。あるいは、進出した呑み屋の「新奇さ」を際立たせるために、古くみすぼらしい一帯を利用しているにすぎない、とも解釈したくなる。したたかな営業策略は効果的かもしれないが、横丁全体に貢献しているというより、自店の利益を上げるための自己顕示として私の目に映る。

（3）**個人経営**――闇市時代の呑み屋は極小の上、未経験のアマチュアが店を開いた場合が少なくない。六〇年代あたりから始まった呑み屋の平均的な規模は、戦後初期に比べれば大きくなったとは言えるが、通常の居酒屋に比べるとやはり依然として小規模な店が多いことに変わりはない。また、言うまでもなくチェーン店居酒屋が普及する以前の時代であるから、店主やその身内（つまり「社員」ではなく）が店に立つのが基本である。ところが、近年の「ハモニカ横丁」で最も注目と人気を集めている店はほとんど同じ系列のチェーン店形式であるらしく、その点においても、利益を上げるためには効率的かもしれないが、小ぢんまりした店で呑み慣れた客ならば、その合理性重視の営業姿勢が悪臭芬々たるものであり、敬遠したくなるものである。

以上のハモニカ横丁の変貌ぶりに対する厳しい視点を極端に感じる読者もいるだろう。また、この視点は非常に保守的な価値観を反映しているように思われかねない。確かに、路地の文化と美学に対する「保護心」のような感情が人一倍に強いようであり、その意味では保守的と言えるかもしれないが、前述した通り私は町空間の変化そのものに対し異論を唱えているわけではない。たとえば、近年の新宿ゴールデン街での若者の進出はおおむね歓迎すべきだと思っており、また西荻の「戎」の一本裏の、元青線と言われる路地も（たった一本の短い路地ではあるが）、ここ一〇年、二〇年の間に大いに変貌したが、私はその変化も歓迎している。

というのは、西荻のその路地にはおばさんが経営する二階建ての木造の小料理屋が並んでいたが、その風情は気に入っていたものの、一度だけ一軒に入ってみた経験から察すると、それは安くもなく、また形式は違うが、店内の雰囲気はどちらかと言えば、「スナック」を思わせるものだったので、また入りたいとは思わなかった。ところが、若い人たちや沖縄、韓国、中国、そしてバングラデシュなどの人たちが始めた小さな「エスニック居酒屋」と呼べるような店が並び、活気が出てきたのみならず、路地らしさがいっそう際立つようになったと言える――どの店も規模が依然として小さく、照明はほの暗く、そして夏になると路地に小さなテーブルと椅子を出し、新たなストリート・カルチャーが現れるのである。以前とは全く違う「ノリ」の店ばかりだが、路地の原理と美学が保たれている好例である。さらに、西荻らしく店主たちも客たちも地元人が多いので、終電の時間とは関係なく、夜中まで営業している店が少なくない。くり返しになるが、〈変化〉そのものが問題ではなく、そのあり方に焦点を合わせたいだけである。

＊

最後に、誤解されないように付言したいが、私はハモニカ横丁を全面的に否定したいわけではなく、新旧問わず、いまだに気に入った店に顔を出すことがある。二階・三階・屋上のそれぞれの狭い空間を上手に利用する「おふくろ屋台一丁目一番地」は気に入っており、親子経営だからいっそうエールを送りたい。また、吉祥寺に滞在していた頃、その隣にある「けんちゃん」でずいぶん呑んでいたし、今でもたまに行くことがある。というのは、「けんちゃん」は朝方まで開いているので、いわば「吉祥寺消費団」が夜、電車で帰ってから、またハモニカの多くの店が閉まってからこそ、「けんちゃん」は地元住まいの常連客で賑わってくる。ここも夏になると、テーブルと椅子を店のそばの路地に出し、私は一時期、夜中にそこで呑みながら他の常連客とよく将棋を指していたが、あまりにも将棋ばかりに熱中するので、ある日から将棋を遠慮してくれと言われた（それは呑みにきているのか、将棋を指しにきているのか判別がつかなくなったので当然と言えるが……）。ほかに、ハモニカの「笹の葉」でたまに呑んでいたし、また数年前に開業したばかりの「はんなり」という上品な京風居酒屋の路地に面しているカウンターで呑むこともある。

しかし、吉祥寺で本当に落ち着いて呑みたいとき、私はハモニカ横丁を離れ、歩いて十分ほどにあるそば屋「清田《きよた》」に行く。「清田」は五日市街道沿いの、成蹊大学のちょっと手前の左側にある。最近、のれん分けしたので、店名が「中清《なかせい》」から「清田」に変わったが、店主も内装もメニューも以前と同じである。この頃、ある種の「都内観光地」と化した吉祥寺の喧騒な町並みを脱出し、「清田」の店内に入ったとたん、ため息をつきたくなるほど気持ちが急に落ち着く。外装も内装も、普通のいわば「街角のそば屋」と同じであり、家族経営でしかも店主ご夫妻がいまだに二階に住んでいるのは、現在の吉祥寺ではかなりめずらしいことだろう。酒のつまみはもちろん、そばがきもあり、生粉打ちそばを粗挽き、田舎、二八、更科など、数種類を出している。使用されているそばの産地は日によって変わるが、どれもおいしく、値段も手ごろである。しかし、何よりも地酒のセレクションに感動させられる。いつ行っても、呑んだこともない旨い地酒が味わえる。店主ご夫妻とはかなり長い付き合いになってきただけに、私はいつも酒の選択を日本酒好きの店主に任せている。そうすると、メニューに書いていない珍酒を厨房から持ってくるが、そのときの店主の実にうれしそうな表情を見ると、試飲する前からおいしくいただいている錯覚が起こる。

店主ご夫妻はふたりとも人がよく、近年は客層も意外に幅広い。たとえば、私が以前、吉祥寺に滞在していた頃いつもお世話になった、すぐ近くにある散髪屋のご家族を見かけたし、吉祥寺在住の演劇関係者や詩人、落語家と知り合いになったこともある。だが、ここは決して「セレブ」な店ではなく、依然として吉祥寺に深く根をおろしている地味な、気どらないそば屋である。むしろ、吉祥寺自体が「セレブな町」に変貌してきただけに、一昔前の、落ち着いたローカルな時代を彷彿させる一軒として大切にしたい次第である。

第七章　Le Kunitachi（国立）

クニタチ合戦

三年ほど前に、クニタチに引っ越してきた。中央線の国分寺駅と立川駅の間に位置しているので、両駅の頭文字を取ってくっつけたという安直な発想が、この町の漢字名「国立」の由来だそうである。しかし、それだけではあまりにもつまらないので、「新しい国が立つ」の意味合いも込めて名付けられたという説もある。(1) いずれにせよ、私は本章では市名をあえてカタカナで記すことにする。その理由は後に明らかとなろう。

約三〇年前にも一年ほどこの周辺に住んだことがある。あの頃は駅の北口から歩いて約二五分の、ごく小さな平屋だった。クニタチの中心は南口にあり、北口は主に国分寺市になっている。私の平屋の周辺では開発がさほど進んでおらず、田舎の雰囲気がだいぶ残っていた。何せ、わが家は汲み取り便所であり、ガスはプロパンで玄関の前は砂利道であった。今のようにおしゃれで上品な「文教地区クニタチ」のイメージからはほど遠い環境だったわけである。

今度の住まいは南口の元・国立《クニタチ》音楽大学、現在の「音大付属高校」に近い三階建てのマンションの最上階である。一九七〇年代に建てられた賃貸マンションだからけっして豪華とは言えないが、さすがにマンションだけにトイレは水洗であり、面積は前の一軒家より広いので贅沢に感じられる。また、町の中心まで歩いて一五分もかからず、自転車なら職場を含めてクニタチの繁華街まで五分以内で行けるので、北口時代に比べて格段に便利である。そのおかげで、町の喫茶店や飲食店などをこまめに探索できるようにもなった。ところが、探訪すればするほど、この町に対する気持ちが複雑になる。すこぶる気に入っている側面もあれば、逃亡したくなるほど拒否反応が起こる側面もある。愛憎相半ばすると言ってよいだろう。

今まで日米両国で暮らしてきた数々の町のなかで、クニタチほど強烈なアンビバレンスに悩まされた場所はない。それは、きっと私のなかに深く根付いている矛盾が触発され、頻繁に直面させられるからではないかと思う。その「矛盾」とは、永井荷風と同様に、東京のイーストサイドとウェストサイド両方に惹かれながら、けっきょく片方だけでは満たされないということである。困った欲張りだ。一方では、見え見えの上昇志向や、エリート意識およびスノッブな態度、それに（私が言うのも変かも知れないが）「バタ臭さ」などが私に拒否反応を呼び起こす。だから家賃がタダであっても、私は六本木や広尾のような町には住みたくない（一昔前までの麻布十番なら迷ったかもしれないが……）。かと言って、イーストサイドの町で私が求めているような生活環境は容易に見つからないので、結局「下町」に想いを寄せながら、「山の手」を彷彿させる環境に住んでいるわけである。

ただし、逆説的に聞こえるかもしれないが、私の場合、気持ちが東京のイーストサイドとウェストサイドとの狭間で行き来するのは、アメリカの中西部育ちであるからという一面もあるように思う。というのは、アメリカ――ことに中西部――では、ヨーロッパのような貴族文化の伝統が浅いだけでなく、気取ったふるまいや、エリート志向や、いわゆる「高尚な文化」に対する不信感や反感をもつ人が多く、またその反感自体が美徳とされがちである。言い換えれば、多くのイーストサイド住民と同様に、私が生まれ育った環境からみれば、クニタチに溢れているような上品ぶったマダムや上昇志向を露骨に表す教育ママたちに対する抵抗意識がより強いゆえに、この誇り高い文教都市に住んでいること自体が悩ましいということである。

ところが、アメリカ社会を少しでも観察すれば分かるように、高級・上流志向に対する反感を表しながらも、それに対する好奇心と憧れも混在している場合が少なくない――上品に聞こえるイギリスアクセントが国内のアナウンスに使われることもあり、大金持ちやセレブたちの優雅な生活に焦点を合わせるテレビ番組などもその矛盾を反映している。そして、いくら〈故郷を失った〉（または「捨て去った」）という私であれ、アメリカに生まれ育っただけに、似たような矛盾を、ある程度、受け継いで抱えているはずである。だから、私は東京のなかで中央線文化圏の町をもっとも居心地良く感じているのだろうと思う。つまり、それらの町が私自身の矛盾を多かれ少なかれ反映しているゆえに、さほど意識せずに暮らせるわけである。言い換えれば、中央線文化圏が共同幻想のような価値体系で成り立っているということができるなら、その幻想は私自身のそれとごく類似しているから町に対する抵抗感があまり湧かない、と。いずれにせよ、クニタチは紛れもなく中央線文化圏の「圏外」に位置している町である。

クニタチの形成期

クニタチを中央線文化圏外にあると見なすのは、私だけではない。雑誌『東京人』の中央線特集号で次のように述べている。

中央線の駅のなかで、唯一ここだけは、ほかの駅とは異なった自負と誇りを持っている。（中略）たとえば、高級スーパーマーケットの紀ノ国屋、古本の洋書屋さんにパイプ専門店、フランス料理やお菓子の教室、さらには乗馬教室からギャラリーイベントまで、ここの街にはまってしまい、駅前からして猥雑なカオスのたちこめる中央線らしい高円寺などとは、ちょうど逆のポジションに位置するわけだ。

この街は風俗はもちろん、パチンコ屋すらないという、公序良俗な、「美しい国」ならぬ、「美しい街」なのだ。(2)

クニタチの歴史を調べると、このようないわば上品志向や西洋趣味への傾倒は開発当初の大正時代から早くも見受けられる。神田一ツ橋にあった東京商科大学（現在の一橋大学）が関東大震災で倒壊、焼失し、大正一三年（一九二四年）に箱根土地（株）と契約を交わし、北多摩郡谷保《やほ》村に移転することになった。箱根土地の堤康次郎社長は代議士でもあり、商科大の佐野善作学長と友人でもあった。堤の会社はすでに軽井沢や箱根の開発のほか、目白文化村や大泉学園町などの開発で実績があり、個人の富豪や華族の大邸宅の分譲も行った。堤は商科大の移転先で理想的な学園都市を作ることに情熱を傾け、ドイツ語が話せるという会社の重役・中島陟《のぼる》を研修のためヨーロッパに派遣し、その結果ドイツの学園都市ゲッティンゲンが後の「国立大学町」のモデルとなったのである(3)。ところが、理想を描くのはよいが、駅をはじめ何のインフラもなく、開発事業はほとんどゼロから出発しなければならなかった。神田にあった商科大の教員や学生から見て、きわめて辺鄙な移転先のように感じられたそうである。ひとりの教授が、開発直後の有様について次のように回想している。

国立は神田一ツ橋からみれば正真正銘のイナカだった。新宿から電車ならまだしも、一時間に一本しかない汽車で一時間、高円寺から西は人家も疎《まば》らで、境、小金井あたりは一面に植木屋の苗木畑か農耕地で、その後ろに武蔵野特有の高いケヤキの森が空を区切る田園風景が展開した。国立駅に降りたてば、一〇〇万坪の広い林間に住宅がパラパラとみえる程度で、ほとんど無人に近い武蔵野が眼前に広がるばかり。冬は寒風吹きすさび、春先ともなれば黄塵万丈で空が黄色くなる。そんな所に、都会生活に慣れた学生を移すのだから、いくら何でもヤボ村はまずい。教授会を何回も開き、地名をめぐって

審議を重ねたことは十分に理解できる。(4)

ちなみに、「国立大学町」が成立したのは大正一四年（一九二五年）一二月であり、国立駅が開設されるのはその翌年の四月。長年建っていた、町のシンボルでもあった国立駅舎は箱根土地（株）の寄附であった。

町の構造は開発当初から現在までほとんど変わっていない。すなわち、駅の南口から真直ぐ、最も広い大学通り、それに左斜めに延びる旭通りと右斜めの富士見通りは、その後舗装および整備されたものの、元の位置にあり、依然として駅周辺の主要道路である。ただし、旭通りは当初「如水通」と呼ばれ、大学通りは「一ツ橋大通」であった。富士見通りの名前だけは変わっていない。(5)また、上記の証言では谷保を「ヤボ」と呼んでおり、それが従来の呼び方だったようだが、現在の多くの住民（そして南武線利用者）は「ヤホ」と発音する。ただし、町の歴史に対し敬意を込めて「ヤボ」と呼ぶ年配者はまだいる。

さて、話は前後したが、森林の伐採が済んだら、今度は道路を造らなければならないが、一ツ橋大通の造成工事は三千人の土工の労力が要されるほどの大作業になった。その作業の背景には、現在忘れ去られている要素もある。当時の住民の証言を引用している『国立市史』の一節を転載しよう。

「……三〇〇〇人のうち六〇％ぐらいは朝鮮人だった」という。「国立の外部からも大きな請負師が入っていて、人足なんかもたくさん外部から来ていました。朝鮮の人も大勢、働いていました。千丑の高柳さんの物置を朝鮮人の人が借りて住んでいました。」(6)

労働者の過半数が朝鮮人というのも意外だが、物置を「借りて住んでいた」という言い方もなかなか奇妙ではないだろうか。言うまでもなく、日本が朝鮮半島を植民地にしていた時代であるから、仮に強制連行されたわけでなくとも、物置に住むくらいだから搾取労働者であったことは想像に難くないだろう。ところで、工事が終了したらその朝鮮人労働者たちは、いったいどうなったのか、そのまま町に住みついた人がいたのか興味があるが、『国立市史』では言及がない。いずれにせよ、彼らが流した汗が現在の大学通りの、あの美しい桜並木の土にしみ込んでいると思えば、景色が微妙に変わって見える……。(7)

このきれいな町に暗い影が投影されたのは、開発当初のみではない。これに関しても『国立市史』は一切触れていないが、終戦の一週間前に起こった「東京立川憲兵隊事件」は谷保村から始まったとも言える。すなわち、撃墜された米軍機が実際に墜落したのは谷保村だから現在の国立市に当たるわけである。(8)

＊

朝鮮戦争が始まる昭和二五年（一九五〇年）には、立川基地がさらに活性化し、クニタチを含め基地周辺の町にも米軍兵の姿が現れるようになる。そして、彼らにしがみつく「パンパン」たちがクニタチにも見られ、たちまち大きな問題としてクローズアップされた。

現在のクニタチ住民が、「売春の街といわれる立川、国立、武蔵野」という表現が新聞に登場したと聞いたら驚くのではないだろうか。だが、一九五一年五月二七日の朝日新聞（都下版）の記事にはその表現が使われており、さらに「学生相手に下宿をしていた某館が四月一日から当局の許可をとって旅館にクラ替えした」と、町の急変ぶりが記述されており、定住する「夜の女」は約六〇人に上ったという調査結果も発表されている。このような事態に対し「浄化運動」と名乗った住民運動が現れ、進行中の文教地区指定運動と一体になって進んでいたが、浄化運動に賛成しても、文教地区に懸念を抱く――または町の経済発展を妨害するという理由で真っ向から反対する――住民も少なくなかったので、住民同士の対立が徐々に激しくなり、とりあえず浄化運動を成功させるためにふたつの運動体が分離されることになった。

そのうちに、文教地区指定の賛成派と反対派による「プラカード合戦」が駅前で繰り広げられるに至った。『国立市史』では当時の光景に対する住民の証言を引用しながら、次のように記述している。

　その日〔引用者注：一九五一年六月一六日〕、国立駅前に突如として異様な光景が出現した。『文狂地区指定、町民一万五千の墓穴大工事の図』と題されたマンガ入りのプラカードなど、反対派による宣伝の立看板がずらりと並べられ、通勤に急ぐ人びとの目をうばったのである。その中には、縦四メートル、横六メートルという巨大なものまであり、どれも文教地区指定とそれをすすめる人たちに対する皮肉や中傷で埋めつくされていた。

これに対して、文教派でもさっそく一橋大生が中心になって応酬のプラカードを立てた。駅前広場には両派のプラカードがいわば睨《にら》み合うように林立し、今までになく険悪な雰囲気が漂い始めた。

さらに旅館業者を中心とする反対派は、立川方面より暴力団と秋田犬を雇い入れて、文教派を威嚇《いかく》した。文教派のなかには身の危険を感じる人もいたという(9)。

上述のような激しい対立がしばらく続いたが、一九五二年一月六日に国立文教地区が建設大臣による正式指定を受け、駅の南側に大規模の文教地区が成立した。現在の住民は文教地区条例の内容で意外に感じられる事項もあるだろう——

文教地区建築条例にもとづき、四八万六〇〇〇坪が第一種文教地区、三六万三〇〇〇坪が第二種文教地区に指定されることになっていた。都条例による第二種地区とは、その地区内に待合、料理店、カフェー、キャバレー、ダンスホール、同教習所、ホテル、旅館、劇場、演芸場、観覧場等の建設を禁止されている地区であり、第一種地区とは、以上のほか映画館、マーケット、遊戯場、工場公害防止条例の適用を受ける工場等の建設を禁止されている地区を指していた。ただし、それ以前にすでに営業をおこなっていた映画館や遊戯場はこの条例の適用外とされた[10]。

国立市の形成の歴史を概観すると、最も注目すべき出来事がふたつあるように思う。すなわち、（1）大正時代の商科大の移転およびそれに伴う町の開発、そして（2）文教地区指定を受けたこと、である。それでも、文教地区指定後にも米兵と娼婦（または町内に住んでいた「オンリー」）による問題が何度か浮上したそうである。

『国立市史』は文教地区運動の歴史的意義について、次の興味深い点を強調している。

自らの既得権益を失いたくない、現状を維持したいという中産階層・インテリ層の「現状保守的」危機感が底流として流れており、これを無視してはあの運動が、なぜあれほどの深さと広がりをもてたかは理解できない（中略）イデオロギーでもなければ、学園都市の建設という高邁な理念に導かれたのでもない、一種の生活防衛運動であったからこそ、あれだけの人びとを運動に駆り立て、ついに勝利を収めることができた。それに子供の教育をまもるという一点がつけ加わったとき、主婦たちのエネルギーはそれまでになく発揮された。これがすべてとは言わないが、こうした側面が文教地区指定運動にあったことは否定できない。それゆえに目標がいったん達成されると運動は下火になっていった[11]。

以上、クニタチの開発当初から文教地区指定までの歴史をざっと見てきたが、現在の町を考える上で、示唆的な点がいくつかあるように思う。まず、上記の『国立市史』の引用から明らかなように、クニタチの最大の特徴と言える文教地区指定をめざした運動は必ずしも「高邁な理念に導かれたのでもない」ということがとりわけ注目に値する。つまり、一見、進歩的に見える運動の根底には中産階層やインテリたちの生活防衛のための、文字通り「保守」の精神も流れていたと言える。

また、文教地区指定における〈文化〉の狭義的な捉え方も目を引く——映画館も演芸場も建ててはいけないとなると、やや極端ではないか、と現在の住民なら思うだろう。ところが、戦後初期の日本の文化人たちの姿勢を考えると、さほど驚くに値しない。というのは、当時のインテリや文化人は、概して言えば文化に対し〈高・低〉という二分法の価値体系によって分け、格《ランク》を付与する傾向が見られた(12)。また、この二分法の文化観がそのまま「外来文化」にも適用されたことが、クニタチの歴史を把握する上で重要だと私は考える。すなわち——

＊

（1）ハリウッド映画とジャズに代表される〈大衆文化〉の本場＝アメリカ
（2）文学や美術、そしてクラシック音楽に代表される〈高尚文化〉の本場＝西欧

クニタチの文教地区条例では、（1）をなるべく町から締め出し、（2）のみを取り入れようとする姿勢が見て取れると思う。加えて言えば、日本の多くの文化もアメリカ文化と同様に軽視（または蔑視）されがちだったので、たとえば落語などが行われる演芸場も、映画館と同様に町が目指す高尚な文化にふさわしくないということになる。あくまでも上品かつ高尚な文化が求められており、その源泉はアメリカでもなければ日本でもない、ヨーロッパに見いだされていた傾向が強かったようである。アメリカの占領下にあっただけに、多くの町にはアメリカ文化がさまざまな分野において流入していたのに対し、クニタチではその流れに抵抗し、高尚とされていたヨーロッパの文化に重点がおかれていたと言えるように思う。『国立市史』を精読し、最も目に付いたのは、大学関係者および住民のこのような「上品・高尚志向」であり、しかもその志向に対し、何の恥じらいもためらいも見せないところが象徴的である。たとえば、一橋大学の佐野善作学長が学内新聞で、次のように述べている。

娯楽機関は勿論結構、沢山開いてほしいが、但しこれも大学都市にふさはしい上品なものを心掛けて貫はねばならぬ。（略）之を要するに理想的の大学都市は理想的の高尚な住宅地に囲まれてこそ初めて実現せられるのである。（一〇二頁）

また、文教地区指定問題で住民の対立が白熱していた際、ひとりの主婦が新聞投書で、次のように述べている。

文教地区とは一部の人が考えるような、そんなキュウクツなものではありません。反対の皆様、もっと目を開いて高い見地から共存共栄の上品な町を作りましょう（二四二―三頁）

シェークスピアや落語であろうと、映画やジャズであろうと、はじめに〈大衆文化〉として認識され、ときに軽視されていたものが、時代と共に株が上がり下がりすることは言うまでもないが、大正時代の開発当初から、また戦後の文教地区運動の時代に再び、クニタチの西欧志向と上流傾倒が継承されてきたことはとりわけ重要であろう。そして、後述するように、その傾向が現在の町並みと飲食文化にも眩しいほど鮮明に反映されている。

クニタチの歴史を振り返り、ふと思い浮かんだことがある。戦後の浄化運動と文教地区指定運動は、強いて言えば上品なクニタチを「立川らしさ」から守る運動でもあったのではないか、と。つまり、「基地の町」立川はすでに低劣なアメリカ型大衆文化に汚染されていると見なし、しかも日本の下流文化も立川に根付いているという見方があったろう――立川にはパチンコ屋もあれば「外人バー」や米兵向けの売春宿もあり、それに文教地区指定運動の頃に立川では映画館が次々とでき、昭和三〇年代初めには一〇軒に上ったほどである(13)。

また、戦後のクニタチ住民はきっと自覚していなかったものの、町のアイデンティティを築き上げる過程において、実は立川が自分たちにとって不可欠な存在であった、とも理解できると思う。冷戦時代のアメリカがずいぶん独善性に満ちた姿勢を世界に披露したが、それはソ連の存在なくしては容易に正当化できなかった、とよく指摘される。同様に、戦後のクニタチの高尚な自己アイデンティティは、立川を対比物として必要としていた、と私は考える。その意味では、クニタチの住民が、ずいぶんと立川にお世話になったと言えよう。

音楽と花の街

クニタチの大学町構想では、東京商科大がはじめから最も重要な存在であったが、東京高等音楽学院も忘れてはいけない。箱根土地の堤康次郎社長の誘いで、大正一五年に商科大より一歩早く「国立大学町」に移転し、昭和二五年に国立音楽大学となった。付属幼稚園も小中高校もクニタチにおき、昭和五三年に大学だけが立川市に移転したが、長年音大があったことが、いまだにこの町に大きな影響を及ぼしつづけている。

まず、クニタチにはアマチュアかプロかを問わず、楽器を弾く住民が非常に多く、音大の卒業生のうち、卒業後もそのまま住みついた人も少なくない。それは、この町が東京のなかでも最も“musician-friendly”つまり楽器を練習する人に対して寛大である町のひとつだからにちがいない。たとえば、私が現在住んでいるマンションは全然防音されていないにもかかわらず、私の他にもグランドピアノをおいている住民がおり、周囲でもピアノやヴァイオリンやフルートなどの練習をしているのがよく耳に入るけれど、問題にはならない（練習時間が常識の範囲内ならば）。東京でピアノを持っているひとりとして、それだけでもこの町に感謝している。

＊

楽器の練習に対して寛大であるほかに、自然環境に恵まれていることもこの町の大きな魅力である。桜並木や一橋大のキャンパスがあるおかげで、駅周辺でも緑が豊富にあり、晴れた日には富士見通りから実際に富士山が大きく真正面に見える。確かに、通りの両脇に並ぶ電信柱から張り巡らされている数々の電線が、道路の上に弛んだまま視界に入るため、富士山の白いてっぺんがバーコードの髪型に映ることはあるが、現在の東京で富士山が歩行者の視線に入ること自体は贅沢だから、それでもありがたい光景に思っている。

また、冬にはほとんど毎日のように、わがマンションの窓から西の山々もくっきり見える。私は山のない土地で育ち、本格的な山脈を初めて見たのは一二歳、親にロスアンゼルスに連れて行かれたときだから、朝起きてわが家のカーテンを開け、山が目に入ると、いまだに驚いてしまうが、しばらく眺めているうちに静かな幸福感がじわじわと広がってくる。クニタチに引っ越してから三年近くも経つのに、初めてその風景を見たときと同じように毎日感動できるのは、アメリカ中西部育ちの、東京のウェストサイド住まいのおかげであろう。

クニタチに自然が残っているので、町のなかにいても季節感が味わえ、時間の緩やかな流れを日々実感することに結びつく。初春には、一橋大学のキャンパスに紅白の梅の花がところどころ咲きはじめ、谷保《やぼ》天満宮まで足を運べば境内の梅園が楽しめる。また、都内の桜の名所として知られているクニタチには、四百本以上の桜の木が大学通りやさくら通りなどに林立している。[14] 普通の住宅地にも桜がよく見られ、わがマンションの入口にも二本の立派な桜の木が立っているので、春の到来をごく身近に感じられる。そして、花びらが散り始めると、町中が淡いピンク色や柔らかな白に染まり、朝の通勤時に普通せかせかと駅に向かって歩いているサラリーマンでさえも、足を止めてしばらく上を眺めているという姿も、クニタチの春の光景のひとつだと言える。

近年、多摩川の水も周辺の空気もずいぶんきれいになったので、運動を兼ねて景色を楽しみながらジョギングしたり、歩いたり、自転車に乗ったりする人が多い。私は自宅から川辺まで自転車で十分ほどで辿りつくので、たまに出かけて川沿いの「多摩川サイクリングコース」を一時間ほど突っ走ることがある（実際には、歩行者・自転車兼用道路だが）。町のなかを飛び回っていると、てっきり「自転車暴走族」に化けた気分になるが、このコースではしょせん、よれよれのジジイのごとく、スイスイと追い越されるばかりである。トレーニングのために来ている立川や京王閣の競輪のプロではないかと考えたこともあるが、いずれにせよ彼らの自転車も、身につけている用具《ギア》も本格的であり、何しろスピードは半端でない。その速度に付いていこうとしても到底無理だから、私は自分のペースで走りながら、川べりの風景を楽しむようにしている。

多摩川のそばからの眺めだと、富士山の頭のバーコードがすっかり取れており、従来の白髪姿に戻っている。確かに、ところどころ工場や大きな倉庫が目に入るが、それでも美しい自然がだいぶ残っている。富士山のみならず、西の山脈も広く見渡すことができ、秋の日の早朝には辺りがことに爽やかである――川辺の葦に朝日がほどよい角度で射しはじめると、一帯が黄金色に輝き、そよ風に揺れている葦の上を白鷺がかすめ、悠々と飛びすぎて行く。ここも〈東京〉である。そして、ウェストサイドならではの風景だと言える。

La cuisine de Kunitachi

これほどミュージシャンに対して寛大で、自然に恵まれた環境に慣れてくると、いくらイーストサイドに魅力を感じても、なかなか引っ越す気持ちが湧いてこない。中央線文化圏の町に戻ることでさえも躊躇する。また、クニタチは普通のベッドタウンとは異なり、充実した古本屋や渋い喫茶店が少なくない。前述したようにライブハウスやジャズバーが何軒もあるので、わざわざ電車に乗って出かけなくても、私はさほど不自由はしない。

ただし、日夜この町にいる中年の男として、窮屈に感じるときもある。何せ、ハゲオヤジにとって、どんなに素敵な美容室が氾濫していようと、ちっとも役立たない。それに、私はブティックやかわいい小物を売っている雑貨屋に用がない。以前からクニタチには歯医者がとくに多いと言われてきたが、最近はマッサージや整体の店も急増しているらしい。ともあれ、歯医者は信頼できる先生がひとりいればよいだろう。また、私は幸いに肩こりや腰痛にほとんど悩まされず、癒しを求めるときは小ぢんまりした赤提灯に入れば、効果絶大である。

居酒屋については後に詳述するが、この町の飲食店文化がかなり偏っているということにまず着目しなければならない。とりわけ西洋かぶれの志向が目（そして鼻）につく。パリじゃあるまいし。人口はたった七万五千人なのに、なぜ Cuisine Française の Restaurant だの、Boulangerie だの、Pâtisserie だのが、二〇軒も必要なのだろうか。しかも、飲食店だけではない。Boutique や美容室をはじめ、フランス語が飾る看板の氾濫ぶりを考えると、le Kunitachi 市役所が市民一人ずつに仏和辞典を一冊提供すべきだと思う。

近年のクニタチには、イタリア系の Ristorante や Cucina, それに Osteria や Trattoria も急増しており、Pasta 専門店や Pizzeria を含めると、その数はおそらく Cuisine Française の店舗数の二倍以上に及ぶであろう。しかし、フランスやイタリア料理の店が多いこと自体を問題にしたいわけではない。何せ、私自身はフレンチも嫌いでないし、イタリアンも大好きである（イタリア料理の本格派のレシピ本も数冊持っており、たまに自分で作ることもある）。ただ、異常に感じるのは、クニタチ駅周辺にはフレンチ、イタリアン、そして中華料理の店は何軒もあるのに、ニッポンという国のいわば「普通の定食屋」がほとんどないということである。「まるで非国民の町じゃないか！」と言いたくもなる。

結局、駅周辺で焼き魚定食や海老フライ定食を食べたくなったら、つまらぬチェーン店、または上品な和食店に入るか、それとも「C'est la vie!《シカタガナイ》」と、ジャパニーズフードを諦め、「きょうも Cuisine Française にしようか、Pasta frutti di mare にしようか」と考えはじめる。どうしても普通の店で魚定食が食べたくなったら、自転車に乗って北口に回り、国分寺との市境を越え、夫婦で営んでいる小さな定食屋「とりいづか」に出かける。または、立川市の羽衣町に逃亡し、喫茶店「らうむ」で当日の焼き魚定食を頼む。コーヒー付きでたった七五〇円の立派な定食である。クニタチの喫茶店でランチを出している店はたくさんあるのに、パスタとカレーが定番メニューであり、味噌汁と焼き魚がメニューを飾るcafé は見たことがない。あるいは市外まで逃亡しなくてもよい。同じクニタチ市とは言え、南武線の谷保駅周辺まで行くと「たちばな」という居酒屋のランチもおいしく、谷保辺りなら普通の定食屋がある[15]。クニタチでは、魚を焼きたがらないおかげで、世話が焼けることがしばしばある。

*

駅周辺で食べていると、町の名物のひとつである「クニタチマダム」という人種によく出くわす。どんなに美食であろうと、隣で「うちの子（＝ワンちゃんのこと）は……」から始まる自慢話が耳に入ると、いきなり食欲がなくなる。しかも、店を出たからと言って、マダムたちから解放されるわけではない——別のご婦人が、ちっちゃな犬にわざわざコートを着せて散歩させたり、犬が疲れないように抱いて歩いたりするような光景を目の当たりにすると、ますます消化不良になる。

そう言えば、先日——五月末の暖かい日だったが——ゴールデン・レトリバーにコートを着せて散歩させているマダムを見たが、愛犬家としてそのときは必死に堪えなければならなかった。というのは、以前、私自身もゴールデン・レトリバーを飼ったことがあるが、そのときはアメリカの極寒の地ミネソタ州に住んでおり、色々な犬種が雪のなかで楽しそうにはしゃいだり、雪の上で寝転んだりすることを日々目撃してきた。また、温度がマイナス三〇度以下に下がった日でも、わが愛犬にコートを着せず（そもそも犬のための服なんぞ、持っているわけがない！）、凍りきった湖の周辺を散歩させたこともあるが、犬・飼い主とも無事であった（飼い主のほうはさすがに防寒服を身につけたが）。

だから東京では、飼い主がどんなに寒く感じても、普通の犬ならコートが全く無用であるということは保証できる。それに、長毛種の犬は生まれつきのコートをすでに「着ている」わけだから、ましてや人間が半袖姿で外を歩き回っているのに、犬だけにかわいいコートを着せるのはとんでもない話であり、犬にとってまるで拷問に等しいはずである（それこそ、動物愛護協会に「虐待行為」として通告したくなる）。

私も、犬が可愛くてしかたがないという気持ちはよく分かる。だが、犬はあくまで犬であり、人間の赤ちゃんでもなければ人形でもない。マダムご自身がどんな服装を身につけようとかまわないが、犬のファッションショーだけは勘弁してほしい。

クニタチ主婦トーク

昼間のクニタチでは、気に入ったRistoranteやCaféのドアを開けるたびにひるまずにいられない。というのは、店内の騒音がすさまじいレベルに至ることがよくある。

長年、「姦《かしま》しい」ということばは女性蔑視の表現に感じられたので、あえて用いないように心がけていたが、今回この町に引っ越してから「姦」の字を発案した昔の中国人の観察力に感服する毎日である。ただし、問題は女性一般にあるのではなく、昼間この町をまるで支配しているようにふるまう（実際に支配している）le Kunitachi 特有の奥様方にあると思っている。たとえば、同じ「山の手」の延長と言われる杉並や世田谷に住んでいた時、「お紅茶とケーキ」というかにもご婦人専用の店に入らないかぎり、男性客として肩身の狭い思いはした覚えがない。また、隣の羽衣町や谷保駅周辺の店で外食しても、仮にクニタチ同様に店内が女性客に占有されていようと気にならない。ところが、クニタチでは――とりわけ平日の日中だと――マダムとママたちの被害者になることは日常茶飯事であり、被害妄想が増すばかりである。

また、騒音はマダムたちのせいだけではない。むしろ、マダムたちの場合、話す音量よりも上述の通り会話の内容が気に障るだけである。自己防御のため、その会話が我が耳に入らないように全力を尽くして集中するが、そう簡単にはいかない。いずれも、日中の飲食店内の音量を主に増加させているのは、もっとテンションの高い二〇代後半から四〇歳前後のママたちの方である。その理由について観察しながらまじめに考えたことがあるので、やや込み入った分析になるが、以下、持論を提示したい。

日中に若い主婦（私から見れば、三〇代半ばまでが若い）が三人以上集まると、各自の声がとくに大きくないのに、総合的に発される音量が四、五人分に及ぶことはよくある。いったい、なぜだろうか。

まず、音量で悩まされているという私自身にも責任があることを認めなければならない。というのは、夜もある程度そうだが、私はとりわけ日中にはほとんどひとりで出かけ、飲食しながら読書か執筆を兼ねて行うから、自然に周囲の声を普通の（つまり、自分も会話を交わしている）客に比べ、うるさく感じているにちがいない。また、私は嫌煙者であり、夜には赤提灯で十分に間接喫煙させていただいているので、せめて日中の外食の際、なるべく禁煙の店を選ぶようにしている（そう言えば、クニタチのもうひとつのありがたい側面は、禁煙の個人経営の飲食店が非常に多いことであり、店の選択肢が幅広いことである）。だが、禁煙店に入ると、タバコに悩まされない半面、店内の騒音は普通の町の普通の店に比べ、はるかに大きい。だいたいクニタチの喫煙可の店よりもうるさいことは、主婦たちの集まりに禁煙の店が好まれることに要因があろう。どうしても騒音に悩まされずに外食したいときは、たとえば上述の周辺の町に逃亡するか、駅周辺では富士見通りの「ラグー」⑯のようなカウンター中心の小規模の喫煙可の店を選ぶことがある。

ところで、禁煙の飲食店にマダムとママが多いのは、男性より女性の喫煙率が低いからだけではない。昼間のクニタチ特有の人口状況にも理由がある。すなわち、大きな企業は市内にないので、外部から通勤してくる男性より、毎朝クニタチを出て都心に通勤する男性住民が多く、日中の男性人口が相当に減少するわけである。確かに大学は町のなかにあるが、教員は自分の研究室で弁当を食べる人が多いようであり、外食率はさほど高くない。そして、学生は学内食堂またはコンビニで安く済ませようとする場合が多く、仮に外食してもだいたいファスト・フードまたはラーメン屋などに入るから、いわば「大人の飲食店」では学生の存在が大きくない。要するに、日中のクニタチにおける大人の男女比は、女性率が断然高く、したがって個人商店や飲食店でも女性客を主な対象にしているらしい。その意味では、クニタチは普通のベッドタウンとあまり変わらないが、ブティックや美容室など女性に魅力のあるおしゃれな店が密集しているため、普通のベッドタウンと異なり、日中に外部からわざわざクニタチに来るご婦人も少なくない。その結果、ますます日中の女性人口が膨張し、とりわけ禁煙の飲食店が女性客に完全に占有されることはめずらしくない（私が店内、何十人もの客のうち唯一の男性の場合もあり、そのときは会計を済ませながら店員に対して「きょうは男性客割引はないですか」と、ふざけて聞くこともある）。

こういう状況だから、とくに日中のクニタチに対し、女性たちの占有意識が自然に高まっているように思える。その意識はある意味で、赤提灯の男性常連客の店に対する所有意識に類似しているが、共通の側面はあっても、店内における行為は対照的である。たとえば、カウンター中心の赤提灯の場合、常連客はだいたいひとりかふたりで入店するが、クニタチマダムとママたちの場合、三人以上でテーブルを囲んで食事することが多い。また、赤提灯に対する男たちの所有意識が高まるにつれ、知らない客が入店したとたん、常連たちがまるで番犬のような目付きでその客を注意深く見定める（だからこそ常連中心の小規模な居酒屋に「入りにくい」と感じる人が多い）。ところが、マダム・ママ族は店の常連であっても、周囲の客が全く視界にも入らないほど自分たちの話に熱中しているように映る。さらに言えば、赤提灯の客は呑み喰いし終わったら——つまり、注文が止まった時点で——店をさっさと出ることが常識になっており、満席のため客が入れないときには常連が気を利かせて「どうせ帰るところだった」という口実で、席を譲る光景もめずらしくない。対照的にランチタイムのクニタチでは、コーヒーをとっくに飲み終わってからでも、追加注文せずに一時間以上もそのまま喋りつづけるマダムとママをよく見かける（私が店に入った時点で食後のコーヒーも飲み終わっているのに、私が食べ終えて先に帰ることがしばしばある）。

この状況に対して店側がどう思っているか知りたくて、私が出入りしている数軒の店の店主・店長に直接尋ねたことがある——「千円前後のコーヒー付ランチに二時間も居座られたら困りませんか」、と。それに対し、おおむね二通りの答えが返ってきた——（1）「正直に言えば、困りますよ。もう少し店の立場を考えてほしい。客の回転がなければ、この値段でランチが出せないからね……」。（2）「ランチは損してもいいと思っています。つまり、そのお客さんたちが別の日に夜に来て、お金を多目に使ってくれれば、元が取れます。ただし、ランチだけに来て、長居されると困る」。いずれにせよ、クニタチにはスローフード運動がしっかり根付いていることは確かである。

＊

さて、le Kunitachi の déjeuner（ランチ）タイムの店内騒音に話を戻そう。くり返すが、騒音の要因は客一人ひとりの声の大きさにあるのではなく、特徴的な喋り方にあると私は考えている。とくに〈重複〉と〈反覆〉というふたつの特徴に注目している。〈重複〉とは、話者たちの同時進行の会話を指す。たとえば、三人のママたちがイタリアンの店でテーブルを囲んで喋っているとしよう。その場合、ひとりが話しながらもうひとり、または相手のふたりとも、部分的であれ、同時に——つまり、重ねて——話すことがよくある。その間、会話が〈重複〉することになり、そのため一人ひとりが普通の大きさの声で話していても、二、三人の声が多少なりとも重なってしまうので、実際にその間、二倍、または三倍の声が鳴っている計算になる。そのような瞬間が会話全体の一〇パーセントしか占めていなくても、同じようなグループがいくつもあり、しかも五、六人でテーブルを囲んで喋っているグループも加わると、店内の音量がたちまち増幅する。それに、音量が上がるにつれ、自分たちのテーブルの会話が聞こえにくくなるため、今度こそ一人ひとりが声を上げて喋るという悪循環が生じ、そのうちに店内が爆音寸前状況に及ぶ。私は念のため、クニタチで外食する際、耳栓を用意しようかとまじめに考えたほどである。

上記の〈重複〉現象と並び、いわば「クニタチ主婦トーク」のもうひとつの特徴として挙げられるのは〈反覆〉という現象である。この場合の〈反覆〉とは、同じことばを何度もくり返すことを意味する。たとえば、おととい、クニタチ駅周辺の名店「ロージナ茶房」で本書の原稿を書きながら昼食を食べていたら、隣のテーブルに座っていた女性たちのうち、ひとりが相槌を打つのが耳に入った。そのとき、会話に耳を傾けていたわけではなく、むしろ執筆に集中しようとしていたが、急にひとりの興奮した声が飛んできた。彼女のことばの

「反覆度」が普通の基準を超えていたので、感心しながらメモを取った。メモの内容を文章にまとめると、次のようになる。

ひとりが話しており、もうひとりが相槌を打っているという場面。普通なら「そうよね」や「そう、そう」と言えば足りそうなところ、この女性は「そうそうそうそうそうそう‼」と、七回もくり返して言った。相槌が七回もくり返されると、ふたりのことばが同時進行する時間が延び、結果として会話全体の音量が増す。

言い換えれば、この例から明らかなように、〈反覆〉が〈重複〉に貢献しており、店内の会話の音量増加の要因として、このふたつの特徴の相乗作用が挙げられる。

さて、私論を要約すると、日中のクニタチの飲食店が異常に騒々しくなるのは、ふたつの要因によるものだと私は考える――

(1) 町における女性客の高い比率により占有意識が増し、周囲の客に対し無頓着になり、その結果、自分たちが発している会話の音量に気がつかない、または気に留めないこと。

(2) 占有意識によって〈重複〉と〈反覆〉の特徴的な喋り方がますます多用され、その結果、各テーブルの会話の音量が何割か増加することである。(17)

あるいは、〈姦〉という一字で集約できよう。

Les lanternes rouges（赤提灯）

駅前広場に「国立文教地区」と誇らしげに記された標識が立っているが、その文字の下に「午前九時―午後五時　オヤジ族出入り禁止」と、付け加えるように提案したい。とにかく、朝からずっとこの町にいる酒呑みの男にとって、夜の居酒屋タイムが待ち遠しくて仕方がない。

日中の飲食店の雰囲気から察すると、あるいはクニタチにはろくな赤提灯がないのではないかと疑いたくなるが、いざふたを開けてみると、町の居酒屋状況は思ったよりけっして悪くない。もちろん、「中央線文化圏」の町とは比べものにならないが、呑み屋の数は意外に多く（約一八〇軒に及ぶと言われている）[18]、それにプロの居酒屋評論家の間でも好評の赤提灯も数軒あるくらいだから、夜のクニタチをあまりバカにする気が湧かない。むしろ、小ぢんまりした家族経営の古い赤提灯に関して言えば、クニタチは立川駅周辺より充実していると思う。

確かに、クニタチ駅周辺には大型チェーン店居酒屋のほかに、いかにもこの町らしい上品な高い呑み屋が多いが、駅のすぐそばに「2ちゃん」があるのが何よりもありがたい。「2ちゃん」とは私の造語であり、「ちゃん・ちゃん・さん」として知られる三軒のうちの二軒を指す——北口のガードのすぐ下にあるうなぎの串焼き専門店「うなちゃん」、そしてガードを南側にくぐり真正面に建っている「まっちゃん」という伝統的なモツ焼き屋のことを指す。三軒目の「柴さん」については後述するが、いずれも年季の入った小ぢんまりした店であり、炭火の焼き台が店内の中心である。

「2ちゃん」は雰囲気も常連客も違うが、ひらがなの店名と立地以外にもいろいろな共通点がある。まず、『国立市史』によると、「うなちゃん」も「まっちゃん」も昭和三二年一一月の創業である。[19]どちらも家族経営であり、「うなちゃん」は現在三代目、「まっちゃん」は二代目の夫婦と息子の三人で店を切り盛りしている。また、両店とも駅前（現在の「多摩信用金庫」のそば）の屋台として始まり、後に現在の「まっちゃん」の建っている場所に移った。というのは、当時の建物は長屋様式であり、壁で仕切った半分が「まっちゃん」、半分が「うなちゃん」になっていたそうである。同年同月に駅前で屋台から始め、最初の店舗も一緒だったのは、両店の初代店主が友達同士だったからだ。[20]

さらに「2ちゃん」の共通点を挙げるなら、まず両店の中心になっている「コの字型」カウンターを囲んでいる客は朗らかに呑んでいながら、落ち着いていることがある。つまり、日中のクニタチとは対照的に、耳に優しい。「うなちゃん」ではBGMとして一九六〇—七〇年代の演歌が流されているが、その音量は大きくない。ひとりで来る客がかなり多いためでもあるかもしれないが、周囲との会話を楽しんでいる客は少なくない。ただし、ここでは大声を出したり、〈重複〉〈反覆〉スタイルで話したりする客はいないおかげで、店内の音量が控えめでありながら明るい空間が保たれている。「まっちゃん」の場合は一切のＢＧＭがなく、店内のエンタテインメントと言えば、焼き台に立っている店主が次々と飛ばすギャグである。また、「うなちゃん」の狭い、急な階段を上ると、二階の屋根裏部屋が三人以上の客に使われる座敷になっており（一見客にも使われることがある）、「まっちゃん」には入口の右側に小さな座敷があり、四人用のテーブルが二卓ある。どちらの店でも中高年男性客が中心だが、客の職種などは意外に幅が広いと言える――サラリーマンもいれば、クニタチではあまり見かけない作業服や上下のジャージ姿で来る客もいる。とりわけこの二軒というのは、クニタチではかなりの異空間だと言え、あまりにも貴重な存在に感じるので、私は「２ちゃん」を le Kunitachi 有形文化財として指定すべきだと提唱したい。何せ「うなちゃん」と「まっちゃん」なくては、「文教地区」なんて名乗ってはいかんゾ！、と。

もうひとつの共通の特徴は、品書きがごく限られていることである。たとえば、「うなちゃん」のつまみと言えば、うなぎの串焼き、おしんこ、蒲焼きくらいであり、飲み物は瓶ビール、ホッピー、そして日本酒（いわゆる「普通酒」のほかに、青森の「ねぶた」を冷酒で出すこともあるが、多くの客はビールまたはウーロンハイやホッピーを呑む）。「まっちゃん」の品書きは、七、八種類のモツ焼き（種類によって値段が一本一五〇円または一七〇円）、おしんこ、キャベツ（時価）、そして煮込みだけであり、酒類は瓶ビールと日本酒のみ。[21]つまり、焼酎類は一切おいていない。つまみも少なく、生ビールも、「まっちゃん」の場合には焼酎類すらないから居酒屋としては物足りなく感じる人もいるかもしれないが、そのような客はほかにも店の選択肢がいくらでもある。私は、この二軒の限定した品書きは大まかに屋台由来のルーツを反映していると見ている（店主たちはどう考えているか尋ねたことはないが……）。ともあれ、屋台でなくても、創業当初の昭和三〇年代では限られた品を出す呑み屋はむしろ普通だったのではないだろうか。その伝統を継承している意味においても、この二軒はクニタチという町に対し、そして東京全体の居酒屋文化に対しても、確かな貢献を果たしていると言える。

クニタチに引っ越してから、この周辺の居酒屋をかなり探訪し、いろいろな客と会話を交わしてきたが、意外に地元の酒呑みでも「2ちゃん」に入ったことがないという人が多い。「一度入ってみたいけれど、入りにくいからまだ行っていない」という話は何度も聞いたことがある。私はそれに対し、「もったいないよ！　行ってください」とお説教すると、「じゃあ連れて行ってくれるか？」と頼まれたりすることもめずらしくない。確かに、カウンター中心の老舗、しかもオヤジ客が多いので、若い人や女性にとっては入りにくいかもしれないが、私はどちらの店も敷居が高いように感じたことはない（ただし、私はお花茶屋時代からひとりでどこののれんでも堂々とくぐってみる経験を積んできただけに、あまり比較の対象にすべきではないだろう）。

さて、上記の三軒、そしてもう一軒の特筆すべき赤提灯を別々に記述しよう――「ちゃん・ちゃん・さんプラスワン」と言えばよいだろうか。

＊

「うなちゃん」――立地と外見からすれば、この極小の二階建ての木造建物は、別の町の、別の時代からクニタチに運ばれ、ぽつんとガード下のそばに置き去りにされたように見える。絶品のうなぎの串焼きと同時に「ボロの美学」が満喫できることが「うなちゃん」の最大の魅力である。引き戸が開け閉めされるたびにガラガラという古民家風の懐かしい音が店内に響き渡る。冷房はなく扇風機のみで、またカウンターの上にそろばんがおいてあるところから、つい木場の「河本」を連想させられる（ただし、「河本」でそろばんを現在も使っているかどうかわからないが、「うなちゃん」の店主は今も勘定の計算に使用している）。

東京ではうなぎ屋はどこの町にもあり、キモなど一、二種類串焼きにして出す店もさほどめずらしくないが、「うなちゃん」のようにうなぎの全身から取った部位を串焼きに出す専門店は少ない。ここでは注文しなくても「一通り」、つまりうなぎの串焼きコースが、カウンターを囲んでいる全員にほぼ同時に出される。部位によって作り方も異なる。一旦蒸してから焼く場合もあり、焼いてから水につける場合もあるが、一貫して店主の芸が細かく、仕事も接客も丁寧である。焼きあがり次第、客一人当たりにだいたい二本ずつのペースで出てくるが、その合間には客は黙々ちびちびやっていればよい。もちろん、二人で来た客たちはたいが談話するし、ひとり客でも隣の客と会話を交わすことがあるが、カウンター辺りにはたいがい居酒屋ヴェテランが集まるので、客同士の和やかな雰囲気とほどよい距離感という絶妙のバランスが保たれる。

「うなちゃん」のカウンターには一六人しか座れなくて、開店と同時にカウンター席がだいたい中高年の男性客で満席状態になる。いや、開店は五時だが、その前からすでに満席になることがめずらしくない。また、二時間未満で売り切れてしまいかねないので、開店時に入れなかったからといって、後で覗いても無駄になることが多いから、ここは早い者勝ちと言わなければならない。五時前からカウンター席を確保し、そのままビールを呑みながら開店を待つのが最近の常連客の常識であるらしい。私自身はその時間帯から呑み始める余裕はめったにないので、地元なのに思うほど頻繁にいけないのが悔しい。

二階の座敷席には女性客もめずらしくないが、たまに一階のカウンターでもひとりでくる二〇代の女性を見かけることがある（彼女とは別の店で偶然に隣り合わせになったことがあり、そのときどれほどの「うなちゃん」ファンであるかよく分かった）。また、ある時、中学生の娘を連れてきた常連客の隣に座ったことがあるが、それはそれでなかなかほほ笑ましい光景に感じられた。

私事だが、東京生まれのアメリカ在住の娘が昨年の夏に結婚し、秋に初めて旦那を日本に連れて来た。東京では、我が家に泊っていたが、彼はアイルランドのパブが大好きだと言うので、ある晩、「うなちゃん」に連れて行った。葛飾時代の私と同様に、日本が初めてなだけでなく、うなぎを食べるのも初めてだったが、彼もおいしく思えたようである。娘たちが帰国してから、旦那の日本に対する印象はどうだったかと尋ねたら、とても気に入ったそうだが、初来日のハイライトは「うなちゃん」で過ごした数時間だったそうである。やはり、いい店には国境がない。

＊

「まっちゃん」——「うなちゃん」の「ボロの美学」に比べ、「まっちゃん」の内装はシンプルながら渋い。入って右側の座敷側の壁には、趣味のよい障子がある。思えば、モツ焼き屋で障子はあまり見かけないのではないか。しかも、「まっちゃん」の障子は上質の木材と和紙でできており、格子は目が細かく、独特の風情がある。それだけでもひとつの作品になっている。また、天井近くには詩人草野心平の色紙が飾ってある（余談だが、草野自身も戦後、焼き鳥屋を営んだことがあり、その体験に対する回想文も残している）。要するに、「まっちゃん」の内装は品格のある空間だと言える。

また、その印象に貢献しているのは、BGN（これも私の造語で、background noise の省略である）がないことが挙げられる。すなわち、音楽のみならずテレビもラジオも鳴っていないので、客と店主たちの話し声のみが耳に入るわけである。いつからだろうか——音楽を含めて会話以外の音がバックで鳴っていないと寂しく感じる人が増えたのは？　いずれにせよ、「まっちゃん」ではそのような雑音に邪魔されずに済む。会話——いや、相手の話を半分聞いていないような同時進行のトークとは区別するために「対話」と呼ぼう——が主役である。少なくとも、土曜日以外は。というのも、「まっちゃん」の壁には「お酒を召し上がりにならない方はご遠慮下さい。また、ご婦人の方は土曜日にご来店下さい。――店主」という張り紙が貼ってある通り、ここは平日、マダム・ママ・その他のご婦人の「出入り禁止空間」になっているのである。初めてこの方針を知ったとき、ちょっとやりすぎではないかと内心思ったが、クニタチにしばらく住んでから、このような店が一軒くらいあってもいいと納得するようになった。平日の「まっちゃん」はオヤジ族の安全地帯であり、日中この町で味わえない独自の「ノリ」が楽しめる。(22)

モツ焼きはおいしくて、やや高いがそれなりに量もあるから、男性のみとは言え、いまだに広い客層の人気を博しているが、何よりも店主と常連客が共に築き上げる店内の雰囲気が魅力的だと私は感じる。いかにもオヤジ好みの空間であり、店主と客との間にギャグがよく飛び交っているのがその象徴でもある。逆に言うと、そうしたやり取りというのは〈遊び〉であると同時に、ウィットの試し合いという軽い〈競争〉でもある。

たとえば、私が店内に入るたびに店主が何か笑いを誘うようなコメントを飛ばしてくる。先日、開口一番に「パスポートを見せてください」とやられ（答え：「警察が保管している」）、別の日には「Can you speak English?」ときた（答え：「ノー。ミー・ノー・キャン・スピーク・ザ・イングリッシュ」）。そのヴァリエーションとして私が入ったとたんに店主が、他の客に向かって「彼は英語しか喋れないが、通訳してくれる？」とふざけて言うこともある。私は葛飾時代から日本語でのこのようなやりとりにしっかり鍛えられてきただけに、この程度はお安い御用に感じられ、私にとって居酒屋での醍醐味であると言っても過言ではない。

一例をあげれば、店主から「あの人は英語しか喋れない」というセリフを二、三回使われたとき、私は「大将、ネタが古くなっていて、食中りでもするんじゃないかと心配になってきたよ」と言う。また、別の日にカウンター席に腰を掛けてからの次のような、こちらから仕掛けたやりとりがある——

モラ「きょう、焼きものでないのは？」
店主「タンだけは売り切れ」
モラ「そうか、きょうは舌足らずかい？」

たまに、他の客と店主とのやりとりに割り込むこともある。例えば、ある梅雨の蒸し暑い夜に——

別の客「マスター、いつも長そでですか。シャツが汗びっしょりですよ」
店主「だいじょうぶ。明日その塩をここで使うから……」
モラ「なるほど、夏は節塩だからね……」

「まっちゃん」の品書きはまったく変わらないが、店主とのやりとりこそ「本日のお勧め」だと思っている。

＊

「柴さん」――「柴さん」は創業四七年だそうである。「2ちゃん」とは異なり、駅からやや離れており、カウンターは「コの字型」ではなく、詰めても一〇人くらいしか座れない小さな「L字型」である。座敷もなく、カウンターの規模も三軒のうちで最も小さいが、品物の種類が「2ちゃん」より多い。モツ焼きと焼き鳥のほかに野菜焼きもあり、ししゃもやナス焼きなども出すことがある。少なくとも「ボロの美学」という点においては、「柴さん」は「うなちゃん」といい勝負かもしれない。

三軒のうち、「柴さん」は普通の人にとって一番入りやすいらしい。女性の常連客も比較的多く、客層の年齢の幅も広い。ただし、現在の「柴さん」は大きな転換期の真っ最中にあるので、店の雰囲気も客層も、今後かなり変わる可能性があろう。というのは、初代店主が亡くなってからしばらく店を切り盛りしていた八〇代の奥さん（通称「お母さん」）も、二〇一一年の夏に他界され、その後、数カ月不定期に開店していた。現在は若い男性が店長として日曜を除いて毎晩店を担当しているが、すでに離れていった常連がいるはずである。店長は元店主ご夫妻の血縁ではないので、「ちゃん・ちゃん・さん」のうち現在の「柴さん」だけは家族経営とは厳密に呼べないが、それでも店長は店主の家族とは以前から個人的関係があり、初代店主の息子が五日市で営んでいる焼き鳥屋である程度修業を積んできたから、「柴さん」を任されているという意味では普通の雇われ店長と立場が違う。

西荻の「戎」でも触れたように、小ぢんまりした店では焼き台に立っている人が替わると、常連客が離れてしまうことがある。しかも「柴さん」の場合、店主が亡くなってから不定期にしか開店していなかった時期が続いた上に、カウンターの内側に立つ世代まで変わったのだからなおさらである。それでも、二、三〇年も通い続けてきた客のうち、いまだに顔を出す常連客がおり、加えて店主が若いだけに二、三〇代の客が増えていることは明らかである。今後の「柴さん」は昔から継承される面もあれば、新しく打ち出される面も、バランスよく現れたらよいと思っている。

そのなかで、ひとつ変わっていない面は焼き台である。「うなちゃん」と「まっちゃん」と同様に炭焼きだが、「柴さん」の焼き台はタイル張りになっており、めずらしく装飾されている。私はいままで何百軒（または何千軒）の焼き鳥屋に入ったか分からないが、タイルで飾ってある焼き台は見た覚えがない。長年の常連客に聞いてみたら、初代店主ご自身が飾ったという。店主はいなくなっても、店に対する思い入れはいまも輝きを放っているのである。

「柴さん」で呑んできたなかで、ふたつの想い出が際立つ。まず、あるとき、すぐそばに座っていた、ちょうど腰を上げて帰ろうとするハンチング姿のおじさんの顔をよく見たところ、ハッと気づいた。

「すみませんが、吉田類さんですか」

「はい、そうですが」

「あ、はじめまして。お書きになった赤提灯に関する本やHPなどを拝読しています」

そしたら類さんが座りなおしてくれて、二人でしばらく話したが、酒呑みの同胞としてきっと「柴さん」一軒だけでは満足できないだろうと察した私は、「きょう、ほかにどこに寄りましたか」と聞いてみた。「うなちゃんだ」との答えだったから、「あ、例の「ちゃん・ちゃん・さん」というやつですか」と言ったら、彼はその呼称の言い出しっぺは自分だと教えてくれた。大いにありうることだろう、と納得した。そして彼は帰りがけに、「明日、南武線のちょっとおもしろい店で雑誌の取材があるのだけれど、よかったらこない？」と誘ってくれたので、翌日は久々に真っ昼間からビールを味わった（その後も、偶然に中野の路地裏の渋い居酒屋で類さんにばったり会ったことがある）。

もうひとつの「柴さん」の想い出というのは、お母さんがぬか漬けを出してくれたことである。私は居酒屋でよくおしんこを注文するが、「柴さん」のは安い割に予想以上においしく感じたので、お母さんに旨いと言ったら、「それはそうだろ。だって、私のおばあちゃんのぬかだもの。明治からあるので、百年以上も経っているよ」と答えた。百年も同じぬか床を使い続けてきただけでも感心したが、私のような新しい客にまで、代々の女性が大事に守ってきた家宝を分けていただいていると思えば、感慨もひとしおであった。だが、お母さんが亡くなられ、しばらく経ってから「柴さん」に行ったとき、「ところで、お母さんのぬかは？」と聞いたら、店長は残念そうにお母さんが他界されてからぬか床が駄目になったと知らせてくれた。とうとう、お母さんとともに去ってしまったのである。

＊

「利久」――店名は「ちゃん」でも「さん」でもないが、「柴さん」の近くにもう一軒、注目に値する呑み屋がある。旭通りをそのまま上り、突き当たりを右に曲がると右手に小さな赤提灯がぶら下がっている。「利久」という店である。名店「うなちゃん」と「まっちゃん」と違い、「利久」はほとんど地元でも知られていない。いわば「クニタチ呑兵衛マップ」から見事に脱落している店である。私がいままで話した地元の酒呑みのうち、「利久」に入ったことのある人はほとんど皆無と言ってよい。店の存在を知っていたのは、せいぜい二〇パーセントだろう。もったいないことである――少なくとも日本酒党ならば……。

確かに、「利久」はクニタチ駅からも、谷保駅からも離れており、旭通りが切れたところで店が激減し、目立たない場所にある。よっぽど精力的な居酒屋探訪者でないかぎり、「利久」の存在にすら気づかず、仮に気づいてものれんをくぐるには至らないだろう。失礼ながら私も初めてあの赤提灯を見たとき、全く期待せずに冷やかし半分で入ってみた。というのは、外見から言えば、いかにもどこにでもありそうな「普通の焼き鳥屋」としか思えないからである。だが、クニタチには「普通の店」が相対的に少ないからこそ入ってみる気が湧いたのかもしれない。

ところが、とんでもない店である。東京での長年の呑み歩き体験では、これほどいわば「普通の居酒屋」でありながら日本酒――しかも、知らない珍酒がざらにある――を並べている店は見たこともなく、聞いたこともない。確かに、つまみは、「だし」など数品の山形名物を除き特別とは言えない。それに店内の雰囲気もいかにも「普通」である。だが、しかし。この店の地酒のセレクションには……全くぶったまげた。「霞城　寿《かじょうことぶき》」「山猿」「東光」「成政」など二〇種類以上の、東京ではほとんど見かけない銘柄が日本酒専用の大きな冷蔵庫に入っており、カウンター席に座ると、目の前にずらっと並んでいる酒瓶との睨めっこ大会が始まる。

しかも、値段も安く、分量にまた唖然とする――店主がうっかり日本酒を生ビール用のグラスに入れてしまったのではないかと疑うほどの量である。だが、店主はそれが正一合だと断言する（これが一合なら、今まで入った数々の居酒屋にぼられたことになる。また「利久」では、酒を注文するときに生まれて初めて「量を少なめにお願いします」と頼みたくなる――さすがにまだそこまで言えないが……）。

とにかく日本酒に関して言えば、ここはクニタチ一番の穴場であるにちがいない。ところが、上述の通り「利久」は地元の日本酒党の呑兵衛たちの間でもほとんど知られていないらしい。仮に店を知っていても、豊富な日本酒のセレクションがあることを知らない人がほとんどのようである。さらに残念なのは、店主（以下「親父さん」と呼ぶ）によると、「利久」の客で日本酒を注文する人は「一〇人にひとり、または二〇人にひとりかもしれない」

ということである。くり返すが、もったいない！　それほど多種類の日本酒をおくことは、売り上げだけを考えたら明らかに理屈に合わないが、やはり親父さん自身が好きだから地酒が揃っている。

ちなみに、ご夫妻ともに山形出身であり、親父さんは若いころから旨い酒の味を覚えたようである。余談だが、私はたまに日本酒党の友人に対し、遊びのつもりで次の質問をする――「これから一生、全国の中で一県の日本酒しか呑めないと言われたら、何県を選ぶ？なぜ？」、と。日本酒好きなら、これはなかなかおもしろい遊びのように感じる。友人の味覚をもっと知ることになり、日本酒に対して改めて開眼させられることもある。いままで、意外に「新潟」と答えた人は少ない。「福島」や「石川」、それに「広島」「山口」「佐賀」という答えもあったが、私は一県の酒しか呑めないなら山形を選ぶと思う。新潟と同様に酒の質が安定していながら、味にもっと幅があるように感じるから。また、県別に比べていないが、酒蔵も多いように思える（そして溝口の山形県地酒専門店「よこ川」のおかげで、東京で出回っている銘柄で格別に感じないものでも、実はすばらしい酒も作っていることが分かった）。

「利久」の店主ご夫妻は山形から東京に移住し、数年経ってから店を開いたという。三五年前のことである。親父さんと一緒に酒の雑談をするのも楽しいが、ある日、開店当初の話を聞かせてもらったら、いつものクニタチとは全く別の顔が現れた。というのは、親父さんによると、その頃の「利久」の客層は「学生とヤクザばかりで、月に一回ケンカがあって、三カ月に一回は救急車を呼ぶようなことになった」（開業してから数年間のうちにヤクザと暴走族がだいぶ減り、客層が変わったそうだ）。また、店の立地条件を考えると現在では想像できないが、開業当初は店を五時に開け、翌朝の三時か四時までずっと満員だったという。親父さんは現在七〇歳で、にこやかなおじさんという印象しか私にはないが、若いころは相当に腕力に自信があり、店内で問題が起こったら客を無理やり外に引っ張り出してコテンコテンにやっつけたそうである。相手がチンピラであろうと誰であろうと……。

だいたい男のケンカの話となると多少誇張されがちだが、以上の話は完全な作り話ではないように思う。まず、逆説的にあまりにもクニタチの話として意外に感じられたからこそ、大まかに事実だろうと思う（一九五〇年代ならともかく、逆算すると一九七〇年代後半の話だからなおさらである）。そして、初めてその話を耳にした時、半信半疑で聞きながら奥さんの顔をみて確かめたが、いつも静かでややシャイにも見える彼女が、私をまっすぐ見て頷きながら「そうですよ」と言ったから、多少の誇張があっても本当のことだろうと思った次第である。

また、ある日、開業当初から店に通い続けてきた七三歳の客が入り、彼も似たような証言をした。ちなみに、その常連客はクニタチ育ちであり、戦後のクニタチの想い出を尋ねたら、彼は「米軍ハウスが到る所にあった」と言い、自分自身が一一、二歳の頃、クニタチで“Stars and Stripes”（「星条旗」）という米軍の新聞の配達をしており、「上級の米軍の場合は日本人のメイドさんがいて、チップやシガレットなどをくれたりした。後で、もらった煙草を大人に渡してお小遣いをもらったりしていた」という回想を聞かせてくれた。

現在のクニタチとは、想像しがたいほど全く別の世界のあった時代が、終戦直後のみならず、一九八〇年前後まで見られたらしい。「利久」の先輩たちの話が、珍酒にぴったりの「充《あ》て」になった。

演歌の夜

上記の四軒の赤提灯のほかにも、クニタチには小規模な個人経営の呑み屋はたくさんある。さらに、南武線の谷保や矢川駅付近ではおでん屋を始め、安く庶民的な呑み屋が点在する（ただし、矢川周辺には飲食店を含め、全体として店の数が少ない）。しかし、私は先日までクニタチではおでん屋を見た覚えがなかった。その夜、いつものごとく自転車でびゅんびゅん飛び回っていたら、「おふくろの味・おでん」という看板が目に入り、めずらしいからどうしても入りたくなった（この町には「おふくろ」というより「マダム」や「教育ママ」のイメージの方が、私にはどうしても強い）。

あの晩、私が入ったおでん屋は「Lの字型」のカウンターになっており、カウンターの内側にはおばさんがふたり立っており、ひとりは「ママさん」と呼ばれていた。八月の猛暑が続いている時期だったので、さすがにおでんは出していなかったが、私はおでんそのものよりも、店内の雰囲気や客層を覗きたくて入店したのだから、がっかりはしなかった。

当夜、私を除けば男性客が三人、女性が二人。二人組の男性以外はみんな一人客で、おそらく平均年齢は六〇代後半だったと思われる。入店したとたんに驚いたのはBGMだった。演歌ではないか。そういえば、私はクニタチでずいぶんと居酒屋を呑み歩いてきたつもりだが、おでんは初体験だったのみならず、演歌をかける店は「うなちゃん」以外に知らない（ただし「スナック」など、カラオケが歌える店だけは徹底的に避けているので、演歌に出会わなかったのはそのせいかもしれない）。それでも、演歌が流れている割に内装は（クニタチらしく）なかなか渋く、とりわけモツ焼き屋「柴さん」や南武線付近の庶民的な雰囲気の赤提灯とは違うが、カウンターの中に立っているおばさんたちからは気さくな印象を受けたし、第一印象はけっして悪くなかった。問題が起こったのは、隣の客が私に話しかけてきてからである。

近くに座っていた二人組が「センセイ」と呼ばれていることに気づいたので、すぐさま警戒態勢に入った。これは長年の経験から得た知恵で、とくに「センセイ」と呼ばれていい気になる客は厄介者が多く、そのような客に遭遇すると、だいたいロクなことはない。あのおでん屋の客も例外ではなかった。ふたりのうちの一人はけっして威張っていなかったが、隣席の先輩らしき男はすでにできあがっており、大先生のごとくふるまっていた。

このような場合には、私がどんなに静かに目立たないように頑張っても、例の「インタビュー」が始まるのは時間の問題である——着席する前から始まるときもあれば、一杯目の酒を呑み干すまで待ってくれるときもあるが、インタビューではない普通の対話（たとえば、「この店にはよく来られますか」などから始まる話）はごく稀である。前述のように、私はなるべくお互いに楽しめる方向に話を持っていこうとするが、合、さすがに隣の大先生の場合、あまり会話の相手を務める気が湧かなかった。

インタビューが始まると、必ず最初に来る質問は出身地についてだが、大先生に対して「アメリカです」と日本語で答えても、それが全然耳に入らなかったように得意（と、本人が思っているらしい）なドイツ語で話しかけてくる。私はドイツ語がまったく分からない、といくら説明しても無駄。相棒が「ちゃんと日本語の分かる方ですよ」と軽く注意しても、補聴器が壊れたせいか、とにかく何の効果もない。そこで、私は効果絶大な対策を思いついた。すなわち、「確かに、私にはドイツ出身の親戚がいましたが、ユダヤ人だったためみんな虐殺されました」。こう言えば、少しは酔いが醒め、私の話が耳に入るようになるだろうと思ったが、初めて入った店であり、ほかの客まで白けさせてしまうから、何とか耐え抜いたのだった。

しばらく経ってからその二人は帰ったが、帰り際に後輩のほうが私に「どうも、お騒がせしました」と、丁寧に謝ってくれた。その直後に知ったことだが、ドイツ語で話しかけてきたセンセイというのは、私が現在勤めている大学の名誉教授だそうで、やはり大虐殺云々のコメントを喰らわせなくてよかったと思う。

二人組が帰って、店が急に静かになったと思ったら、今度は一人で座っていた七〇代後半の男性客が喋りだした。そして、その話が始まって一、二分したら、店内の雰囲気が突然しんみりしてきた。私は、予期せぬままに「クニタチブルース」の世界へ足を踏み入れてしまったようである。

「あいつは偉い死に方をした。俺もああいう風な死に方をしたい」

＊

二人のセンセイがおでん屋を出てしまうと、ずっと一人で静かに座っていたおじいさんがしゃべり始め、なんども同じセリフをくり返した。カウンターの中に立っているママさんたちに語りかけているのだが、実は自分を慰めるために話していることは明らかである。そして、くり返すたびにその切なさは薄れるどころか、逆に増すばかりのように思えた。五二歳の息子の死の話である。

「死ぬ直前に、「お父さん、本当にありがとうございました」と、お礼まで言ってくれた。あいつ、偉かったなあ……」

彼は何度か、このおでん屋に息子さんを連れて来たことがあるらしく、それを思い出してか、ママさんたちも、カウンターに並んで座っていた二人の女性客も、静かに涙を流しながら聞いていた。その店に初めて入った私でさえも、しんみりした気持ちになった。どんなに歳をとっていようと、自分の子供に先に死なれるほど辛いことはないだろう。

＊

あのおでん屋では、初めて入ったのにもかかわらず、あれだけ強烈な体験をしたので、さすがに再び行くことにはためらいがあったが、約二週間後のある晩、なぜかもう一度訪ねてみようという気が突然湧いた。そしたら、なんと、店がまるで変身したかのように、雰囲気も客層も前回とは雲泥の差ではないか。

まず、今度は有線から流れているのは演歌ではなく、モダンジャズである。同じママさん二人がカウンターの後ろに立っており、また先日もいた女性の一人客は前回同様、私とは反対側のカウンターの端に座っていたが、センセイどもの姿はなく、息子さんを亡くされた男性客もいなかった。その代わり、二〇代後半と見られる男性客が一人座っており、最近料理に凝っているらしく、先日試したレシピの出来栄えについて、ママさんに熱弁をふるっている。

店に入ったばかりの私は、ママさんたちに挨拶してからとりあえず一通り注文して、ひとりで静かに呑んでいた。そのうちに料理の話を終えた男性客が帰ったので、私はママさんに話しかけてみた。

「きょうは演歌じゃなくて、ジャズですね」

「そうよ、いつもはジャズなの。私は演歌が嫌いなんだけど、ときどき、どうしてもって頼むお客さんがいるから、そのときだけ流すことにしてるの」

「いやー、今日、お店に入るのは二度目ですが、初めて来たときは演歌だったし、しかも息子さんを亡くされた方のお話をうかがったり、正直に言えば強烈な第一印象でしたよ」

「あ、あのとき、その話までお耳に入ったのね。申し訳ありません。あのときは、いつもと違う雰囲気になってしまって」

「確かに、今晩とはまったく……」

「普通はこんな感じですから、また気軽に来てくださいね」

初めての居酒屋に入ってみて、その店が気に入るか入らないか、即断できる場合もあるが、二、三度行ってみないと、店の雰囲気が「読めない」ことがある。あのおでん屋はまさしくそうだったらしい……とはいえ、三回目の冒険にはまだ踏み出していない。そのときには、どんな体験が待ち構えているだろうか。不安と楽しみ半々である。

わが町（？）

やはり、トクベツな町だ。美しい景色や、すばらしい老舗の赤提灯が散在しているにもかかわらず、毎日朝からクニタチにいるとどうしても狭苦しく感じる。どうも、この文教地区は、目に見えない〈城壁〉に囲まれているように感じてしまう。過剰に浄化された空気に窒息しそうなときさえある。だから、たまに見張り人の目を盗み、壁を越えて城外まで逃亡し、普通の町の、普通に汚染されている空気を吸ってくるように心がけている。これがクニタチ住まいの、酒呑みオヤジにとって生き抜いていくための秘訣だと思う。

もちろん、多くの男性住民のごとく、都心まで通勤するような日常生活を送っていれば、クニタチに対する違和感や抵抗心はさほど湧かないだろう。むしろ、文化豊かな、自然に恵まれた環境をもっと素直に喜べるにちがいない。だが、私は仕事上、ほぼ毎日、朝からこの町におり、しかも一日中自宅か研究室には閉じこもっていられない性質《たち》である。やはり、町に出たい。本書の一部もクニタチの飲食店で記した。とくに、長い原稿に取り掛かっているとき、私は昔から頻繁に作業場を変え、気分転換から新たにエネルギーをもらい書き続けるという作戦を実行してきた。西荻在住のときも、よく昼間に「喫茶店ハシゴ」をしながら原稿を書いていたが、町の飲食店をどんなに回っても被害妄想に陥った覚えはない。今まで住んできた他の町も同様である。だが、クニタチは違う。トクベツである。朝からいると、私はこの町の長短（「功罪」とも呼びたくなる）に対し過敏になってしまうようである——初春の花の美しさに目が眩むが、初夏の犬のファッションショーを目にすると吐き気がする。秋の早朝に多摩川まで出かけ、沿岸の風景で息をのむほど爽やかに感じることはあるが、町に戻って氾濫している「アチラ語」の看板に囲まれていると、一瞬、どこの国《くに》に立《た》っているのか、困惑することさえある。また、朝起きてからわが家のカーテンを開け、鶯の鳴き声を耳にしながら山の景色を眺めていると、突然日中の騒音が聞こえてくるという錯覚が起き、目の前の景色がその音に消されてしまう——「そうそうそうそうそうそう!!!」

私は、東京を「わが町」だと思っており、最期まで都内に住み続けるつもりでいる。あるいは、東京は私の新しい故郷だと言い換えてもよい。だが、クニタチは「わが町」と呼べるかどうか、いまだに分からない。いずれ中央線文化圏の町に戻るか、再びイーストサイドの生活に挑戦することになるかもしれない。とは言え、若い頃のように頻繁に引っ越しする気力がないので、当分の間、このまま「クニタチオヤジ」として頑張っていこうと思っている。日中は町を支配しているマダム軍とママ隊に、目と耳を襲撃され、夕方には町の赤提灯で心身の再生に励む。赤提灯が灯っている限り、私はこの町でも暮らしていける自信がある。呑めば、都。

註

第一章

(1) さらに、町名を「溝之口」と記す時代があったそうである。原田勝正『南武線　いま　むかし』(多摩川新聞社、一九九九年)および中村吾郎『南武線歴史散歩』(鷹書房、一九八八年)を参照。

(2) 思えば、戦後の闇市に由来するだけでなく、西口商店街は上野のアメ横や新宿の「思い出横丁」と、もうひとつの共通点がある。近年、どれも火事に遭ったということである。アメ横の場合は一九八一年と一九九九年、「思い出横丁」は一九九九年、そして西口商店街は二〇〇七年に放火された。商店街組合の小澤留雄会長によると、犯人はすぐに捕まった。意外にも、犯行の動機は商店街の開発を促進することなどではなく、単にパチンコに負けてしまった鬱積を晴らすためだったそうである。しかし、そうであっても、近年の放火事件と開発推進事業とは、無縁ではないことも周知の通りであろう。

(3) 正確に言えば、南武線は初めから旅客輸送をしながらも、主として多摩川で採取された砂利や奥多摩で採掘された石灰石などを運ぶ、貨物線として敷設された。詳しくは前掲原田勝正『南武線　いま　むかし』を参照。また、川崎市の昭和史編纂委員会編『写真集　川崎市の昭和史』(千秋社、一九九五年)によると、「工場労働者や原料、製品などを運ぶのに都合がよい南武線沿線に多くの軍事工場が進出してきた」と指摘されている(八七頁)。そのような背景を考えると、近現代における溝口のアイデンティティの変容を、戦前および戦後の工場地帯時代、そして近年の開発による郊外都市化時代とが拮抗してきた歴史として捉えられよう。言い換えれば、南武線「溝ノ口」から田園都市線「溝の口」へと変貌しつつあると言うことができる、と。少なくとも、田園都市文化の推進者たちはそのような印象を与えたがっているように思われる。たとえば、雑誌『田園都市生活』の二〇〇九年の冬号は溝口特集を組んでいるが、次のような（西口商店街のファンにとって、まったく鼻に付く！）宣伝文句が注目に値すると思う――「東急大井町線が延伸して、便利になった溝の口。パンに洋菓子、フレンチにワイン……　〃知っているつもり〃で知らなかった溝口の魅力を再発見して出かけませんか?」と。私はもともとこの手の広告調の文体に接するとムカつく性質なので余計に反感が強いけれども、それにしてもその含意は明白であろう。すなわち、「東急線文化」の比重が増すにつれて町全体の魅力が上がるということである。しかし、ここでの「東急線文化」とは、「高尚な欧米文化」崇拝のように受け取られても仕方がないだろう。確かに、この雑誌のデザインや掲載されている広告から判断すると、ご婦人の読者を主な対象にしており、「古い」「きたない」「オヤジ臭い」というイメージを喚起するような西口商店街に焦点を合わせているはずはないだろう。むしろ、きれいで洗練された溝口のイメージを読者も喜ぶのが分かる。同特集では「溝口の定番2010」という一〇の推薦項目が掲げられているが、西口商店街は一応取り上げているものの、一番最後に位置づけられている。

(4)　中村吾郎『南武線歴史散歩』（鷹書房、一九八八年）、一二五―三〇頁。ちなみに、現在の高津区図書館前に国木田独歩碑が建っており、それに付されている説明によると、独歩は明治三〇年（一八九七）に溝口を訪れ、亀屋という旅館に一泊した。その宿の主人が「忘れえぬ人々」のモデルの一人となった。なお、独歩の碑の題字は島崎藤村が書いたものとされている。「溝口と文学」というテーマについて言及しているついでに、岡本かの子が隣の二子出身であることを付け加えるべきだろう。かの子も溝口について文章を残しているそうだが、私は未確認である。いずれにせよ、現在では作家の岡本かの子よりも、画家だった長男の岡本太郎の方が広く知られていることだろう。

（5）闇マーケット時代の実態を把握するため、私は一応高津区図書館の郷土資料室や高津区役所の地域振興課などに行き、商店街成立前の闇市当時の「店」の配置図を探してみたが、資料が見当たらなかった。後に、区役所の地域振興課企画課の亀山祐司係長が、親切に古い資料で確認してくれたが記録がないそうである。また、商店街組合の小澤会長に商店街成立当初の資料はないかと尋ねたが、組合にはそのような古い記録はないそうである。したがって、終戦直後の西口商店街の実態を把握するには、聞き取り調査が必要となるように思う。残念ながら、本書を書くに当たってその余裕はないが、有意義な作業だと思うので、どなたかにそれを行っていただきたいものである。

（6）長年、闇市の実態研究に携わった松平誠は、「一口にヤミ市といっても、時期と場所によってさまざまな姿がある」と前置きしながら、東京の代表的な闇市の発生と営業形態を簡潔にまとめているので、以下に引用したい。

「闇（ヤミ）とは、公定（マルコウ）の対語である。統制経済の時代には、政府の手で主な消費物資にいちいち価格がつけられ、違反すると処罰された。だから、マルコウ以外の商品は明るい太陽の下に出ることはできず、その売買はヤミになった。ヤミの商品を売り買いする市場がすなわちヤミ市である。ここには、食料品、衣類、雑貨、その他、販売が禁止されているものなら、なんでも並んでいた。一九四七年夏に飲食店がすべて禁止されてからは、逆に呑み屋と食べ物屋がその中心になった。はじめのうちは、駅の前にできた焼け跡や疎開後の空き地で、青天井の露店市だったが、翌年になると土地の上に平屋の長屋をつくってマーケットと呼び、敗戦後の一時期、露店とともに、東京の盛り場をつくりだした。これがヤミ市である。」（松平誠『ヤミ市　幻のガイドブック』（ちくま新書、一九九五年）、一〇頁）

『ヤミ市　幻のガイドブック』は、本格的な社会史的研究による闇市の実態調査を基にしながら、上記の通り非常にうまくまとめられており、文章も読みやすいのが長所である。闇市の呑み屋およびその（貧相な）

品物について詳述されているのがとりわけ興味深い。同書の弱点を（一読者の観点から）あえて挙げるなら、（1）闇市の実態を客観的に捉えようとするあまり、そこで売り買いする人たちの、いわば「人間としての姿」があまり浮かび上がらないこと、そして（2）著者が闇市におけるテキヤの役割について、やや美化している感があるという二点であるが、全体としてバランスの取れた、優れた入門書だと言える。残念ながら、品切れになっている。

闇市を取り上げた対照的な書として、猪野健治編『東京闇市興亡史』（ふたばらいふ新書、一九九九年）がある。十人の執筆者によって書かれており、各人の主観的な視点や思い出が際立つため、章によってかなりばらつきはあるが、「闇市ファッション」や「闇の女」、それに阿佐田哲也の書いた「焼跡ギャンブル時代」など、興味をそそる内容がたくさん盛り込まれている。本書の旧版は一九七八年に刊行されており、闇市を直接体験した執筆者たちによる多視点からの闇市像を描き出していることが強みと言える。近年の研究では、初田香成『都市の戦後——雑踏のなかの都市計画と建築』（東京大学出版会、二〇一一年）の第二章「闇市の簇生と変容——都市建築としてのマーケット」が「闇市」と「マーケット」を厳密に区別しており、示唆に富む洞察が散見される。特定の町の闇市に対する研究では、塩満一『アメ横35年の激史』（東京稿房出版、一九八二年）、そして松平誠『ヤミ市——東京池袋』（ドメス出版、一九八五年）が詳しい。また、陣内秀信の論文「迷宮空間としての盛り場」（『国立歴史民俗博物館研究報告　第三三集』）では、渋谷や新宿など、都内の盛り場の歴史的変遷を概観しているので参考になる。近著では橋本健二・初田香成編著『盛り場はヤミ市から生まれた・増補版』（青弓社、二〇一六年）がある。

現在の日本では、闇市を直接体験した者は少数になってきたので、当時のイメージを把握するには写真や映像も欠かせないと思う。上記の『アメ横35年の激史』には戦後初期の上野駅周辺の印象的な写真が数点掲載されており、毎日新聞社編の『1億人の昭和史』のシリーズも参考になる。当時の映画でＤＶＤとして入手しやすいものでは、黒澤明監督の『野良犬』と『酔いどれ天使』には闇市が映っており、作品としてもエンターテインメント性が十分あると思う。焼け跡・闇市に設定されている文学作品も少なくないが、自称「焼け跡闇市派」の野坂昭如「アメリカひじき」は欠かせない。また、終戦直後に書かれた小説では石川淳の短編「焼跡のイエス」が異色の名作と言えよう。加えて、マイク・モラスキー編『闇市』（皓星社、二〇一五年）には闇市が登場する短編小説が十一篇収録されている。戦後文字における闇市像に関心のある読者は参照されたい。

（7）「不法占拠状態にあった建物について、市は八三年、取り壊しを命じた。しかし店側は、その後も営業を続けた。「相手方に権利が発生することになる」と市は借地料を取ってこなかった。／水路の上の建物は、市の下水道条例にも違反している。条例では、橋などの設置を許可することはあるが、「店舗は管理上支障があり、許可できない」としている。」(http://mytown.asahi.com/kanagawa/news.php?k_id=1500000703020004)

（8）二〇一二年二月一一日に商店街内の昭文堂書店で小澤留雄会長とインタビューを行った。ちなみに、小澤氏は山梨出身だが、昭和二四年に溝口に移住してからずっと住んでいるそうである。西口商店街の主要な路地には明誠書房という古書店があり、小澤氏が三十数年経営してきた昭文堂書店はその角を曲がったところに潜む、小さな店である。表には日の丸が掲げられており、なかにはポルノ雑誌とAVしかおいていないが、小澤氏によると、全盛時代には文学全集や百科事典などの売り上げ実績が全国の書店の中でも注目され、大手の出版社の営業部に講演を依頼されることもあったという。

（9）私は「かとりや」にせよ、「いろは」にせよ、店内に入ったことがないので、両店の比較はあくまでも立ち呑み体験に基づくものである。また、二〇一二年現在、「かとりや」の店長によると、創業したのは四〇年前である。私の体験では、「かとりや」の場合はいつも同じ男（別に店主がいるそうなので「店長」と呼ぶことにしている）が焼き台に立っているが、「いろは」の場合は交代で担当しているように思える。ただし、これは未確認である。いずれにせよ、二〇一二年二月に「いろは」の焼き台担当に訊いたところによると、「四〇年ちょっと前」に創業したそうである。

(10) 近年、自称「再生酒場」のような、わざとらしく作られたレトロ風の店と並び、立ち呑み屋が流行っているのも確かである。私は、それを同じような流行だとばかり見なしていたが、社会学者・橋本健二の『居酒屋ほろ酔い考現学』（毎日新聞社、二〇〇八年）を読んで、バブル崩壊以降、ますます拡大してきた経済格差も関係していることに目を開かせられた。同書は居酒屋の変容ぶりを格差社会現象を通して考察するという異色の居酒屋本であり、参考になるところが多い。

(11) 私自身はまだ「常連」と呼ばれるほど通い詰めていない。このような店の常連のほとんどは、近くに住んだり働いたりしている人、または都心などからの帰りに途中下車する人だと言えるだろう。たまに、私のように「かとりや」へ行くためにわざわざ電車に乗ってくる人はいるが、ごく少数派である。店のローカル性を考えれば、そうあるべきだとも言えるように思う。

(12) もちろん、私は外国人であるがゆえに、普通の一見客とは立場が違うということを考慮しなければならない。よくも悪しくも目立つので、周りの客たちに注目され、話しかけられることが普通である。その点、私は同じ立場の中年男性よりも、どうしても注目され、話しかけられるという意味では、若い女性客に立場が似ている、と考えるべきかもしれない（ただし、私に対し、周囲のオヤジ客がやたらに触りたがることがないという点において、若い女性客よりずいぶん楽だと思う）。だが、ここで言いたいのは、小さな赤提灯や立ち呑み屋でのふるまい方さえ心得ている一見客ならば、「かとりや」では気持ちよく受け入れてもらえるらしい、ということである。

(13) 私が知っている限り、「通の演技」という表現は、拙著『ジャズ喫茶論』(筑摩書房、二〇一〇年)で初めて使われたが、客のみならず、店主がレコードをかけるときの姿勢にも、客に対し、そして自分自身に対しても、一種のパフォーマンス性が見受けられると論じた。詳しくは、同書を参照されたい。また、それと同等な表現は使っていないものの、日本を専門とするアメリカ人の人類学者メリー・ホワイトの新著では、日本の喫茶店文化に注目しながら、いわゆる「コーヒー道」を究めようとする店主たちが一杯一杯に注ぎこむ情熱と集中力、そしてそれに伴う自意識を詳細に考察している。Merry White, *Coffee Life in Japan*, University of California Press, 2012.

(14) 私が「かとりや」を訪れた時、常に混んでいるのでご本人に確認する機会はなかったが、商店組合の小澤会長によると「かとりや」の経営者は別におり、いつも焼き台に立っている人は店長である。

第二章

(1) 本章では競馬および競艇にまつわる体験に焦点を絞っており、競輪に対して言及していないが、大井競馬場に初めて行った約一週間後には、立川競輪場にも出かけてみたので、以下、その第一印象だけを簡単にまとめよう。

立川競輪場には自転車で行った。我が家から飛ばして一〇分くらいで着くので、恐ろしいほど近い(競輪場まで自転車を飛ばしていくのも妙な話だが)。競輪場は初めてなので、入場方法などが分からず、周囲を見回していたら見知らぬ男がそばに寄り、手を差し出して五〇円玉をくれようとする。「どうしたんですか」と聞いたら「入場料」だと答える。そして大丈夫、五〇円玉は持っていると言えば、「なんだ、日本語が分かるのか」と、ややがっかりした声でそのまま去って行った。これが入場前の競輪初体験である。五〇円というのは、不思議なほど安い入場料だと思っていたが、周囲のオヤジたち(「じいさんたち」と言った方がよい場合が多い）の身なりから察すると、五〇円以上だと高いという人もあろう。とにかく、私が住んでいる国立という上品な町にこれほど近いのに、あらゆる面で離れているように感じたことが印象に残る。後に述べるように、この点、多かれ少なかれ競馬場や競艇場と共通しているところがあるように思う。

さて、入場して数レースを見てから思ったのは、競輪というのは、競馬や競艇に比べ、観客とレーサーとの関係がずいぶん違うということである。ごく表層的な例を挙げれば、競馬は馬が中心であり（騎手も大事だろうが比重はあくまでも馬にあろう）、競艇の場合はドライバーが主体でありながら、各選手が乗っているボートの機械的な工夫によってそれなりの差異が生じることも考えなければならないだろう。また、競艇の場合、最初のカーブを曲がったら、外側にあるボートが先頭のボートの波を受けるため、追い着くのが至難の業であり、実質的にレースの大部分が最初の数十秒で決まり、競馬や競輪のようにビリの選手が逆転する例があまり見られないようである。ただし、競艇の場合、競馬や競輪よりも転覆する選手が珍しくないので、そこに新たなチャンスの要素が付け加えられることがある。

競艇のレースに比べ、競輪の場合は各選手が乗っている自転車そのものの違いはさほどないはずなので、レースにおいて選手自身が占める比重がより大きいように思われた。少なくとも、観客の反応を見たらそのような結論に至らざるを得ない。まず、私が観た競馬場と競艇場よりも、立川競輪場の場合は観客席がレース場（この場合はトラック）のすぐそばに位置しているので、選手たちを身近に感じるような構造になっていると言えよう。また、それが観客の、選手一人ひとりに対する情熱的な声にも反映されている。たとえば、自分が応援していた選手が負けると、「おおい、鈴木！　練習が足りないゾ！」の罵声も飛び、逆に「田中！よく頑張ってくれた！　偉い！」という応援の叫び声も耳を打つ。要するに、競馬や競艇に比べ、観客の情熱が選手個人に対して向けられているわけである。

いつか、競輪を含めてのレースに対する比較考察をもっと掘り下げることになるかもしれないが、競輪に関する記述は以上とし、後は省略させていただく。

(2) 日本での競馬の歴史を概観すると、その盛衰に公認ギャンブルとしての性格が密接に係わってきたように思われる。

すでに日露戦争後には、軍馬改良の名目のもとに馬券発売が当時の桂内閣によって黙認されている。このときは時期尚早で人々のあまりの熱狂に一年余りで馬券発売は禁止されたが、のちに大正一二年(一九二三)に正式に競馬法が成立すると、いっきょに競馬は都市の娯楽として市民権を得る。それは、昭和一八年(一九四三)、戦況の悪化にともない閣議で競馬開催の一時中止が決定された結果、競馬がギャンブルとしての側面を剝奪され沈滞してしまうまでつづいた。(小木新造、陣内秀信(他)編『江戸東京学事典』、三省堂、二〇〇三年、七八三—八四頁)

また、長島信弘は、著書『競馬の人類学』(岩波新書、一九八八年)で、世界の競馬における共通の特徴は、スポーツ、ギャンブル、そしてゲームの側面がすべて重要な要素をなしていると論じており、そのために競馬は多くのスポーツやギャンブルとは区別されるべきだと見なしている。

(3)『大田区史』によると、大森区と蒲田区の合併の背景として、戦後の地方制度改革の急務の課題であった「戦争被害による大きなアンバランスの是正」が挙げられている。その被害の度合いを計るため、両区の昭和一五年一〇月と二〇年一一月の人口差に着目している。「大森・蒲田の両区は同様に五三万余の人口が二一万三〇〇〇となった。空襲の被害は、大森区が小学校二六校中一五校、蒲田区が二二校のうち一九校が焼失していたように、蒲田区でとくに大きかった。」(大田区史編さん委員会編『大田区史 下巻』、一九九六年、六四〇頁)

(4) 大森海岸芸妓屋組合のデータは『大田区史　下巻』(一九九六年)、五〇二頁によるものである。平和島についての引用は、大田区史編さん委員会編『史誌　特集　戦中・戦後の大田区』(二三号)、三八―九頁からである。

近年、戦中および戦後の国策売春に関する研究が増えているが、加藤政洋『敗戦と赤線――国策売春の時代』(光文社新書、二〇〇九年)が分かりやすくまとめている。

また、戦後――とりわけ、アメリカによる日本本土の占領が終了したという昭和二七年以降の数年間――米軍相手の「慰安婦」や「パンパン」および「オンリー」(いわば「現地妻」や「妾」)について、数々の小説やルポが発表された。その中には、被害者の女性による「赤裸々な手記」としてベストセラーになった『日本の貞操』(昭和二八年)が含まれている。同書はほとんどの読者に本物の手記として読まれ、研究者によって引用された例も少なくないが、拙著『占領の記憶/記憶の占領』でその虚実と刊行背景について詳述している。詳しくは、拙著(鈴木直子訳)『占領の記憶/記憶の占領――戦後沖縄・日本とアメリカ』(青土社、二〇〇六年)、第四章を参照。また、マイク・モラスキー『街娼　パンパン&オンリー』(皓星社、二〇一五年)の解説でも取り上げている。

(5) もちろん、私が単なる一見客ではなく、外国人であるという要素は無視できないことは自覚しているが、たまたまそのテーブルには、数年前から流暢な日本語を話すニュージーランド人の中年男性も常連客として加わっており、私が訪れた両日にも(短い時間ではあったが)顔を出したし、皆が彼に慣れている様子だった。つまり、この場合は、彼らの私に対する反応を理解するのに、単に「ガイジン」という希少価値に重点をおくことにそれほど意味がないと思う。

第三章

（1）ほかにあえて付け加えるならば、戦災で工場が破壊されたので、終戦後しばらくの間、都内の水と空気がきれいになり、またどこからでも富士山が見えるほど見晴らしもよくなったと言われるが、その後の経済復興で再び空気と水が汚染され、視界も狭まった。そして近年では、空気と水がだいぶきれいになり、高層ビルの上階ならば見晴らしもよいという変化も挙げるべきだろうが、本文では以上の四要素に注目したい。

（2）西新宿の開発計画は昭和一〇年まで遡ることができるが、本格的に始まったのは昭和三〇年代であり、代表的な超高層ビルはほとんど昭和四五年からの一〇年間（つまり一九七〇年代）に完成された——京王プラザホテル（昭和四六年）、住友ビル（四九年）、三井ビル（四九年）、新宿センタービル、NSビル（五四年）、KDDビル（四九年）、安田火災海上ビル（五一年）。なお、野村ビルは昭和五五年に完成したので、一九八〇年代初頭に当たる。『江戸東京学事典』（三省堂、二〇〇三年）、三六八頁。

（3）映画では「よしじ」と呼ばれているが、「洲崎パラダイス」の集英社文庫版では、蔦枝にふりがながふってあるのに、「義治」にはないことから「よしはる」と読むべきではないかと察する。芝木好子『洲崎パラダイス』（集英社文庫、一九九四年、第一刷）、七頁を参照。

（4）もちろん、「千草」の女将さんや義治がしばらく働くそば屋のように、赤線内にも「堅気」の人々による「普通の社会」は存在するが、結果として周囲の環境に毒されることが避けられないように表象されている。たとえば、女将さんのご主人は数年間、愛人と暮らすために姿を消していたのに、作品の途中で戻ってきて家族円満の日々を暮らしているかと思えば、最後に死体が洲崎神社で見つかり（嫉妬した元愛人に刺された）、女将さんが泣き崩れている。また、義治に惚れていた玉ちゃん（芦川いづみ）も最後に置き去りにされる場面があり、どんなに善人として生きていようと、あの世界の中に身をおいている以上、苦しみは避けられないという結論に導かれる構造になっている。

一旦、女性が赤線への「橋を渡れば、後に引けない」というテーマは何もこの映画に限られるものではなく、文化や時代を問わずに普遍的なテーマと言えるだろう。『洲崎パラダイス　赤信号』と同年に上映された溝口健二監督の『赤線地帯』の筋の一部は、短編集『洲崎パラダイス』のなかの「洲崎の女」という一編に基づいているが、同じテーマが見受けられる。ただし、溝口は娼婦一人ひとりの立場や人格の違いに焦点を合わせ、各人の「運命」がどのように左右されるかという問題に興味を抱いているように思える（この作品で大阪出身の派手な「洋パン」上がり——つまり米兵相手の「パンパン」上がりの——若い娼婦役の京マチ子の演技は鮮やかである）。

（5）ちなみに、芝木が触れる「特飲街」とは「特殊飲食店街」の省略である。戦後の売春制度を指す用語と略語はたくさんあり、とりわけ「特飲街」と「特殊慰安施設協会」は混乱されかねないので、その違いを確認しよう。前者は大まかに「赤線」と理解して差し支えないが、後者は一九四五年八月から始まり、翌年の三月で終了した占領軍相手の Recreation and Amusement Association（特殊慰安施設協会、通称「RAA」）を指すものである。副総理格だった近衛文麿国務相の発案で終戦直後に設立されたこの組織は、飲食店やダンスホールなども含んでいたが、主な目的は、いわば「純白な大和撫子の貞操を守る」ことであり、実質的な「国家売春組織」であった。見方によっては中産階級の女性を守るために、下層階級の女性（日本軍によって強制的に「慰安婦」とされた女性や、売春の経験のある者や、水商売の関係者など）を犠牲にする組織でもあった。いずれにせよ、客層も管轄も「特飲街」とは異なったものである。

近年、戦後の売春制度およびその実態についての研究が増えており、とくにRAAについての研究が目立つ。売春防止法が可決される前に、売春反対運動の立場から精力的に実態調査および聞き取り調査を行い、数多くの雑誌記事や書籍を著した神崎清が先駆者のひとりである。神崎に比べ、冷静な筆致をもって、戦後の売春史を詳述している初期の研究として小林大治郎・村瀬明著『国家売春命令物語』（雄山閣、一九七一年）は欠かせない。同書は一九六一年に『みんなは知らない——国家売春命令』という書名で初版が刊行されたが、各地の赤線に関する、きわめて細かいデータが満載されており、いまだに研究者に参照されている。ほかに、恵泉女学園大学平和文化研究所編『占領と性——政策・実態・表象』（インパクト出版会、二〇〇七年）、山田盟子『占領軍慰安婦——国策売春の女たちの悲劇』（光人社、一九九二年）、ドウス昌代『マッカーサーの二つの帽子——特殊慰安施設ＲＡＡをめぐる占領史の側面』（講談社文庫、一九八五年）、平井和子『日本占領とジェンダー』（有志舎、二〇一四年）などがある。戦後の売春盛衰史を簡潔に分かりやすくまとめている入門書として、前掲の加藤政洋『敗戦と赤線』を推薦する。加藤が指摘する通り、「特殊飲食店」という用語は、「あくまで通称であって、法令や条例で定められた業種ではない」（三六頁、詳しくは同書第二章参照）。

（6）前掲小林・村瀬『国家売春命令物語』、七八頁。

（7）朝日新聞社会部編『東京地名考　上』（朝日文庫、一九八六年）、二〇七頁。

（8）状況によって売春を肯定的に捉える——あるいは中産階級の専業主婦業と実質的に大差のない職業と見なす——哲学者やフェミニスト思想家も存在するほど、売春をめぐる諸問題は決して単純ではない。意外に難解な哲学的な問題も深く関わっているものである。たとえば、エマ・ゴールドマンが「女性における交通」（The Traffic in Women）で次のように述べている。

女性がその仕事の能力に見合った扱われ方をする社会などどこにもないが、セックスについてはなおさらである。存在する権利、どこであろうと地位を保つ権利を得るための代価を、セックス（を許すこと）によって払わねばならないことは、逃れようのない事実である。したがって、婚姻関係内であろうがその外であろうが、一人の男に自分を売るべきか、複数の男に売るべきか、という問いは全く問題にすらならない。今日の社会改良主義者達が同意しようが否定しようが、売春の責任は、女性が経済的社会的に劣等な地位におかれていることにあるのだ。

また、シモーヌ・ド・ボーヴォワールは『第二の性』で次のように論じている。

どちら〔引用者注：娼婦と既婚女性〕にとっても性行為は勤めだ。後者は一生、ただ一人の男に雇われる。前者は、その都度支払いをする何人かの客を持つ。後者は一人の男により、その他のすべての男から保護される。前者はすべての男により、一人の男が独占的に権威を振るうのから守られる。

さらに、女性が自分の身体に対する権利を主張する際——「私の身体だから、どう使っても自分の勝手だろ」のように——〈自己〉と〈身体〉という複雑に関係する概念が必然的に問われることも見逃せない。この関連の議論、そしてとくにアメリカ占領下の売春の実態および表象については、拙著『占領の記憶／記憶の占領』第四章と第五章を参照されたい。

(9) どうしても娼婦とのインタビューは匿名で行われる場合が多く、その内容の信憑性に疑問が生じることもあるが、数多くのインタビュー集や信頼できそうなルポでは、大まかな共通点が見られるようである。売春防止法が施行される前の同時代的取材として神崎清の著書があり、雑誌『婦人公論』も何度も関連記事を掲載したことがある。一九六一年に初版が刊行された、前掲の小林・村瀬『国家売春命令物語』も参考になる。娼婦を装った筆者による偽造のルポについては、前掲の拙著『占領の記憶／記憶の占領』の第四章、および前掲『衝娼　パンパン&オンリー』の解説を参照。

(10) 木村聡『赤線奇譚』(ミリオン出版、二〇一〇年)、同『赤線跡を歩く』(ちくま文庫、二〇〇二年)。

(11)「三業地」とは、芸者置屋、待合茶屋、そして芸者をよべる料亭が集中している地域のことを言う。そのなかの「待合」とは、現在で言う「連れ込み宿」や「ラブホテル」に当たり、戦後は正式に認められなかったため、「二業地」ということばが使われるようになった。「三業地が形成されたのは明治三〇年ごろに、当時、東京中に散在していた銘酒屋（私娼がいる小料理屋）を取りしまりがしやすいように浅草の十二階下へ集めたとき、芸者を中心とする三業地も指定して、そこへ三つの業種を集めたからである。三業地の全盛は明治末から昭和初期までの、女給仕人が酒の酌をするカフェーが流行しだすまでだった。」『江戸東京学事典』（三省堂、二〇〇三年）、八一九頁。

(12) 引用は前掲の加藤『敗戦と赤線』、八八頁より。他に、前掲の小林・村瀬『国家売春命令物語』では、立川市錦町と羽衣町の赤線の実態をめぐる詳しいデータが記載されている。

(13)『東京立川憲兵隊事件』、GHQ法務局調査課報告書　163号、アメリカ陸軍第8軍法務官による横浜BC級戦犯裁判の再審1946—1949　再審記録217号。http://www.powresearch.jp/jp/archive/pilot/yokohama.html を参照。他に立川市文芸同好会編『この悲しみをくり返さない——立川空襲の記録第三巻』（けやき出版、一九八二年）では目撃者などの聞き取り調査の結果がまとめられているので参考になる。同書の「特集二　夏草の墓・B29捕獲搭乗員処刑事件」を参照。アメリカ人である私が、このような事件に注目していると誤解されかねないので、ついでに付け加えておきたいのは、米軍による非戦闘員を対象とする数々の都市に対する絨毯爆撃および原子爆弾投下は「正義」の作戦だと私はちっとも思っていないということである。「人道」などを掲げるなら、まずは自らの行動で見せることが道理にかなっているのは言うまでもない。

(14) 私自身はずいぶん自転車で立川の駅周辺を乗り回しながらそのような赤提灯を探したが、見当たらなかった。また、中野隆右氏や白根宗一氏を含め、六、七人の「立川を知り尽くしている」と言われる人に尋ねてみたが、皆が「前はあったが、今はそのような店がない」、と異口同音に答えた。
(15) 中野隆右『立川——昭和二十年から三十年代』(ガイア出版、二〇〇七年)、八八—九頁。
(16) 一九六〇年代半ばの黒人民権運動およびその後の「ブラックパワー」イデオロギーなどの影響で、五〇年代に比べ人種間の相互対立がより顕著に現れ、長年にわたり弾圧された黒人による、白人への敵対意識が表面化した関係もある。その結果、逆説的に民権運動の黒人差別撤廃の思想が、少なくとも法的レベルでは成立したゆえに、明白に抵抗意識を表すことができ、さらなる(自主的な)隔離現象が起きたという見方もできよう。ただし、それは人種差別撤廃の立法以降も根強く続く、白人による差別意識や行為に対するものであった、ということは見逃せない。
(17) 前掲の中野『立川』八六頁から転記。私は立川商工会議所に中野氏を紹介してもらい、二〇一二年三月四日に、立川グランドホテルの喫茶室で、中野氏がインタビューに応じてくれた。その際に、自費出版の自著を頂戴したのである。ちなみに、中野氏は立川で非常に顔が広く、同書には白根氏のほかにもさまざまな方とのインタビューが載っており、当事者の証言が収録されている意味で貴重な書である。とくに、千頁をはるかに超える『立川市史』は、(どういう訳か)立川の戦後史に割かれている頁数が意外に少ないので、なおさらである。
(18) 中野氏が、上記の私とのインタビューでそう語ってくれた。また、一九五〇年代に立川で娼婦の実態を含め、社会学調査を行った鈴木二郎(当時、東京都立大学助教授)によると、「今の羽衣町あたりは山林だったし、西側、今の富士見町あたりは大部分が畑であった。羽衣町のあたりの山林が切り開かれたのは昭和十八、九年であり(十九年には人口は約六万人に達した)、両地区とも主に終戦後に発展したのである。」鈴木二郎編『都市と村落の社会学的研究』(世界書院、一九五六年)、二〇頁。
(19) 羽衣町の喫茶店「らうむ」で会った、羽衣町生まれ育ちの六八歳の女性は小学生の頃、その赤線地帯を避けるのにいつも遠回りして帰ってきたと話し、兵隊の人種について聞いたら、「そこには黒人兵がたくさんいた」とはっきり言った。

(20) ジャーナリズムのみならず、一九五〇年代前半には米兵相手の娼婦や「オンリー」(妾)を主人公とする小説が相次いで発表され、女性の作品では立川を舞台とするものもある。佐多稲子の「薄曇りの秋の日」(一九五〇年)では語り手の目から見た娼婦たちの印象が書かれており、広池秋子の「オンリー達」(一九五三年)は立川に住む米兵の「現地妻」の生活をもっと身近に描いており、そして同年に発表された中本たか子の「基地の女」では、被差別部落の女性が主人公になっている。広池も中本も数年間立川に住んでおり、基地の町についての長編ルポも書いている。佐多稲子は自作について、次のように述べている——「またこの作〔「静かな町」〕の終りの方で、黒人のアメリカ兵がわが子の赤ん坊を膝に放心したようにぼんやりしているのを描いているが、それは彼の朝鮮戦争へ行くのを暗示している。当時私の住んでいた北多摩郡小平町は立川基地に近かったせいで、こんな姿も私が見た。」『佐多稲子全集　第五巻』「あとがき」(講談社、一九七八年)、四二三頁。以上の作品はすべて短編小説である。拙著『占領の記憶/記憶の占領』では広池と中本の作品に触れており、北海道千歳の米軍基地周辺を設定とする平林たい子の奇抜な短編についても論じている。広池の「オンリー達」について、磯田光一『戦後史の空間』(新潮選書、一九八三年)も参照。平林の「北海道千歳の女」や広池「オンリー達」など計八篇の「パンパン小説」が前掲『街娼　パンパン&オンリー』に収録されている。ちなみに広池は後にヨガに没頭したようで、あるいは作家よりもヨガの指導者として名声を得たと言えるかもしれない。

(21) 前掲の中野『立川』、九七頁。

(22) 「立川パラダイス」が閉鎖された理由として、鈴木二郎は「兵隊同士の傷害事件」を挙げているが、詳述していない。『都市と村落の社会学的研究』七三頁を参照。

(23)「立川パラダイス」および孫／中野については、前掲の中野『立川』が特に詳しい。ちなみに、ほかに、前掲の鈴木『都市と村落の社会学的研究』では「N氏」と記されている。同書、七七頁参照。

(24) 敗戦前後の立川における人口移動および経済的変化について、前掲の鈴木『都市と村落の社会学的研究』第三章が詳しい。また、戦後立川の経済における「洋娼」の影響について、鈴木は次のように述べている——「全人口の約五％ないし一〇％が洋娼であり、月に一億二千万円が洋娼を通じて市に落されると推定されている。これに対して横須賀市の洋娼約五千人は全人口（約二五万）の二％にすぎない。北海道千歳町では洋娼が約二、五〇〇人で全人口（約二万三千）の一〇％以上だが、そこでは洋娼と日本人をも相手とする和娼との限界が不明である。これらとくらべると、いかに洋娼が立川市の市民に大きな比重を占めるかは、容易に想像できることである。」（同書、六四—五頁）。

(25) 地図は日本地図株式会社発行の昭和二八年版で、立川歴史民俗資料館にコピーを提供してもらった。

(26) その一角の正式名は「立川屋台村パラダイス」だが、地元では通常「屋台村」と呼ばれているようである。開業直前のネット上の紹介記事からその営業方針および姿勢がよく表れているので全文を引用しよう。なお、「フロム中武《ちゅうぶ》」は、立川駅北口にある老舗デパートである。

フロム中武（立川市曙町2）は11月14日、「立川屋台村パラダイス」をオープンする。立川は、1977年に米軍立川基地が日本に返還されるまでアメリカ文化と混在し発展してきた「基地の町」。返還後、昭和記念公園の開園、多摩都市モノレールの開通、商業施設の相次ぐ開業など、街並みが発展し便利になったが、基地返還前の特に昭和30年代に根付いていた「立川らしさ」が失われつつあるという市民の声も多い。「こうした市民の思いを受けて、戦後復興に地域が盛り上がっていた立川、生きる活気と将来の夢にあふれた立川を再現するために、『ノスタルジーと遊び心を持った飲食空間』として立川屋台村パラダイスをオープンさせるに至った」（フロム中武の浪江さん）。

立川屋台村パラダイスには、13店舗の飲食店が並ぶ。バー、おでんと手羽先の店、すし、もつ焼き、炭火焼、立ち飲み店、沖縄料理などの店が展開。「今回オープンする店の大半が地元立川の経営者。どの店もこれまでのフードコートとは違い、ここにしかない食の安全も意識した『顔の見える店』となっている」（同）。

「お酒を楽しめる店が多いので、サラリーマンやOLをメーンターゲットにしているが、昔から立川に住んでいる方にもぜひ利用していただきたい。1度では全店舗を回りきれないので、何度も訪ねてほしい。若い人にも昔の立川の良さを感じていただける空間になれば」（同）と話す。

14日は17時にオープンする。「オープン後も、出店店主全員と話し合って月に1度のイベント開催や季節の催しなどを行い、大人から子どもまで楽しめる『劇的空間』を目指す」（同）とも。

なお、この「立川屋台村パラダイス（ヤタパラ）」のホームページのURLは、http://yatapara.com/index.htmlである。

第四章

（1）下町については次章でさらに触れるが、とりあえずここでは「新下町」という概念について簡単に述べたい。私がこの概念を考えついたのは、橋本健二『居酒屋ほろ酔い考現学』（毎日新聞社、二〇〇八年）がきっかけである（同書、第六章で詳述されている）。社会学者である橋本は、近年、拡大傾向にある貧富の差が都内の居酒屋に具体的にどのような影響を及ぼしているかという問題を究明しており、同書一四二頁には、二〇〇八年度の『東洋経済臨時増刊　地域経済総覧』から「東京二三区の人口一人あたり課税所得」の表が転載されている。その表のデータを基にすれば、私が以上挙げた四区の平均収入が、東京二三区内では下位に相当する地域ばかりであることが浮き彫りになる——足立区は二三位と最下位、葛飾区は下から二番目の二二位、それから荒川、江戸川、墨田の順に進むが、北区は一八位、そして江東区は板橋区の次で一六位になっている。これら平均収入が最も低い八区が、すべて二三区内の北東部で都心から離れているという位置にあることは偶然ではないだろう。これらの「新下町」は、江戸時代の下町文化をほとんど継承していないとしても、都心＝山の手という地理的、経済的、そして社会的位置づけにおいては相対的に類似しているという論には一理あるように思う。つまり、文化的な側面よりも「構造的な関係」に重点をおけば、「新下町」という概念が成り立つのではないだろうか。この議論については次章でもう少し詳述する。

(2) 引用は『新修　北区史』(昭和五四年第二刷発行)、五六三頁より。以下、省略した部分を掲載しよう。

明治二十年に千代田区丸の内にあった近衛工兵大隊が現在の桐ヶ丘団地のある土地に移転してくるまでの赤羽は、田と林との続く田園地帯に過ぎなかった。それが、工兵隊の移転に引続き、陸軍被服本廠や陸軍火薬庫、兵器補給廠といった軍用施設がぞくぞくとここに誕生し、戦争の進展とともに拡張され、また周辺に関連軍需産業も集まった。商店街はこれらの施設や産業に付随してできあがり、発展していったというのが赤羽の戦前における姿である。そして、田端のように純然たる住宅地として発展したところを別とすれば、北区の各町は多かれ少なかれ赤羽と同じような形で発展したものであった。

(3) 占領軍による東京での接収の歴史については、佐藤洋一『占領下の東京』(河出書房新社、二〇〇六年)が詳しい。

(4)『新修　北区史』(昭和五四年第二刷発行)、五六七―八頁。なお、第一刷は昭和四六年三月であるから、文中の「現在」は四六年と解釈した。
(5) 以上はあくまでも非常に大雑把なくくり方であるにすぎない。詳しい調査およびそれに基づく分析は、北区史編纂調査会編『北区史——都市問題編』(平成六年)の第四章「産業と経済」を参照。
(6) 図書館を設計した会社のHPを参照。http://www.axscom.co.jp/designer/02844/index.php
(7) さくら新道の火事の翌日の様子は次のサイトで記述されており、写真も満載。http://tokyodeep.info/2012/01/22/105500.html

第五章
(1)『東京百年史』には昭和四四年現在の都内の「おもな工業地区の比較」という表が掲載されているが、二三区内で、葛飾区は「工場数」では八位(一位は墨田区、二位は大田区で、葛飾区は板橋区と足立区の間にある)、「個人事業主および家族従業者の割合」では台東区、荒川区、墨田区についで四位となっている。葛飾区内では、お花茶屋に町工場が特に集中していたように思えないが、都内の平均数よりはるかに多かったことは確かだろう。『東京百年史』第六巻(東京都、一九七九年)、一〇七八頁を参照。区全体の工業では、おもちゃ、とくにセルロイド工場が際立ち、染物が盛んだった時代もある。
(2) たまたま、本章を書いている最中に雑誌『東京人』の「葛飾区を楽しむ本」という増刊号が発行され、お花茶屋商店街の写真も一枚掲載されている。付随する記述には「〝人情商店街〟と呼ぶにふさわしい通りである」と書いてある。『東京人』(二〇一二年、三月増刊号)、三六頁を参照。
(3)『増補　葛飾区史』上巻(一九八五年)、一一二八頁。
(4) 石関善治郎、「追悼　吉本隆明のお花茶屋」、お花茶屋図書館・葛飾図書館友の会共催展示〈吉本隆明の葛飾〜お花茶屋時代/現在まで〉(二〇一二年二月二六日—四月一五日)の展示会提供の資料より引用。また、商店街の歴史が浅いということは、何もお花茶屋に限ることではない。東京のほとんどの商店街はたとえ戦後生まれでなくても、近代に由来することに変わりない。江戸時代の仲見世にルーツを持つ商店街もあるが、社会学者新雅史によると、「商店街とは二〇世紀になって創られた人工物である」。新雅史『商店街はなぜ滅びるのか――社会・政治・経済史から探る再生の道』（光文社新書、二〇一二年）、五〇頁。同書はなかなか刺激的な洞察が随所に見られ、私自身の商店街に対する見方においても反省を促された点がある。たとえば、家族経営という営業形態自体が、近年の商店街および一般の小規模の個人商店が衰退していく直接的な要因のひとつであるという論点がとりわけ刺激的のように思える。

（5）『目で見る葛飾区の１００年』（郷土出版社、二〇〇五年）、九七頁。

（6）http://www.ohanajaya.info/history-f.html

（7）葛飾区役所ＨＰの添付資料「住民基本台帳による葛飾区の世帯と人口」を基に、お花茶屋一―三丁目、白鳥一―四丁目、宝町一―二丁目の個別人口データを足した総計である。これは平成二四年一月現在のデータに基づく数字であり、正確な総計人口は二万五六二七人である。区役所ホームページ http://www.city.katsushika.lg.jp/55/6201/013039.html より「平成二四年」のＰＤＦを参照。

（8）渡辺明はお花茶屋駅から徒歩一〇分の宝町の生まれ育ちである。『東京人』の葛飾特集増刊号には、渡辺明のインタビューが載っており、少年の頃を次のように回想している。

子どもの頃の移動手段は、もっぱら自転車でした。行動範囲は京成線沿線が中心で、北は亀有、南は立石くらいまで。（中略）小学四年生で千駄ヶ谷の将棋会館に通うようになってからは、いつも父親がお花茶屋の駅まで迎えにきてくれたんです。（前掲『東京人』四二―三頁）

(9) その後、資料展示会を見に行ったが、図書館の三階のごく小さな一角に著書と写真や自筆の原稿などが並べてあり、各紙の死亡記事が一〇枚ほど貼ってあった。どの記事も「葛飾区」や「お花茶屋」、そして吉本が最初に就職した東洋インキ製造の工場があった「青戸」に一切触れていなかったことから、葛飾区における文化人の地位の低さが窺えるような気もする(対照的に吉本が生まれた「月島」の地名はよく登場した)。しかし、この展示会でもっとも興味深く感じられたのは、上記の註(4)の資料である。とくに、次の件りである。

父・順太郎は、船大工。天草で経営していた造船所の倒産で夜逃げ同然に上京したのだが、落ち着くと、月島で新たに小さな造船所を開き貸しボート屋を営んでいた。その事業を畳んでのち、長男・勇の名義でお花茶屋に家を買って引っ越してきたのは、昭和十六年の十二月と推定される。

その引越しが吉本家ならではの独特のものだった。隆明によれば、その日は「雨のしょぼくれて降る日」だったが、なんと、順太郎は船に家財道具を積んで荒川をさかのぼり堀切橋のたもとまで来て、そこから新居までリヤカーで家財を運んだという。家の購入こそ長男の名義になったが、父・順太郎の船大工としての面目躍如といったところだろう。(前掲、「追悼 吉本隆明のお花茶屋」、一頁)

(10) たとえば、雑誌『TOKIO古典酒場』の二〇〇八年の「沿線酒場〈京成&世田谷線〉編」や「大人の地図帳」シリーズのムック『東京レトロ酒場』(ミリオン出版社、二〇一一年五月)などが「東邦酒場」をクローズアップしているが、そもそもこれらの雑誌の読者はすでにマニアの部類に入ると思われる。他方では一時期、「東邦酒場」がテレビにもスカウトされ、何度か取り上げられたそうである。

(11) http://r.tabelog.com/tokyo/A1324/A132403/13092748/dtlrvwlst/2675907/ より引用。なお、内容は省略

していないが、文章を一段落にまとめた。

(12) 荒川放水路については『東京百年史　第四巻』(東京都、昭和五四年)、一〇一二―一〇一八頁を参照。ほかに前掲の『江戸東京学事典』、一〇四―一〇五頁。荒川放水路を立石およびその飲食文化に直接結びつけて論じている概史として谷口榮「『荒川放水路』が変えた町」、『東京人』(二〇一二年三月増刊号「葛飾区を楽しむ本」)、八六―九〇頁。本文でも触れるように谷口氏は立石生まれ育ちのうえ、「葛飾区郷土と天文の博物館」の専属学芸員であり、葛飾区をめぐる多数の論文や著書がある。

(13) 引用は『江戸東京学事典』、八七八頁より。立石の水害の実態を写した写真は堀充宏・荻原ちとせ編『写真集／葛飾区の昭和史』(千秋社、一九九一年)に数点が載っている。その台風直後の町の写真の一部が、二〇一二年現在、立石仲見世の壁に展示されている。

(14) 商店街に展示されていた写真が『目で見る葛飾区の100年』(郷土出版社、二〇〇五年)に掲載されている。

(15) 加藤政洋『敗戦と赤線』(前掲)、八六頁。ちなみに小林大治郎・村瀬明『国家売春命令物語』(前掲)によると、亀戸から立石への移転は一九四五年六月六日ではなく、七月六日になっている(同書の八〇頁参照)。同書には他にも立石の赤線に関する情報やデータが載っており、たとえば九九頁の表によると、一九五七年三月末には立石の赤線には業者が四九、「従業婦」が一二一人だったなど、とある(一二一、九九頁参照)。

(16) 木村聡『赤線跡を歩く』(前掲)、六二頁。亀有の赤線については上記の小林・村瀬著の九九頁を参照。同書によると、新小岩にもＲＡＡの売春施設があった。新小岩駅は確かに葛飾区内だが、ＲＡＡの施設は江戸川区内の小松川二丁目の一部にあったため、依然として葛飾区のＲＡＡ施設は立石と亀有のみとなる。

(17) 私が立石やお花茶屋の図書館、そして「葛飾区郷土と天文の博物館」で調べた限り、いわゆる「硬い」

資料で「呑んべ横丁」の歴史を詳述しているものは見当たらない（徹底的に探したわけではないが）。ネット上のサイトだからその信憑性に確信は持てないが、http://keiseitateishi.seesaa.net/article/106273760.html によると、「呑んべ横丁」は「立石デパート」から出発し、後に普通の呑み屋街に変容したもので、青線ではなかったという。

他方では（これもひとりの「呑んべ横丁」のスナックのママさんの話の引用なので、必ずしも当てにできないが）、次のような証言に基づくルポもある――「赤線がなくなり、ここの飲み屋が風俗稼業を始め青線化していくと同時に一般の店舗が少なくなり、昭和四〇年代には完全に飲み屋横丁になってしまったとか。ちなみに青線は昭和五〇年代後半には消滅したらしい。往時には三十一軒も店が入り盛況だった呑んべ横丁だったが、徐々に店が減り続け、ここ十年の不景気で一気につぶれて今では十六軒のみだという。」（藤木TDC・ブラボー川上『続 東京裏路地〈懐〉食紀行』、ミリオン出版、二〇〇八年、一二七頁）。

(18) 堀充宏「東京へ行ってくる」、堀充宏・荻原ちとせ編『写真集／葛飾区の昭和史』（千秋社、一九九一年）、八四頁。

(19) 小林信彦『私説東京繁昌記』（ちくま文庫、二〇〇二年）、二一一二頁。

(20) 余談だが、下町をめぐるレトリックに触れているついでに、日本語の「下町」を英語に訳す時、「ダウンタウン」（downtown）と言う人がいるが、これはむしろ誤解を招く恐れがあるように思う。少なくともアメリカの都会の場合、downtown と言えばウォール街などの大企業が密集している区域を想像されがちだからである。そのため、私は〝working class district〟（つまり「ブルーカラー地区」）と訳すことが多い。もちろん、それでは「下町」特有の文化的な側面はまったく伝わらないが、せめて山の手や西の郊外との階級差や、それによる住居環境および生活様式などの違いは多少想像できると思う。

(21)「新下町」については、本書第四章の註（1）を参照。

(22) 吉見俊哉『都市のドラマトゥルギー　東京・盛り場の社会史』(河出文庫、二〇〇八年、二〇一頁／初版は一九八七年、弘文堂より刊行された)。ちなみに『広辞苑』の「猿若町」の定義を転載しよう――「東京都台東区の旧町名。水野越前守の天保の改革の際、風俗取締りのために、江戸市中に分散していた芝居類の興行物を浅草聖天町の一郭に集合させて名づけた芝居町。三区分して一丁目(中村座)・二丁目(市村座)・三丁目(森田座)と称した。明治以後一九六六年まで町名だけ残る。」

(23) 川本三郎『荷風と東京――『断腸亭日乗』私註』(上)(岩波現代文庫、二〇〇九年)、八九―九〇頁。

(24) 柳田と柳に対しこの論を展開している研究として Harry Harootunian, *Things Seen and Unseen: Discourse and Ideology in Tokugawa Nativism* (University of Chicago Press, 1988) を参照。沖縄観光に対する社会学的観点には多田治『沖縄イメージを旅する――柳田國男から移住ブームまで』(中公新書ラクレ、二〇〇八年)、観光に対する歴史的な視点には Gerald Figal, *Beachheads: War, Peace, and Tourism in Postwar Okinawa* (Rowman and Littlefield, 2012) がある。沖縄の作家目取真俊は、さらに以前から「癒し」を求める本土からの観光客とその欲望に応えようとする沖縄人を辛辣に描いている。エッセイ集『沖縄／草の声・根の意志』(世織書房、二〇〇一年)のほか、著者の挑発的なブログ「海鳴りの島から」(http://blog.goo.ne.jp/awamori777) をついでに紹介しよう。

第六章

(1)『小林秀雄全集　第二巻』(新潮社、二〇〇一年)、三六八―九頁。引用する際、旧漢字およびかな遣いを改めた。ちなみに、前述の小林信彦著『私説東京繁昌記』でも同じ一節が引用されており、信彦は「文庫版のためのあとがき」で「(中略)引用した小林秀雄の言葉もキーワードである」と、自らの東京論における秀雄のこのエッセイの重要性を強調している。

（2）『谷崎潤一郎全集　第二一巻』（中央公論社、一九八三年）、二六頁。旧漢字・かな遣いを改めた。
（3）私は今まで小林についても谷崎についてもつきつめて研究したことがないので、このふたつのテキストを比較考察する論文が存在するかどうか知らずに感想を述べていることを明記すべきだろう。
（4）これは、小林がドストエフスキーの「未成年」を再読した時にもらした感慨である。前掲の『小林秀雄全集　第二巻』、三七一頁を参照。
（5）杉並区を「山の手」として位置づけるべきかどうかについて、寺下浩二『杉並・まちの形成史』（一九九二年）の第五章「戦後の杉並」が詳しい。同書は自費出版だと思われるが、データが満載されており、参考になる分析も少なくない（杉並区中央図書館の郷土資料室に所蔵されている）。やや長いが、寺下の「第三山の手」としての杉並に対する論考を紹介しよう。まず、寺下は「本郷を文明開化と共に成立した最古参の第一山の手、目白・四谷から赤坂・麻布にかけてを第二山の手、そして、第三山の手が昭和初期以来の目黒区・世田谷区・杉並区だった」という視点を引用してから、次のように持論を展開する。

このように、明治時代以来の「東京」における住宅地の外延化の波はおそらくこの線に沿って拡がっていったことは一般論としてあるようです。そして、第三山の手の形成の主な要因として「東京西郊で、大手私鉄資本による宅地造成・区画整理を行った所や、地元の行政が積極的に区画整理を行なったところ、現在の目黒区、世田谷区の一部、杉並区の西半分には整然とした街並ができた。そして実質的にここが第三の山の手地域になってゆく」（前書）〔引用者注：『「東京」の侵略』という書を指しているようである〕と述べられています。

しかし、東京において「住宅地」と「山の手」が同様の意味で用いられてきたのは確かですが、第一・第二の山の手が主に邸宅を中心とした明治期以来の住宅地であるのに対し、第三の山の手はサラリーマン層を中心とした住宅地といえます。「第三山の手」の起源は、大正期に作られた田園調布・成城・桜新町などのような田園住宅をもとにした一戸建て分譲住宅地といわれます（「郊外住宅地の系譜」三章」参照）。当時の郊外分譲住宅は主に上流階級の別荘的な住宅だったのですが、戦前から戦後にかけてサラリーマンの住宅地として成熟してゆきました。（中略）

しかし、こと杉並区に関して戦後どのように住宅地として形成されてきたのかを知る資料はなく、調査された様子もありません。そこで戦後の持ち家・借家の割合がどのように変化したのかを「国勢調査」の「住宅の所有関係」をみてみると〔引用者注：原文の同ページに掲載されている〕表のようになります。戦前と比べると戦後の借家の比率はぐっと下がって、持ち家層へと様替わりしています。その後、戦後の経過は杉並区でいうと昭和三〇年代中頃までは持ち家比率が半数近くありましたが、昭和四〇年代に入ると借家が急増し、持ち家・借家の比率は逆転しています。この傾向は新宿・中野区では昭和三〇年代中頃に顕著となっていて、外延化したことがわかります。昭和六〇年の持ち家比率も都心に近い区ほど低くなってきます。そして、昭和五五年から六〇年にかけて杉並区の持ち家世帯の件数の増加は少なくなり、同じ周辺区である世田谷・練馬区とも違い、都心区に近い状況となって来ています。新宿区はすでに副都心となり、中野区が続く形となっています。その外周である杉並・世田谷・練馬区の中では、杉並区が都心区に近い比率になってきているわけです。その意味で持ち家比率からみると杉並区は区部平均よりも比率が低く、むしろ借家比率が高い区ともいえます。（四四―六頁）

それから寺下は詳細なデータを分析してから次の結論に至る――「ある意味で「第三の山の手」の一角を形成していた杉並区の現在の内実はこのようなものと言えます。そこには「杉並区＝郊外住宅地」ということが、現在では焦点がぼやけてきていることは確かです。」（四九頁）

要するに、もっとも表面的な基準のひとつであるという持ち家比率だけをとっても、杉並区全体はほかの「第三山の手」と見なされる西郊とも異なるが、そのなかで杉並区内の中央線沿線の町を見ると、なおさらその差異が際立つはずである。

（6）私が「ボヘミアンな雰囲気」と呼んでいるところを、現在の若い人たちでは「サブカルな」と呼ぶようだが、ニュアンスがやや違うように思う。あるいは、五、六〇代の人はボヘミアンの感覚をもち、二、三〇代（そして四〇代まで？）が「サブカルな」感覚をもっていると理解すべきかもしれない。どちらも社会の主流的思考に対する抵抗意識をもっているところに共通点は見受けられるが、世代差のせいか、スタイルのみならず価値観の違いも感じられる。だから世代によって「ボヘミアン」だったり「サブカル」だったりするのだが、通常の山の手的な価値観から多少ずれていることが言えるだろう。

三善里沙子とリリー・フランキーとの対談（『東京人』、二〇〇六年一二月号、二二―三一頁）のなかで、みうらじゅんはかつて「メジャーになりたかったら中央線を出ろ！」と言ったことに触れており、自分と中央線との関係を「近親憎悪」と記述するフランキーも同感のように思えるが、そもそも「メジャー」になれないというより、なれてもならなくていいと本当に思っている人が中央線に少なくないところこそ魅力のひとつだと私は思う。もちろん、「私はいまだにヒッピーをやっています！」といわんばかりの、過去から脱出できない人たちが集まる店もあるが、現在では少数派である。大物にならなくてよい、仮になってもセレブ気どりしない、それがボヘミアンとサブカルの中央線好きに共有される意識ではないかと思う。あるいは「そう思いたい」、と書くべきかもしれない。

（7）『東京人』の特集号「中央線の魂」（二〇〇六年一二月号）、三五頁。

（8）付け加えるが、中野を「中央線文化圏」に含めていないのは、町を軽視しているからではけっしてない。むしろ、近年、中央線沿線のなかでも中野をとくに興味深く思っており、町の幅広い居酒屋文化も気に入っている。ただし、中野の場合は東の新宿と西の町に似ていながらも、町の雰囲気として一線を画しているところがあるように思えるので、いずれ別の機会に中野をゆっくり考えて取り上げたい。二〇一二年四月現在、中野駅と駅前広場が工事中であり、また今後三つの違う大学の施設が町に建設される予定なので、どのように変化するのか予想しにくいが、町に対する影響が少なからずあるとは予言できよう。

(9)「プチ渋谷」という表現は北田暁大から借用した。東浩紀・北田暁大『東京から考える――格差・郊外・ナショナリズム』(NHKブックス、二〇〇七年)、三六頁。この本はふたりの対談集だが、意外にも西荻窪がよく登場するのは、対談当時の東が住んでいたからである。また、「中央線文化」に対し好感を持っている読者として、中央線に対して批判的な視点が展開されているところが刺激的に感じられた。

中央線とは直接関係ないが、「新宿的」から「渋谷的」への変容現象を詳細に論じている書として前述の吉見俊哉『都市のドラマトゥルギー』も欠かせないが、かなり長い、込み入った論考であるうえ、一九八〇年代初期のフィールドワークに基づくので、本論では参考にしながらも言及を控えることにした。

(10)前掲の『東京人』の三善里沙子とリリー・フランキーとの対談では、フランキーがそのような視点を辛辣に語っている。また、東浩紀も似たような見方をある程度共有しているという印象を受ける。前掲の北田暁大との対談本『東京から考える』を参照。

(11)ちなみに、中野―吉祥寺間では、この三駅が最後にできた――「大正八年一月には、すでに開通していた中央線の電車が、さらに中野―吉祥寺間の運転を開始し、同十一年七月には高円寺、阿佐ヶ谷、西荻窪の駅が開設されている。」『新修杉並区史　下巻』(東京都杉並区役所、一九八二年)、七八〇頁。

(12)杉並区中央図書館で戦後初期の西荻窪駅周辺の火災保険特殊地図を探したが、一軒一軒の店舗の営業形態および店名が明記されている最も古い地図は一九五四年までしか遡れなかった。それでも、「のみや」とだけ記されている極小の店舗の数が驚くほど多く、またとっくに姿を消した「銀星座」という映画館も南口のすぐ近くにあったことが分かる。ほかに目に付く点と言えば、パチンコ屋が占める面積が現在よりはるかに小さく、地図によるとそば屋や仕立屋などとほぼ同じ規模だったようであることが挙げられる。

(13) 谷峯藏『暖簾考』(日本書籍、一九七九年)、一〇二―三頁。同書は絵巻から古典文学作品まで概観し、のれんの歴史的変遷を考察しているなかなかユニークな本だが、残念ながら絶版になっている。余談になるが、ついでにすだれについてのおもしろい一節を引用しよう。

丸竹、割竹を縄、紐で編んだものが弥生時代の遺跡で確認されている。その割竹を細くけずった籤《ひご》で編んだものを翠簾《みす》と呼び、細い篠竹を編んだものを鬼すだれと言う。江戸時代、吉原等の遊所では暖簾をかけた出入り口以外の店先に、四季を問わずこの鬼すだれをかけていた。(中略)なお、葬礼の時、関西は暖簾を裏返しにかけて忌中としるした紙を張り、関東は暖簾をはずし鬼すだれをかけ、それに忌中としるした半紙を張るのが慣例となっている。(九五―六頁)

以上、単なる雑学としても興味を覚えるが、その意味合いに関連する川柳(?)を付け加えるところが痛快である――

裏口へ嫁のねがひは鬼すだれ(樽三)

いつの時代であれ、姑は相変わらず不評である……。

なお、谷の『暖簾考』は入手しにくいが、浅草ののれん専門店「べんがら」のHPは簡潔な情報と色つきのイラストが掲載されているので、参考までにURLを記しておく。http://www.bengara.com/spirits/

shurui.html

(14) この物件の由来は、ネットでしか調べていないが、「脳外倉庫」というサイトの「近代建築・構造物危機遺産リスト」によると、大正一四年（一九二五年）に建てられたそうである。http://www.nogai-soko.com/nostalgie/kindai-kikilist.htm を参照。

(15) この点に関して、社会学者 Ray Oldenburg, *The Great Good Place: Cafes, Coffee Shops, Bookstores, Bars, Hair Salons, and Other Hangouts at the Heart of a Community* (3 ed., Da Capo Press, 1999) が詳しい。オルデンバーグはパリのカフェやイギリスのパブやアメリカの（西部劇に出てくるような）酒場などを同様に「第三の場」と呼んでいる。「第三の場」(The Third Place) とは、すなわち家庭でも職場でもなく、なじみ深い、人間中心の町空間である。オルデンバーグは日本にはほとんど言及していないが、あるいは赤提灯に加え、現在の日本社会においては銭湯も似たような機能があるとも考えられる。というのは、オルデンバーグによると、「第三の場」とは、行っても行かなくてもよい場所である、行きたいゆえに行く場所だからこそ癒しと再生の効果がある、と。だから、家に風呂があっても銭湯に通い続ける人は、単に風呂に入りに行っているのではなく、その場特有のコミュニティを楽しみに行っている、とも言えよう。大体同じ時間帯に行くと、顔見知りの常連客がおり、のんびりしたひと時が味わえるというのも赤提灯と共通しているように思う。

(16) 井上健一郎『吉祥寺「ハモニカ横丁」の記憶』（二〇〇七年）。その後、井上は冊子の内容を加筆修正し、単行本にまとめた。『吉祥寺「ハモニカ横丁」物語』（国書刊行界、二〇一五年）参照。

(17) 前掲『吉祥寺「ハモニカ横丁」の記憶』五―六頁。

(18) 井上はヤクザの介在に触れていないが、ほとんどの闇市には暴力団あるいはその前身が関係していたことは想像に難くない。「ハモニカ横丁」におけるヤクザの存在について、http://www.hit-press.jp/kikaku/

tyuosen/kichijouji/hamonika.html では次の証言が引用されている。

いわゆる「闇市」と言われたもの、それがハモニカ横丁のルーツだ。「狭い一角を与えられ、ござだけ敷いて品物を売る。集金をヤクザに納めに行くのは本当に恐ろしかったよ」。昭和22年に創業して以来、ずっとこの地で干物店「なぎさや」を営む入沢勝さんは、当時を振り返ってこう語る。

(19) 言うまでもなく、終戦直後というのは中国革命にせよ、朝鮮戦争にせよ、それ以前のことであり、したがってそれぞれの事象による政治的再編が行われておらず、「韓国／北朝鮮」のような区別も現在のように意味を持たなかったのである。

(20)「現在の朝日通り商店街に当たる、③と④〔引用者注：北側と南側〕一帯にはパチンコ屋が目立つ。これらは主に戦後日本で強い勢力を誇っていた中国人、台湾人によるものだ。この通りは戦後、中国人と台湾人が占領していたために、当時は「中華マーケット」と呼ばれていた。終戦直後、華僑が地主である月窓寺から借地権を買い、そこに中国人や台湾人を誘致した。一九四五年に終戦を迎えたわけだが、その直後、朝日通り商店街では日本人と台湾人の縄張り争いによる銃撃戦が毎晩のように行われる危険な通りであった。」前掲『吉祥寺「ハモニカ横丁」の記憶』、二〇頁。

第七章

(1)『国立市史　下巻——近代・現代編』(国立市、一九九〇年)、九三—四頁。

(2)『東京人』の特集号「中央線の魂」(二〇〇六年一二月号)、三五頁。

(3) 本章では、町の開発および形成について『国立市史　下巻』近代・現代編を主に参考にしているが、国立の自然と文化を守る会（編）の『くにたち　商店街形成史』（二〇〇〇年）も参照した。同書は各時代の写真も満載しており、町の発展をより簡潔に分かりやすくまとめている。非売品ではあるが、国立市内の市立図書館や公民館の資料室などでは閲覧できる。さらに、戦後のクニタチの生活環境とその町の変容について、一九五九年創業のバー「レッドトップ」（市内で現存する最も古いバー）の店主・岡本貞雄氏からも多くの参考になる話を聞いた。岡本氏はほかに国立商工会議所や料飲組合なども長年にわたり深い関係を持っており、地元の飲食文化にとくに通暁したひとりとして知られている。

（4）『国立市史　下巻』九五頁。

（5）『国立市史　下巻』九七頁。

（6）『国立市史　下巻』九〇頁。

（7）朝鮮人労働者のその後の行方について「くにたち郷土文化館」の学芸員に情報はないかと問い合わせてみた。とくに、工事終了後、クニタチ周辺にそのまま住み着いた人がいたかどうか興味はあるが、残念ながら記録はなかった。

（8）また、米兵の捕虜の首が切られ、死体が埋葬された正楽院が羽衣町にあることは第三章で既述の通りである。『国立市史　下巻』によると羽衣町も当時、谷保村に所属していた。

なお、この年には前年の昭和二十三年から懸案になっていた羽衣一帯が立川市に編入されることになった。羽衣はもともと谷保村に属していたが、立川寄りのため、学童は立川市の学校に通っていた。また食糧や砂糖の配給品を受け取るにしても、羽衣の住民は富士見通りをテクテク歩いて国立駅近くにまで来なければならなかった。（一九七―八頁）

もし、羽衣町が立川市に編入されたのが昭和二四年だったならば、立川憲兵隊事件は米軍機墜落のみならず、事件全体の中心も谷保村で起きたことになる。加えて、戦中に洲崎から羽衣町に移転し、戦後RAA管轄下の米兵向け売春街に変貌した羽衣町の赤線も、谷保村の歴史としても捉えられるべきことになる。そして、谷保の歴史であるなら、それは現在の国立市の歴史でもあると言える（「谷保村」が「国立町」に変わったのは昭和二六年（一九五一年）だからである）。

ところが、戦後売春制度に関する研究で羽衣町が登場する場合、私が見た限りそれは「羽衣町（立川）」と、必ず立川市の管轄下として記されている。その研究が行われ、発表された当時は一九五〇年代以降なので、すでに羽衣町が立川市に編入されてからのことであり、そこまでローカルな歴史に気づかなくても無理もない、些細なミスだろうと考えていたが、念のためくにたち郷土文化館に確認したところ、同館の学芸員から次のような回答を得た。

＊１９４０年12月、立川町が立川市になります。立川市羽衣町は、１９４２年に行政単位として設置されています。（中略）１９４５—４９年に存在したのは、立川市羽衣町、北多摩郡谷保村という行政単位です。この二つは別の行政単位です。４９年、谷保村と立川市羽衣町の境界地区の谷保村の一部が、羽衣町に編入されました。」（くにたち郷土文化館より電子メール、二〇一二年六月二日付）

羽衣町に編入された「谷保村の一部」というのは、正楽院のある、現在の羽衣町二丁目のことである。上記『国立市史』の記述は、羽衣町全域が谷保村に属していたように書かれているが、これは間違っていることになるようである（なお、念のため二〇一二年七月七日に立川市歴史民俗資料館に確認したら、「羽衣」の町名は昭和一七年一二月一日に正式にできたものの、羽衣町が谷保村から立川市に編入されたのは二三年一二月一日だそうである）。まだ不確定の点が多いが、いずれにせよ、羽衣町二丁目は憲兵事件当時谷保村に属していたのだから、国立市の歴史を考える際、この地域の存在も視野に入れるべきという点は確かであろう。

（9）前掲、『国立市史　下巻』二四四頁。なお、上記の一段落目は『私たちの町、国立』から『国立市史』に転載されたものである。

（10）『国立市史　下巻』二六三頁。一方では、『くにたち商店街形成史』によると、文教地区指定後には新しい映画館が現れた。

昭和三一年七月旭通り東一丁目一五番地に「コニー劇場」という映画館が開業した。初めての上映は「ビルマの竪琴」と「ジャンケン娘」である。前年国立町公民館が開館しており、公民館の中に「くにたち映画懇談会」が発足し、優良映画を推薦したり、子どもたちに見せたくない映画の自粛を求めたりした。一般住民にとっては近所で映画が楽しめるので、近所同士がさそいあって出かけ、万人で狭い館内が蒸し暑かったという。また、国立商業協同組合は優良店員の表彰式にはコニー劇場を使っており、地もとのハレの舞台ともなった。しかし、テレビが普及すると客足が遠のき、最後はストリップのアトラクション会場となって住民の非難を受けた。昭和三七年一二月閉館した。（国立の自然と文化を守る会編「くにたちの自然と文化」、非売品、二〇〇〇年）、一三六頁。

なお、旭通り東一丁目一五番地というのは、旭通りと大学通りとの間にあり、駅から歩くと一橋大学の手前にあるので、文教地区条例として第一種文教地区に該当するはずであるから、どういういきさつで新しい映画館を建てることになり、ましてやのちにストリップ劇場になったのか、さらに調べる必要がある。

(11) 前掲、『国立市史　下巻』二七六―七頁。

(12) この現象に関する私論として、拙著『戦後日本のジャズ文化』(青土社、二〇〇五年)と『ジャズ喫茶論』(筑摩書房、二〇一〇年)を参照。

(13)「大正末期から昭和初期にできたのは立川キネマ(のちの立川シネマ)と立川錦座、立川演芸館(のちの立川名画座)の三館。戦後の昭和二〇年代には立川セントラル・立川日活の二館が、三〇年代初めには立川中央、立川松竹、立川東宝、立川大映、立川東映(南座)と次々に五館も増え、合わせて一〇もの映画館がありました。

当時映画館は、人口二万人に一館といわれており、人口六万人(昭和三〇年)のまちに二〇万人分もの映画館が営業していたことになります。しかもピーク時の昭和三三年前後には、どの映画館も定員の数倍の観客が、人の肩越しにスクリーンに見入っていたということです。」立川市企画部広報課編『躍心――市制50周年記念「立川市市政要覧」』、四五頁。

(14) http://www2.atpages.jp/ja1mtx/ryokou57.htm

(15)「とりいづか」はすばらしい庶民的な、魚専門の食堂である。客席は一〇席、と小規模であり、経営者の夫婦は以前、すぐ近くで魚屋を営んでいた。メニューはさしみと魚の揚げもの(フライとてんぷら)が中心で、ネタもおいしく分量が圧倒的である(大食いの学生または相撲取り向け)。駅から遠くないが、北口に住んでいないと、思うほど頻繁に行かない。立地もよい――古そうな小さな飲食店が並んでいる袋小路の角にあり、この一角だけが時代から取り残された感がある。「とりいづか」の二階にはスナックがあり(経営は無関係)、驚いたことに午後二時頃、ちょうど食べ終わって帰ろうとしたとき、二階からカラオケを歌っている男の声が聞こえた。店主の奥さんに、「よくもこんな時間に呑み屋でカラオケを歌う人がいますね」と言ったら、「暇なヤツがいるみたい」と皮肉って答えた。毎日聞かされると、イライラさせられるだろうが、文教地区クニタチの市境からたった一、二分離れた所に、このような別世界があることはうれしい。

谷保駅周辺の富士見台団地の向かいにある「たちばな」も夫婦で経営しており（息子さんが店を手伝うこともあるらしい）、昼間のランチはクニタチ周辺の居酒屋で働いている人たちの間でも好評。私はランチとしても、居酒屋としても行くが、なぜかクニタチの駅周辺の居酒屋で、「たちばな」のようにランチも出しているところは、チェーン店以外にないようである。

(16)「ラグー」のお品書きには「フレンチ居酒屋」と書いてあり、表の看板には "Beer Restaurant" という訳の分からぬがうれしくなることばが店名の上に記されている。店の近くには数軒ものエレガントなフレンチ・レストランが並んでいるが、「ラグー」はマダム向けの上品なレストランというよりも、オヤジ好みの一昔前の「洋食屋」と記述した方がしっくりくるだろう。店をひとりで切り盛りしているマスターはいつも黙々と仕事しており、「オレの店だから、愛想をふるまう必要はないだろう」と感じさせるところがあるが、言ってみれば昔の職人気質の持ち主であり、根はいい人のようである。店内はカウンターが中心で、七、八席あり、ほかに奥に四人掛けのテーブルがふたつあるだけの小規模な店である。ランチは現在では火曜日から金曜日の一二時から一時半まで、四種類の定食を出している。ビーフシチューと牛タンシチュー定食は毎日あり（共に千円）、後の二品はだいたい魚介類のフライ定食やチキントマトソース煮のようなものになる（日替わりの二品の定食は八百円）。おもしろいことに、ランチと一緒に割り箸とライスとみそ汁が出され、夜には突然「フレンチ居酒屋」に化けるわけではなく、ランチに出すような品を単品のつまみとして十数種類出しているほか、普通の日本の居酒屋メニューに出るような和風のつまみもあり、おそらくワインよりも焼酎を飲んでいる客が多いのではないかと思われる。お高くとまっているマダム相手の店が圧倒的に多い国立だけに、このような小規模で個人経営の、一切気どらない店も駅周辺にあると、本当にありがたい。高円寺のような町にあるなら際立たないが、クニタチ駅周辺だからいっそう貴重な一軒に感じられる。

(17) ここで、「クニタチ主婦トーク」を違う角度から捉えてみたい。〈重複〉と〈反覆〉の背景には、主婦たちの日常生活に要因を見いだすことができるのではないか、と。すなわち、とくに小さい子供を抱えている母親たちの場合、子供が周りにいると、よく聞き役を強要され、また夜に旦那が帰ってきてからも、だいたい聞き役を期待される場合が多いと想像される。したがって、自分の話をゆっくり聞いてもらえる時間が限られており、子供が幼稚園か学校に行っている間に、友達と一緒に食事したりお茶を飲んだりする時間が貴重に感じられてくる次第である。ただし、そのとき生じる問題は、友達も同じ立場だから実現しにくい状況だということである。つまり、なかなか落ち着いて話ができず、それ自体を意識すればするほどみんなが焦ってしまい、相手が話し終わる前に自分の話を始め、また相槌を打つとき「そうよね」で済むはずなのに、「そうそうそうそうそうそうそう!!!」と興奮して返事をすることが増える。そのときの極端な〈反覆〉現象は、心の底から同意しているゆえに生じるのではなく、自分の喋る番が回ってくるまで待っていられないから、とにかくことばを発したくて、相槌でも長引かせたくなるという衝動に駆られるからではないか、と考えられる。

以上の説を、何人かの三〇代から五〇代までの女性友達に伝えてから感想を伺ったことがあるが、一人残らず「それよりも、ただ相手の話を全然聞いていないのよ」と答えた。どうも、ダイガクキョウジュという人種は頭でっかちのようである。

いずれにせよ、クニタチ主婦トークの特徴を考えはじめたとき、国立国語研究所に所属している旧友の言語学者に連絡し、日本語の女性話者による言語的〈重複〉現象に対する先行研究はないかと尋ねたこともある。友人は社会言語学の専門家ではないが、関連分野の研究者の知り合いに聞いてくれたら、ジェンダーによる日本語の話し方の差異をめぐる研究はたくさんあるが、私が着目(着耳?)しようとしていた言語的特徴に関する研究はないそうである。本書の読者で、もし社会言語学者がいれば、ぜひともクニタチをフィールドに追究して、研究結果を知らせていただきたい。

(18)「国立市内には飲食店が約四二〇店ある。この数字は昭和五五年あたりからあまり変わらない。バブル期を経て、長く続く不況下にあっても新陳代謝を繰り返しながら、その数は四半世紀にわたって変化がない。（中略）飲食店が急増したのは、昭和四五年からの一〇年間で、一一二店が三〇五店に倍増した。〔引用者注・料飲〕組合未加入店を含めると、昭和五五年には市内に四五〇店の飲食店が存在したことになる。

飲食店営業の業種には、寿司店、そば店、中華料理店、食堂、喫茶店などの他に、「主として酒類を提供する店」としてビアホール、バー、スナック・バー、やきとり屋、小料理店などが挙げられ、現在それらの店は飲食店総数の四〇％近くを占めている」。以上は岡本貞雄「スナック・バーの誕生」（国立の自然と文化を守る会編「くにたちの自然と文化」五一号）二頁より引用。「国立市内」の店舗数となっているので、JR南武線の谷保駅周辺および矢川駅周辺も含まれる。三駅のうち、矢川駅はもっとも呑み屋の数が少ない。対照的に、谷保は意外に充実した呑み屋文化があり、クニタチ周辺の呑兵衛の間では定評のある一帯だと言える。

前述の通り、岡本貞雄とは、クニタチの最も古いバー「レッドトップ」の店主である。「レッドトップ」は駅近くの「ぶらんこ通り」で、一九五九年からずっと営業しており、岡本氏は開業当初から店を切り盛りしつづけてきた、地元の飲食店文化に関する生き字引のような存在である。国立料飲組合の会長を長年務めた経験もあり、「国立の自然と文化を守る会」の幹事を務め、同会が発行している「くにたちの自然と文化」という冊子に地元の飲食店に関する記事を寄稿し、『国立市史』にも飲食店の実態に関する参考人として登場している。私も何度か「レッドトップ」で終戦直後から一九六〇年代のクニタチの呑み屋文化およびその実態について教示をいただいた。とくに驚いたのは六〇年代半ばまで深夜となると「レッドトップ」はいわば「外人バー」と化して、ほぼ一〇〇パーセントの客が米兵だったということである。「レッドトップ」が位置している「ぶらんこ通り」は、「韻」という安くて内装の渋いジャズバーの隣にあり、ほかにも呑み屋は多少あるものの、主に昼間は婦人向けの小物の店が並んでいるので、六〇年代半ばまで米兵たちがうろうろしていた姿はなかなか想像しがたい。

(19) 前掲、『国立市史　下巻』四九四頁。

(20) この話は最初に上述の岡本店主から聞き、後に詳細を「まっちゃん」の店主ご夫妻に確認した。ただし、細かい記憶はないようなのでこの歴史についてはもっと詳しい調査が必要であろう。

(21) 一度、店主に野菜焼きや厚揚げなどを焼かない理由はあるかと尋ねたことがある。彼の答えは、先代が「肉以外は焼くな、味がぶれるから」というもので、それからその理由をめぐる話し合いになったが、私の印象では(西荻のおでん屋の「O屋」と同様に)何よりも先代店主に対する尊敬の念が理由だろうと感じ、現在の東京ではそれだけでも十分だと思う。

(22) ちなみにある日、店主ご夫妻にその方針について直接聞くことができたが、奥さん(初代店主の娘)が賛成しているそうであり、彼女いわく女性客は呑むよりも喋りたい人が多く、あまり注文せずに長居する傾向があることが主なる理由だそうである。そうでない女性客もたくさんいることは言うまでもないが、「まっちゃん」の店内の雰囲気ががらりと変わることは容易に想像される。私自身は一度、土曜の夜に様子を覗きに行ったことがあるが、いつもより店内の音量とテンションが高かったので、一五分も経たないうちに降参して逃亡。

あとがき

本書を書き始めたとき、東京での呑み歩き体験を中心とする、ごく軽いエッセイ集を想定していた。だが、読書が〈対話〉であると同様に執筆という行為が一種の〈旅〉だということを、書き進めるうちに改めて認識させられた。しかも、私は方向音痴だから次々と脇道に誘導され、どんどんあらぬ方向に進み、いつの間にか見知らぬ領域に足を踏み入れてしまうことがしばしばある。ふり返って見たら、初めに想定していたような「居酒屋本」よりも、主として「東京の本」を書き上げてしまったようである。また、よくも悪しくもその内容と文体が必ずしも「軽い」とも呼べない本になった。地図もガイドブックも持ち歩かない〈旅〉であったから、仕方がないかもしれないが……。

しかし、冒険心なくては発見もないだろう。『呑めば、都』を読み終えた読者は、はたして有意義な発見をなさったかどうかわからないが、少なくとも著者にとっては東京を再発見するきっかけになったと言える。本書には登場していない町も含め、執筆のために初めて訪れた都内の町も数々あるが、なじみ深いはずの町も新たに見ることができた――Far East（極東）の葛飾から、Midwest（中西部）の杉並区、そして現在住まいを構えているLittle

Europe（クニタチ）まで。

東京は広い。そして狭い。都内を放浪すればするほどつくづくそう思った。一方では広大であり、他方ではきわめてローカルな町空間がいまだに点在している。また、それがこの大都会の魅力であり、救いでもあるように感じる。

もちろん、喜ばしくない変化もたくさん目に留まる。ダイナミックな町である限り、変化は付き物だが、東京の過去百年を見渡すと、大変容を遂げ続けてきたようにも思える。近年の変容では、とりわけ〈均質化〉が気になる。また、相変わらず〈緑〉と〈水〉がコンクリートに塗り替えられる開発事業が着々と進み、小ぢんまりした個人経営の商店や飲食店が次々とつまらぬチェーン店に化けている。長年、感心してきた風情あふれる建物がいつの間にか消えてしまい、代わりに殺風景なビルやマンション、または駐車場が現れる。それに、チェーン店居酒屋で働く店員は「うちの店」と言わず、「うちの会社」と平気で言う時代にもなった。

だが、喪失感に圧倒され、またその反動として懐古趣味に浸るような暮らしはしたくない。歳を取るにつれて過去をふり返る機会が自然に増えるが、後ろを向いてばかりいると前に進まない。とにかく、私はまだまだ冒険がしたい――知らない町をひとりで歩き、入ったことのない赤提灯ののれんをくぐり、常連たちと会話を交わす。そうしている限り、東京はおもしろい町だ、いい町だ、ときっと感じ続けていけるだろう。

ただし、方々歩き回っていて、気になった問題がひとつある。すなわち、町に対しても、店に対しても、どのように単なる〈消費者〉の域を脱することができるか、と。もちろん、知らない町で呑み歩きしている以上、その町や店がある程度、消費の対象になっていることは避けられないが、特定の町や店が気に入れば〈消費〉するだけでは申し訳なく感じてしまう。

換言すれば、ひとりの「都民」であるとは言え、探訪している間は「都内観光客」に落ちぶれてしまう恐れがあり、どのようにしてそれを避けるかが問題だということである。私は〈探訪〉をしたいけれども〈観光〉はしたくない。だからこそ、雑誌やテレビやネットなどの町歩き・呑み歩きガイドを見るたびに拒否反応が起こるのだろう。参考になる情報がいくらあっても、最終目的がしょせん効率のよい「豊かな消費体験」にすぎないように思えたら、興味が湧かない。蒐集癖者《コレクター》のごとく、次々と制覇したいがための居酒屋名店巡りも同様である。

奇妙な言い方かもしれないが、これは私にとって倫理の問題であり、さらに大げさな言い方をすれば都会での暮らし方の切実な問題でもあると思っている。町の商店街や赤提灯など、ローカルな場で金を使うことは確かに地元経済への貢献につながるが、それだけでよいのだろうか。歩き回ってパチパチと写真を撮り、後で「捕獲」した町風景や「喰った餌」の写真をブログに載せるようなことに、いったいどういう意味があるのか。前述の通り、私はカメラを持っていない。ケータイは一応あるが、ケータイメールの送受信をしたこともなければ、ケータイで写真を撮ったこともない。いわば、「携帯用留守番電話」として持参しているだけである。だが、一人で歩き回りながらカメラの代わりにわが観察眼をもって町を捉え（せめて「捕える」という気持ちを避けたいが）、後に文章によって公表している以上、それは通常の写真満載の町歩きブログとは、はたして次元の違う行為だろうか。東京を歩き回っているときや、赤提灯のカウンターで呑んでいるとき、このような悩みがたまに頭をかすめることがあった。

ところが、本書を書き進めていくうちに、この問題に対する「答え」――少なくとも私なりの答え――はすでにとっくの昔から分かっているということに気づいた。

＊

本を読むにせよ、書くにせよ、新しい知識を身につけ、刺激を受け、たまに心を動かされることもあるが、もっとも感動させられる〈発見〉のほとんどが、実は〈再発見〉であるように思う。つまり、知っていたけれども忘れかけていた大事なことや、もやもやと感知していたけれども表現できるほど意識していなかったことなどがそうである。

本書の執筆と町歩きを通して、私が何よりも再発見したのは〝encounter〟（「出会い」）の大切さであると思う。英語の〝encounter〟と日本語の「出会い」とは、ニュアンスが微妙に違うように感じるが、要するに本当の〈出会い〉というのは本当の〈対話〉と同様に、予期できぬ、意外性を含むものでなければならないところが重要である。

ドイツの哲学者ハンス・ゲオルク・ガダマーはその名著『真理と方法』で、「真の意味での〈対話〉というものは、自分が望んでいたようには、けっして運ばない」（筆者の英訳版からの重訳）と述べている。これは実に深い洞察だと思う。ガダマーは同書で「解釈学」という難解な哲学論を展開しているが、哲学の門外漢である私がこの一節を勝手に拡大解釈させてもらえれば、これはまさしく先入観のない、または先入観を覆す〝encounter〟として理解できるのではないかと思う。そして、私はそれが赤提灯での会話であろうと、町歩きであろうと、ぴったり当てはまると考える。お定まりのインタビュー調の「会話」が真の対話ではないと同様に、出かける前からコースの決まったような町歩きも、その町との真の出会いにつながる可能性は低いだろう。つまり、真の〝encounter〟が可能になるため、柔軟性と自発性、そして他者（人であれ、町であれ）を受け入れる心構えが不可欠である。これまでに意識したことはないが、私の「デタラメ流」探訪法は、この洞察を踏まえているとも言えよう。

私は探訪に出かける時、目を見開き耳を澄ませ、そして何よりも心を開いて歩きまわっているうちに、町が語りかけてくれているように感じることがある――「こっちを見よ！　あの音を聞け！」というように。そして、予期できなかった光景が目に入り、忘れられぬ音が耳を打ち、そして再び顔を見たくなる他者に出会うことがくり返されるわけである。ついでに、それまで知らなかった店で、期待もしていなかったのにすばらしい味にめぐり逢えば、この上ない充実した日をすごしたことになる。

ただし、一方的に町の恵みを受け取ってから帰るだけでは、やはり「観光客」の域を脱することにならないだろう。自分自身から、ある程度その他者に向かい、何かを与えてあげようという姿勢も不可欠だと思う。とは言え、それはさほど大袈裟なことではない。しかも、有効な手段は無数にあり、人によって異なる。たとえば、気に入った商店街が見つかると、二、三カ月以内に同じ店を再び訪れ、店主に挨拶し、軽い会話を交わす。三回目となると、顔を覚えてもらえるはずであり、地元住民でないのにわざわざ我が店を贔屓してくれることを喜ばないはずもないだろう。そして、さらにくり返し訪れれば、いわゆる「商売気」とは関係なく、いっそう歓迎されることになろう。または、初めて入った赤提灯のカウンターで、店主や周囲の客とギャグを飛ばし合い、笑いを共有することも一例である。いや、何も喋らなくても、その場を一緒に楽しんでいるという気持ちさえ伝われば、次回の来店はもっと歓迎されるであろう。

このような積極的な交流が本当の出会いの前提にあると私は考える。そして、このような心構えをもって探訪に挑めば、〈町〉〈店〉〈人〉を一方的に消費する観光客（tourist）の域を脱し、出会いの喜びを味わいながら他者にも喜びを与える、れっきとした旅人（traveler）になれるというわけである。

*

この貴重な教訓を、三六年も前に、お花茶屋の商店街と赤提灯で出会った人々に教えていただいたように思う。長い在日歴のなかの、もっとも貴重な恵みである。そして『呑めば、都』を書く過程で、この教えを改めて認識させられたことこそ、私にとって本書がもたらしてくれた最大の〈発見〉である。

長い間、この教えが我が意識から遠ざかっていたように感じるが、今後は二度と忘れることはないと確信する――溝口の西口商店街のクリーニング屋を目にするだけでも思い出し、「かとりや」で呑んでいるときにも忘れることができない。そう言えば、「肉のまえかわ」にはしばらく行っていない。あそこで出会った野球帽のじいちゃんの笑顔が見たくなったなあ。また、洲崎辺りを歩いてからだいぶ時間が経つ。例のおかき屋に立ち寄り、帰りにまた「河本」で一杯引っ掛けたい。お女将さんはまだご健在だろうか。赤羽、そして十条もちょっとご無沙汰している。いやいや、申し訳ない。

また、東京はどんどん変貌する。ちょっと間を空けるとがらりと変わるからじっとしていられない。たとえば、先日、約半年ぶりに中央線を中野駅で降りたら、新しい駅舎になっていたので、一瞬どの出口に立っているのか分からなくなった。王子のさくら新道のおでん屋で呑んでいたら、次に行くとき、九二歳のママがまだ生きているのか心配したが、まさか一カ月後にその呑み屋街が火事で消え失せるとは思っていなかった。また、溝口の西口商店街入口のクリーニング屋がとうとう移転することになったと聞いている。西荻の大正時代のあの民家も、いずれか近くの質屋と同じ運命に遭い、姿を消してしまうだろう。その前に、もう一度見届けたい。立石の呑んべ横丁も近いうちに駅周辺の開発のため取り壊されると聞いているので、早く行かねばならぬ。なんだか、急に忙しくなってきた気がする……。

東京は本当に広い。そして狭い。また、それがいいのだ。いまだに歩いたことのない町はいくらでもあり、くぐったことのないのれんも無限にある。しかも、一旦ある町になじみを感じたら、定期的に顔を出したくなる。都内で「わが町」と思える場所が増えるばかりである。だから、わが肝臓がモツ限り、今後もこの広大な都市の、小さな町を探訪し続けていきたい――ぷらぷら、ちびちび、よれよれ、と。

謝辞

本書を執筆するに当たって、長年にわたる町歩き・呑み歩き体験が基盤になっていることは言うまでもないが、そのような体験について実際に文章を書き始めたのは、東京新聞のおかげだと言える。「私の東京千鳥遍歴」という連載エッセイは三カ月に一度、毎週一回のペースで夕刊の文化欄に掲載された。全部で一七回、毎回原稿用紙二枚半というわずかな分量ではあったが、よい練習になったことは確かである。ただし、偶然ながら初めての掲載が二〇一一年三月一〇日の夕刊、つまり東日本大震災の前夜になった。度重なる災害と悲劇が発表される紙面に、ごく軽薄なエッセイを記し続けることに相当の迷いを感じたが、原発問題を含め最初から真摯に取り組む東京新聞だからこそ、文化欄編集部および読者からの応援を確認したとき、連載を続ける気持ちが湧いた。東京新聞と読者の皆さんに感謝している。

都内の町々に関する研究において、さまざまな公共施設と個人にご協力をいただいた。ここで個人名を全部挙げるわけにはいかないが、とりわけ親切に対応してくださった以下の方々および施設に対し感謝の意を表したい——江戸東京博物館、国立国会図書館、一橋大学附属図書館および同大社会学研究科で資料を提供して下さった町村敬志と深澤英隆両教授、川崎市高津区高津図書館、高津区役所地域振興課・企画課、溝の口西口商店街組合および小澤留雄会長、立川市歴史民俗資料館、同市の中央図書館および商工会議所、そして会議所の元会長でもある中野隆右氏、北区中央図書館、葛飾区郷土と天文の博物館および同館の谷口榮学芸員、お花茶屋図書館、立石図書館、杉並区中央図書館郷土資料室、大田区図書館、競馬入門講師を務めてくれた馬場氏（ちなみに、例の年末年始の「ギャンブル週間」以降、幸いに一度も競馬・競艇・競輪場に足を踏み入れておらず、スポーツ新聞すら見ていないことに対しても安心と感謝の念を抱いているが、誰にお礼を述べたらよいか分からない）、くにたち郷土文化館、国立《クニタチ》市公民館図書室、バー「レッドトップ」の店主兼国立《クニタチ》料飲組合の岡本貞雄会長。他にも、本書の研究および執筆において、無数の方々の厚意とご協力をいただいたが、本稿で一人ひとりのお名前を挙げきれないことをお許しいただきたい。

本書の研究と執筆に取り掛かったのは二〇一一年末であるが、書名だけはだいぶ前から決めていた。ある日、例のごとくクニタチの町中を自転車でびゅんびゅん暴走していたら、なぜか、『飲めば、都』というタイトルが、ふと思い浮かんだのである（身体を動かすことは脳の刺激に結びつくとよく言われるが、自転車を飛ばすからと言って突飛な発想が思い浮かぶという研究は聞いたことがない）。いずれにせよ、筑摩書房の渡辺英明編集部長が最初から、つまり企画の段階より本書の上梓まで応援してくださったことに感謝を述べたい。また、書き始める前に考えていたタイトル「飲めば、都」を「呑めば、都」としたらどうか、という提案を受けたとき、感謝のみならずそのセンスのよさに感心したことを付け加えたい。本書の編集作業を担当してくださった海老原勇氏にもお礼を申し上げたい。編集者の貢献は行間の隅々に染み込んでいるのに、読者にとって編集者自身はまるで透明人間のような存在である。せめて、この場をもってその輪郭が浮かび上がるように、改めて感謝のことばを述べたい。

私は東京を「わが町」と見なしているとは言え、依然として日本語の「ネイティヴ・ライター」ではないので、どうしても不自然な表現や細かい文法上のミスが草稿に散在する。その初期の原稿を横大路俊久氏に送るようにしている。彼は現在フリーの編集者だが、私の日本語文に目を通して、いつも「なるほど！」と思える訂正案を提示してくれる。ちなみに、横大路氏と知り合ったのは、西荻窪の焼き鳥屋「戎」本店である（だいたい、私の友達はみんな「肝臓つながり」である……）。

最後に、本書に登場するすべての居酒屋、そして枚数の都合により店名を挙げられなかったが、私が「取材」を兼ねてお邪魔した数々の店にとりわけお礼を述べたい。私は格好いい「居酒屋通」には到底なれないことは自覚しているが、せめて「お前は出入り禁止だ！」と言われないように気をつけているつもりでいる。それでも、きっとご迷惑をかけることもあっただろうが、大目に見てくださったことをありがたく思っている。

ついでに、どこかの赤提灯のカウンターで隣に座っている客のなかで、いきなり「お定まりのインタビュー調」で会話を切り出さなかった人たちに対し、「ありがとう！」と言いたい。いくらインタビュー対策としてウィットに富んだ新しいネタを絞りだそうとしても、疲れたときはさすがに諦めてしまい、そのまま尋問に耐える破目になるので、溝口の「いろは」で出会った若い魚屋の客のごとく、頼みもしないのに普通の対話感覚で話を切り出してくれた皆さんに感謝している。

とはいえ、せっかくだから最近思いついたネタをひとつ紹介しよう。

「お国はどちらですか」

「あ、私はいわゆる「クォーター」ですよ」

「えっ？ あのー、すみませんが、「クォーター」っていうのは？」

「ほら、「ハーフ」って聞いたことがあるでしょ？ たとえば、母親が日本人で父親がイギリス人とか……」

「ああ、「ハーフ」なら分かるけれど……」

「うん、それで「クォーター」っていうのは、つまり「ハーフのハーフ」ですよ。「四分の一」という意味です」

「あっ、なるほど！ つまり、おじいさんかおばあさんのひとりが日本人だというわけですね？ そうは見えませんが……」

「ええ、そういうわけではない」

「……？？」

「要するに、外見はご覧の通りですが、味覚と肝臓だけがすっかり日本人になっちまったのですよ（ニタッ）。生まれ育ちはアメリカだけど……」

やはり、居酒屋は酒肴だけではない。出会いの場でもあり、対話と戯れを楽しむ場である。東京には、そのような場がたくさん残っていることを何よりもありがたく思っている。

＊

本書を書く機会に恵まれたおかげで、初来日時の想い出の地を再訪するきっかけを得た。現在の自分にとって、当時の体験の意味あるいは意義がどれほど大きかったかに改めて思い至る。あの頃、いろいろな方のお世話になったが、学部時代の母校であるレッドランズ大学（カリフォルニア州）の大和田康之名誉教授、そして東京でのホームステイ先だった葛飾区お花茶屋の（故）松戸一三氏のご一家ほどお世話になった人はない。知恵や知識よりも独善的な意見ばかりを豊富に持っていた身勝手な外国人青年を、寛大に受け入れ、見守ってくださったおかげで、現在までの道を歩むことができたと確信する。日本との切っても切れない絆が、そこから始まった。ご厚意に対し、心からお礼を申し上げたい。

文庫版あとがき

『呑めば、都』がちくま文庫から刊行される運びとなった。まことに光栄であり、うれしい限りである。単行本の企画段階で大変お世話になった筑摩書房の渡辺英明氏、そして単行本・文庫本双方の編集を担当してくださった海老原勇氏にお礼を申し上げたい。

単行本が刊行されてからはや四年が経ったが、その間にも東京は相変わらず変化し続けており、本書で取り上げた町や店も例に漏れない。なかには閉店した店もあるし、惜しくも亡くなられた店主も少なからずおられる。

だが、本書は居酒屋案内を主目的にしていないため、登場する店や店主などの情報は文庫版では更新しておらず、二〇一二年当時のままであることをご了承いただきたい。本書に掲載されている店に初めて行く場合には、閉店や移転の有無をあらかじめインターネットなどで確認するのが無難だろう。あるいは冒険と発見を楽しみに、小生お勧めの「無知無計画の町歩き・居酒屋探訪法」を実行するのもよい。

店に関する情報は更新しなかったが、巻末の註では、単行本刊行以降に発表された関連資料を多少付け加えた。本書の註を研究者がはたして参考にするか疑わしいが、少しでも役立てばとの思いで新研究などを付け加えた次第である。
　さて、しばらく私事をつづることをお許しいただきたい。

＊

　これまでに日本語でいろいろな本を出してきたが、文庫版で刊行されることは初めてである。その第一号（最後にならないことを期待している！）が『呑めば、都』となったことはとくにありがたい。というのは、この一冊ほど「フィールドワーク」と執筆に没入し、短期間で書き上げた著作はないからである。

　専門的な研究書を記したときには、研究だけに五年以上かけたということもある。その種の本を書くために費やされる時間と思考力は、本書とは比べ物にならない。逆に、遊び感覚でエッセイ集を記したこともある。エッセイは研究をほとんど必要としない反面、身の回りの体験や感情的な側面がかなりの比重を占めるので、著者には身近に感じられるものである。『呑めば、都』では、この対極的な執筆作業の長所を生かしながら、それらをうまく融合させることを志した。言い換えれば、特定のジャンルに収斂しないような本を書いてみたかったわけである。一方では、楽しく読める呑み歩きのエッセイを書きたかったが、通常の居酒屋案内の本に間違えられないためにも、写真は一点も掲載せず、店の品書きなどについての記述も最小限に控えた。他方では、東京の社会史や文化史に対し新たな見解を提示したいという狙いがあった。いや、正確に言えば、初めは軽いエッセイだけを書くつもりだったのに、町歩き・呑み歩きに乗り出してから各地に対する好奇心が湧き、町の歴史を調べずにいられなくなった、と言うべきである。書き出してから本の構想が大きく変わるのは、少なくとも私の執筆体験ではよくあることである。刊行されるまでの原稿は、飼いならされていない生き物のようなものなのだ。

しかし、エッセイと研究書の両側面を融合させようとは思っても、そう簡単にはいかない。むしろ、中途半端に終わってしまう可能性が十分にある。いわば「東京研究」の側面に関心ある読者からみれば、本書は明らかに密度と客観性（少なくとも研究者が披露する「客観性のパフォーマンス」）が欠如している、と感じられよう——「単なる呑兵衛のエッセイにすぎないじゃないか」、と。逆に、楽しい呑み歩きのエッセイを求める読者からみれば、ダイガクキョウジュのまき散らした薀蓄が鼻に付き、厄介な書に感じられるだろう。『呑めば、都』の出来栄えは読者に判断していただくしかないが、少なくとも私にとってこの本の執筆はいい試練になったように思う。そして、私のその後の執筆活動において、『呑めば、都』は予想以上に大きな影響を及ぼしている。

たとえば、翌年に出した『ひとり歩き』（幻戯書房、二〇一三年）は、日本国内外の紀行文を中心とするエッセイ集だが、むろん各地での呑み歩き体験も織り交ぜてある。『呑めば、都』も一種の（都内の）紀行文であり、〈消費〉に重点をおく観光客（tourist）ではなく、〈出会い〉を重視する旅人（traveler）になるよう心掛けたことは、先の「あとがき」で述べたとおりであるが、『ひとり歩き』では、そのような旅人の姿勢をいっそう浮き彫りにさせようと目指したのである。

その翌年に出した『日本の居酒屋文化』（光文社新書、二〇一四年）は明らかに『呑めば、都』の延長線上にある本だが、単なる焼直しにならないように、北海道から沖縄までの居酒屋を対象にしながらも、本書では散在していた居酒屋に関する考察が、れっきとした（？）「居酒屋文化論」となるよう努めた。とくに、本書第六章の註で言及した都市社会学の〈第三の場〉（third place）という概念を、居酒屋の魅力を捉えるための中心的な概念に発展させた。ちなみに、この〈第三の場〉という概念をアメリカで広めたレイ・オルデンバーグの著書 *The Great Good Place* の邦訳が、二〇一三年にみすず書房より刊行された（『サードプレイス――コミュニティの核になる「とびきり居心地よい場所」』）。私が邦訳版の解説執筆の依頼を受けたのは、担当編集者が『呑めば、都』を読んでいたからである。

二〇一五年には、『闇市』と『街娼――パンパン＆オンリー』という二冊の戦後小説選集を編集し、詳細な解説も書いたが（ともに皓星社より刊行）、どちらの本も『呑めば、都』と密接に関係している。たとえば、溝口の「かとりや」や西荻窪の「戎」など、闇市あがりの店の特徴のひとつは〈店〉と〈町〉との境界線がきわめて曖昧であるという点を、『闇市』の解説ではさらに考察しているし、吉祥寺のハモニカ横丁の項で触れた〈路地の美学〉も、私のその後の「闇市論」においていっそう重要な概念になっている。また、洲崎と立川の赤線地帯については『街娼――パンパン＆オンリー』が参考になるだろう。戦後の「洲崎パラダイス」を舞台とした芝木好子「蝶になるまで」、立川の米兵に身を売る女性たちを描いた広池秋子「オンリー達」を収録しており、同書の解説でも『呑めば、都』の執筆のために読んだ資料がかなり生かされている。

さらに、『呑めば、都』を発表してから、大学では「東京の社会史および文化史」というテーマで講義を行うようになったが、毎年およそ百人の奇特な受講生が現れるわけだから、これも本書の予期せぬ貢献のひとつだったと言えよう。

＊

文庫版のゲラが出来上がり、久しぶりに『呑めば、都』をはじめから最後まで読み返してみると、私は妙な疎外感に襲われた――「本当にお前が書いたのか」、と自問せずにいられない気持ちになったのである。

書いたのはもちろん私にほかならないが、同時に私ではなかったようにも感じられる。たとえば、この本を書くための「フィールドワーク」の最中は、ずっと高熱に浮かされたかのごとく、目に留まる光景や、耳に入る音や、口で味わう酒肴や、頭に浮かぶアイディアひとつひとつが鮮烈に差し迫り、それらを必死に受け止めながら書きとめようとした。そのような「高熱」はおよそ八カ月も続いたが、作業が終わり熱もようやく冷めると、それまで絶え間なく続いていた強烈な体験はまるで昨夜の夢のごとくみるみる消えてゆき、残ったのは一部の記憶、そして『呑めば、都』の原稿だけである。

今だから言えることだが、この書は一種の精神異常状態の産物だと思う。大げさに聞こえるかもしれないが、執筆後によくも無事「我に返った」と思うほど、狂気じみた日々が長く続いたという感慨である――何せ、八カ月間にわたり、大学で教鞭をとりながら東京中の町を歩き回り、何百軒もの居酒屋に乱入しては酒をほおばったのだから。そして、その合間（または最中）に必死にメモを取り、各地の図書館や資料館で史料を収集しては読解にふけり、さらには商工会議所や商店街組合などの関係者へ直接インタビューを行い、そのようにして約三五〇ページにおよぶ文章を（母語でない日本語で）書き散らしたのである。どう考えても小生の微力だけでは到底不可能なはずで、その間、何かの魔力に取りつかれたとしか言いようがない。肝臓をはじめ身体にもかなりの負担をかけたが、頭も心もしばらくは別世界に連れ去られたような感じだった。執筆中、続編も書きたいと考えたことがあるが、書き終えた後は、心身を二度もそこまで犠牲にすることができない――すべきでもない――と思い直した。

＊

ふり返れば、そのころは私自身にとって大きな過渡期だった。『呑めば、都』に着手するおよそ一年前、アメリカでの仕事を辞め、日本に永住するつもりで――つまり、「母国」には二度と住むことはないだろうと思いながら――独りで引っ越してきたのである。親も、（成人になった）子供も、兄弟もみんなアメリカに住んでいるので、かなり思い切った決心だった。もちろん、家族と疎遠になったわけでもなければ、アメリカを拒絶する気持ちで移住してきたわけでもない。単に余生を日本で過ごしたかっただけである。当時の決心は一度も疑ったことはないが、本書執筆中の段階ではまだ落ち着いていなかったようである。だからこそ、第六章の小林秀雄と谷崎潤一郎に関する「故郷」の記述が、あれほど感情移入した文章になったのだろう。

移住してからしばらくの間、確かに私の生活には不安材料が少なくなかった。何より、永住するつもりで日本に引っ越してきたのに、永住権をまだ獲得していない。遅くとも定年退職するまでに取得しなければ、日本に在住する資格がなくなる恐れがある。そのようなことはほとんど心配に及ばないとわかっていながらも、心の奥底では気がかりだったようだ。

執筆当時は賃貸暮らしをしていたが、三、四年のうちに――つまり六〇歳になる前に（＝住宅ローンの申請資格があるうちに）――都内でマイホームを手に入れる予定だった。ところが、『呑めば、都』が刊行された翌年、国立市のわがマンションの居住者全員が半年以内に退去しなければならなくなった。まさに「青天の霹靂」と言うべき事件で、私の長期計画は一気に狂ってしまったのである。大慌てで永住権と住宅ローンの申請手続きに乗り出し、同時に都内で持家を探し始めた。ハラハラすることがその後何度もあったが、八カ月後になんとか一件落着し、永住権もマイホームも手に入った。ただし、転居先は都内から遥かに離れた、海辺の小さな町である。「なにっ⁉ あれほど東京を「わが故郷」と呼び習わして熱弁をふるっていたのに、すんなり引き払ったのか！」と、著者に裏切られたように感じる読者もいるのではないだろうか。いやいや、申し訳ない。確かに、裏切り者と呼ばれても仕方がない。だが、東京という町が絶え間なく変化しているのと同様に、個人の生活にも大きな変化が到来することもあるではないか。ただ、私の大変化は予想もしなかった事態がきっかけで、いきなり来たのだが――。おまけに、転居する約半年前に勤め先も変わってしまったばかりであるから、仕事も住居もほぼ同時に変わることになった（とはいえ、依然として職場は東京都内にある）。

あるいは、「裏切り者」とまで思わなくても、この「文庫版あとがき」を書いている著者よりも『呑めば、都』の本文を記した「かつての私」のほうがおもしろく感じられる読者は少なくないだろう。確かに、喜怒哀楽むきだしで突進する自暴自棄な「かつての私」のほうがおもしろかった、と自分でも思う。だが、同じ身体を共有しなければならない者として、おもしろがっているだけでは済まない。執筆当時の生活を続けていたら、体を壊すのは時間の問題だったにちがいない。

だが、どうかご安心いただきたい――酒を辞めたわけでもなければ、東京を見捨てたわけでもない。毎日ではないにせよ、週に二、三日は都内にいるし、仕事が終わってからは相変わらずどこかの居酒屋に入っている。ただし、以前のごとく東京中の居酒屋を探訪する余裕はなくなり、一晩に何軒もハシゴするような自滅的な呑み方もさすがにしなくなった。潔く「適量」で切り上げるようになった――とまでは言えないものの、暴飲だけは避けるように心がけている。「健康に気をつけるようになった」と言えば聞こえはいいが、ただ今後も末長く呑めるようにしたいだけだ。

＊

現在、私は小さな町に住んでいる。呑み屋の数は限られているが、自宅の徒歩圏内で気に入った店が何軒もあり、けっして不自由していない。むしろ、小ぢんまりした町だから、数回顔を出せば店主と常連客たちが快く仲間に入れてくれるし、そうなればお決まりの「インタビュー」（「ご出身は？」など）に煩わされることがほとんどないのもありがたい。

この町のもうひとつのありがたい点は、「スマホ歩き・スマホ呑み」のようなうっとうしい光景をあまり目の当りにしないで済むことである。そもそも東京に比べてスマホ持参率がはるかに少ないように思えるが、仮に持っていても東京でよく見られるような「重度のスマホ依存症患者」はほとんどいない。その理由はいろいろ考えられる。たとえば、町には曲がりくねった坂道が多いためスマホ歩きに向かないことや、小さな町らしく住民同士で「つながり」を感じていることや、スマホになじめない高齢者が多いことなどが考えられる。いずれにせよ、あの携帯用催眠機器を目に張り付けたゾンビたちの不気味な姿を見ることがめったにないおかげで、町歩きも外呑みも一段と心地良い。

さて、せっかくだから地元で最近見つけた店を一軒紹介しよう。ただし、小さい町のごく小さな呑み屋なので（しかも八〇歳近い女将が一人で切り盛りしている）、迷惑をかけないように町名と店名は伏せておく。

店は駅近くのごく狭い路地の行き止まりにある。古びた店の暖簾には「ラーメン」と書いてあるが、れっきとした呑み屋だ。しかも、地元の玄人呑兵衛たちが集うディープな良店である。詰めても十人しか入れず、テーブルのみの相席形式になっている。店内の雰囲気は東京の北東部の小ぢんまりした酒場を彷彿させるところがある——常連客がアットホームな雰囲気で明るく呑んでおり、飛び交う会話は気さくで愉快だ。

メニューの豊富さとユニークなボトルキープ制度もこの店の魅力である。餃子やラーメン、野菜炒めなど定番の中華メニューのほかに「和」の酒のつまみもある。しかも、めずらしい品がたまに「お勧め品」に登場する。たとえば、先日は「鹿刺し」が載っていたが、鳥刺しや馬刺しならともかく鹿肉を生で食べる勇気は出なかった。何よりも、そこそこ旨いのに価格が激安なのがありがたい。ある時はビールの中瓶と餃子に始まり、ボトルキープしている焼酎を飲むためにお湯を頼んだ。そして、悠々と呑んでいるうちに切り干し大根や、小松菜のおひたしや、筍煮などの小皿が運ばれてくる。通常の店ならば、一品一品「お通し」として料金を取られるが、この店はママさんからのサービスで運ばれてくるらしい。ついでに鯵のたたきを注文したが、居酒屋の板前が出すように三枚おろしにされた魚の上に卸したばかりの身が乗っていて感心した。地魚のようで鮮度も抜群。〆にはワンタン麺を追加注文したのに、会計がたった二一五〇円だった。申し訳なくなるほど良心的な店である。

ボトルキープは、芋または麦焼酎から選ぶ。極小の店内でボトルを置く場所がほかにないため、厨房の入口の上に専用の棚が設置されている。ママさんは小柄で手が届かないから、客たちが自分で瓶を取り出し、帰る前に棚に戻すことになっている。その光景自体はめずらしくないが、この店でキープされるボトルは、なんと一升瓶のみであり、しかも思いのほか安い。ただし、有効期限は三カ月だから、定期的に来られる酒豪でないとなかなか空けられないだろう。なるほど、町の呑兵衛たちがこの店に集まるのも不思議ではない。

私は三週間ほど前に初めて入店した際、さっそく芋焼酎の一升瓶を注文し、瓶にはマジックインクで「モラ」と書き、お湯割りにして何杯か呑んだ。それからも一度ちょいと立ち寄り、「モラ専用流動食」の保管量をもう少し減らしたが、まだ三分の一も減っていないようなので、近いうちにまたあの店を参拝せねばと思っている。

＊

この町に引っ越してから早くも二年以上が経った。若いころの自分だったら、すでにまた引っ越していたが、還暦が差し迫っている現在ではさすがに昔の引っ越し魔の気がすっかり抜けてしまい、今の住まいを人生最後の住処にするつもりでいる。

四〇年前の初来日から、延べ二十数年間もこの国に暮らしてきた。言い換えれば、酒が呑めるようになってから、もはやアメリカよりも日本ですごした年月の方が長いということだ。めでたく永住権も自分の持家も手に入れることができ、突然退去を迫られるような事態は二度とあるまい。あるいは、しばらく経ってからこの町を自分の「新しい故郷」と見なすようになるかもしれないが、最近は「故郷」についてほとんど考えなくなってきた。ようやく落ち着いたらしい。やはり、どこの町であろうと「呑めば、都」に変わりない。それでも、悩みがひとつ残っている——今夜はどこに出かけようか、と……。

本書は二〇一二年十月、筑摩書房より刊行された。

旅情酒場をゆく　井上理津子
ドキドキしながら入る居酒屋。心が落ち着く静かな店も、常連に囲まれ地元の人情に触れた店も、それもこれも旅の楽しみ。酒場ルポの傑作！

大阪　下町酒場列伝　井上理津子
夏はビールに刺身。冬は焼酎お湯割りにおでん。呑ん兵衛たちの喧騒の中に、ホッとする瞬間を求めて、歩きまわって捜した個性的な店の数々。

銀座の酒場を歩く　太田和彦
当代きっての居酒屋の達人がゆかりの街・銀座を呑み歩き。老舗のバーから蕎麦屋まで、銀座の酒場の粋と懐の深さに酔いしれた73軒。（村松友視）

下町酒場巡礼　大川渉／平岡海人／宮前栄
木の丸いす、黒光りした柱や天井など、昔のままの裏町場末の居酒屋。魅力的な主人やおかみさんのいる個性ある酒場の探訪記録。（種村季弘）

酒場めざして　大川渉
東京の街をアッチコッチ歩いた後は、酒場で一杯！繁華街の隠れた名店、場末で見つけた驚きの店などを酒場の達人が紹介。（堀内恭）

中央線で行く東京横断ホッピーマラソン　大竹聡
東京～高尾、高尾～仙川間各駅の店でホッピーを飲む！　文庫化にあたり、仙川～新宿間を飲み書き下ろし、各店データを収録。（なぎら健壱）

酒呑まれ　大竹聡
酒に淫した男、『酒とつまみ』編集長・大竹聡が、酒とともに出会った忘れられない人々との思い出を自らの半生とともに語る。（石田千）

東京酒場漂流記　なぎら健壱
異色のフォーク・シンガーが達意の文章で綴るおかしくも哀しい酒場めぐり。薄暮の酒場に集う人々との無言の会話、酒、肴。（高田文夫）

今夜も赤ちょうちん　鈴木琢磨
居酒屋には、不平不満も笑いも悲哀も包み込んでくれる空間がある。人気の居酒屋探訪コラムから厳選された名店を収録。今夜はどこに寄っていこうか。

酒呑みの自己弁護　山口瞳
酒場で起こった出来事、出会った人々を通して、世態風俗の中に垣間見える人生の真実をスケッチする。イラスト＝山藤章二。（大村彦次郎）

『洋酒天国』とその時代　小玉武

開高健、山口瞳、柳原良平……個性的な社員たちが創ったサントリーのPR誌の歴史とエピソードを自ら編集に携わった著者が描き尽くす。（鹿島茂）

春夏秋冬　料理王国　北大路魯山人

一流の書家、画家、陶芸家にして、希代の美食家でもあった魯山人が、生涯にわたり追い求めて会得した料理と食の奥義を語り尽す。（山田和）

世界ぶらり安うま紀行　西川治

屋台や立ち食いや、地元の人しか行かないような店でこそ、本当においしいものが食べられる。世界を食べ歩いた著者の究極グルメ。カラー写真多数。

「食の職」新宿ベルク　迫川尚子

新宿駅構内の安くて小さな店で本格的な味に出会えるのはなぜか？副店長と職人がその技を伝える。メニュー開発の秘密、苦心と喜び。（久住昌之）

新宿駅最後の小さなお店ベルク　井野朋也

新宿駅15秒の個人カフェ「ベルク」。チェーン店にはない創意工夫に満ちた経営と美味さ。帯文＝奈良美智（柄谷行人／吉田戦車／押野見喜八郎）

愛と情熱の日本酒　山同敦子

うまい酒の裏にドラマあり。いまやその名が世界に轟く名蔵元の、造り手たちを丹念に取材したルポ。著者厳選、最新おすすめ百十四銘柄リスト付き！

くいしんぼう　高橋みどり

高望みはしない。ゆでた野菜を盛るくらい。でもごはんはちゃんと炊く。料理する、食べる、それを繰り返す、読んでおいしい生活の基本。（高山なおみ）

玉の井という街があった　前田豊

永井荷風「濹東綺譚」に描かれた私娼窟・玉の井。しかし、その実態は知られていない。同時代を過ごした著者による、貴重な記録である。（井上理津子）

赤線跡を歩く　木村聡

戦後まもなく特殊飲食店街として形成された赤線地帯。その後十余年、都市空間を彩ったその宝石のような建築物と街並みの今を記録した写真集。

消えた赤線放浪記　木村聡

「赤線」の第一人者が全国各地に残る赤線・遊郭跡を訪ね、色町の現在とそこに集まる女性たちを取材。文庫版書き下ろしと未発表写真多数収録。

私の東京町歩き　川本三郎　武田花・写真

佃島、人形町、門前仲町、堀切、千住、日暮里……。路地から路地へ、ひとりひそかに彷徨って町を味わう散歩エッセイ。

江戸へようこそ　杉浦日向子

江戸人と遊ぼう！　北斎も、源内もみ〜んな江戸のワタシラだ。江戸人に共鳴する現代の浮世絵師が、イキイキ語る江戸の楽しみ方。（泉麻人）

東京ひがし案内　森まゆみ・文　内澤旬子・イラスト

庭園、建築、旨い食べ物といっても東京の東地区は年季が入っている。日暮里、三河島、三ノ輪など38箇所を緻密なイラストと地図でご案内。

東京骨灰紀行　小沢信男

両国、谷中、千住……アスファルトの下、累々と埋もれる無数の骨灰をめぐり、忘れられた江戸・東京の記憶を掘り起こす鎮魂行。（黒川創）

日本の村・海をひらいた人々　宮本常一

民俗学者宮本常一が、日本の山村と海、それぞれに暮らす人々の、生活の知恵と工夫をまとめた貴重な記録。フィールドワークの原点。（松山巖）

あぶく銭師たちよ！　佐野眞一

昭和末期、バブルに跳梁した怪しき人々。リクルートの江副浩正、地上げ屋の早坂太吉、〝大殺界〟の細木数子など6人の実像と錬金術に迫る！

宮本常一が見た日本　佐野眞一

戦前から高度経済成長期にかけて日本中を歩き、人々の生活を記録した民俗学者、宮本常一。そのまなざしと思想、行動を追う。（橋口譲二）

新 忘れられた日本人　佐野眞一

佐野眞一がその数十年におよぶ取材で出会った、無私の人、悪党、そして怪人たち。時代の波間に消えて行った忘れえぬ人々を描き出す。（後藤正治）

桂枝雀のらくご案内　桂枝雀

上方落語の人気者が愛する持ちネタ厳選60を紹介。噺の聞かせどころや想い出話をまじえて楽しく落語の世界を案内する。（イーデス・ハンソン）

古典落語 志ん生集　古今亭志ん生　飯島友治編

八方破れの生きざまを芸の肥やしとした五代目志ん生の、「お直し」「品川心中」など今も色褪せることのない演目を再現する。

ぼくは散歩と雑学がすき　植草甚一
1970年、遠かったアメリカ。その風俗、映画、本、音楽から政治までをフレッシュな感性と膨大な知識、貪欲な好奇心で描き出す代表エッセイ集。

いつも夢中になったり飽きてしまったり　植草甚一
男子の憧れJ・J氏。欧米の小説やジャズ、ロックへの造詣、ニューヨークや東京の街歩き。今なお新鮮さを失わない感性で綴られる入門書的エッセイ集。

こんなコラムばかり新聞や雑誌に書いていた　植草甚一
ヴィレッジ・ヴォイスから筒井康隆まで夜を徹して読書三昧。大評判だった中間小説研究も収録したJ・J式ブックガイドで「本の読み方」を大公開！

雨降りだからミステリーでも勉強しよう　植草甚一
1950〜60年代の欧米のミステリー作品の圧倒的で、貴重な情報が詰まった一冊。独特の語り口で書かれた文章は何度読み返しても新しい発見がある。

ROADSIDE JAPAN 珍日本紀行 東日本編　都築響一
秘宝館、意味不明の資料館、テーマパーク……。路傍の奇跡ともいうべき全国の珍スポットを走り抜ける旅のガイド、東日本編一七六物件。

ROADSIDE JAPAN 珍日本紀行 西日本編　都築響一
蠟人形館、怪しい宗教スポット、町おこしの苦肉の策が生んだ妙な博物館。日本の、本当の秘境は君のすぐそばにある！　西日本編一六五物件。

TOKYO STYLE　都築響一
小さい部屋が、わが宇宙。ごちゃごちゃと、しかし快適に暮らす、僕らの本当のトウキョウ・スタイルはこんなものだ！　話題の写真集文庫化！

賃貸宇宙 UNIVERSE for RENT（上）　都築響一
『TOKYO STYLE』の著者がその後九年をかけて取材した「大したことない人たち」の大したライフスタイル。上下巻テーマ別三百物件。

賃貸宇宙 UNIVERSE for RENT（下）　都築響一
「向上心」など持たないままに、実に楽しく居心地よく暮らす人たち。持ち家という名の首輪から解き放たれた、狭くて広い宇宙がここにある！

つげ義春の温泉　つげ義春
マンガ家つげ義春が写した温泉場の風景。一九六〇年代から七〇年代にかけて、日本の片すみを旅した、つげ義春の視線がいま鮮烈によみがえってくる。

ちくま文庫

呑《の》めば、都《みやこ》 居酒屋《いざかや》の東京《とうきょう》

二〇一六年八月十日　第一刷発行

著者　マイク・モラスキー
発行者　山野浩一
発行所　株式会社 筑摩書房
東京都台東区蔵前二―五―三　〒一一一―八七五五
振替〇〇一六〇―八―四一二三
装幀者　安野光雅
印刷所　中央精版印刷株式会社
製本所　中央精版印刷株式会社

乱丁・落丁本の場合は、左記宛にご送付下さい。
送料小社負担でお取り替えいたします。
ご注文・お問い合わせも左記へお願いします。
筑摩書房サービスセンター
埼玉県さいたま市北区櫛引町二―六〇四　〒三三一―八五〇七
電話番号　〇四八―六五一―〇〇五三

ISBN978-4-480-43368-8 C0195